南京统计年鉴

STATISTICAL YEARBOOK OF NANJING

2015

南　京　市　统　计　局
国家统计局南京调查队　编

图书在版编目（C I P）数据

南京统计年鉴. 2015 / 南京市统计局, 国家统计局南京调查队编. -- 北京 : 中国统计出版社, 2015.8
ISBN 978-7-5037-7481-2

Ⅰ. ①南… Ⅱ. ①南… ②国… Ⅲ. ①统计资料－南京市－2015－年鉴 Ⅳ. ①C832.531-54

中国版本图书馆CIP数据核字（2015）第158541号

南京统计年鉴－2015

作　　者	南京市统计局 国家统计局南京调查队
责任编辑	陈越月
装帧设计	高宝山
出版发行	中国统计出版社
地　　址	北京市丰台区西三环南路甲6号 邮编 100073
电　　话	邮购（010）63376909　书店（010）68783171
网　　址	http://csp.stats.gov.cn
印　　刷	南京凯德印刷有限公司
经　　销	新华书店
开　　本	880×1240毫米　1/16
字　　数	613千字
印　　张	27
印　　数	1-1000册
版　　别	2015年8月第1版
版　　次	2015年8月第1次印刷
定　　价	300.00元

本书附同版本CD-ROM一张，光盘内容以书面文字为准。
如有印装差错，由本社发行部调换。

《南京统计年鉴》(2015)编委会和编辑人员

编辑委员会

编　辑　部

编 者 说 明

一、《南京统计年鉴》(2015)以大量的统计数据，全面、系统地反映了2014年南京经济和社会等各方面的发展情况，是一本数据信息密集、内容广泛的资料性工具书。

二、全书内容分为18个篇目，即：1.综合；2.国民经济核算；3.人口和就业；4.人民生活；5.价格指数；6.农业；7.工业和能源；8.交通运输和邮电通迅业；9.固定资产投资和建筑业；10.批发和零售业、住宿和餐饮业；11.对外经济贸易和旅游业；12.财政、金融和保险；13.科技和教育；14.文化、卫生和体育；15.司法、社会福利与其他社会活动；16.城市建设与环境保护；17.分区社会经济；18.附录。为便于读者正确地使用资料，各篇目还附有主要统计指标解释。

三、"分区社会经济"中由我局统计的经济类指标为评价口径。即在分区统计中，根据我市实际，扬子石化、金陵石化、南钢、南汽、苏宁、苏果等少数生产经营规模和影响特别大的部省属单位，以及海关、邮政、电信、供电、大型金融（银行、证券、保险）部门，因业务垂直领导、经营活动跨地区、财务统一核算等因素，相关数据不宜或难以按区进行划分，故在各区GDP核算和相关专业统计中未包括，由市统计局直接统计。

从2009年起，浦口区包含高新技术开发区的数据、栖霞区包含新港经济开发区的数据、六合区包括南京化学工业园的数据。

为了全面反映分区经济发展的整体情况，从2009年开始，在原有的按评价口径计算分区地区生产总值数据的基础上，增加按在地口径计算的分区地区生产总值数据。

四、本年鉴国民经济行业分类启用新标准（GB/T 4754-2011）。

五、为避免读者使用年鉴发生理解歧义，本年鉴对来自部门统计的数据尽量说明数据来源和取得范围。

六、本年鉴部分数据合计数或相对数由于单位取舍不同产生的计算误差均未作机械调整。

七、读者在使用统计资料时，凡与本年鉴有出入的，均以本年鉴为准。

八、本年鉴中符号使用说明："-"或"空格"表示数据不详或无该项数据；

"#"表示其中的主要项；

"*"表示另有注解。

九、《南京统计年鉴》公开出版以来，受到社会各界的关注和支持，对年鉴的内容和编辑工作提出了许多宝贵的意见，对此，我们深表谢意。欢迎读者继续对年鉴的不足之处给予批评指正，帮助我们进一步提高编辑水平，以期更好地为广大读者服务。

《南京统计年鉴》编辑部

2015年8月

南京市户籍人口总数示意图

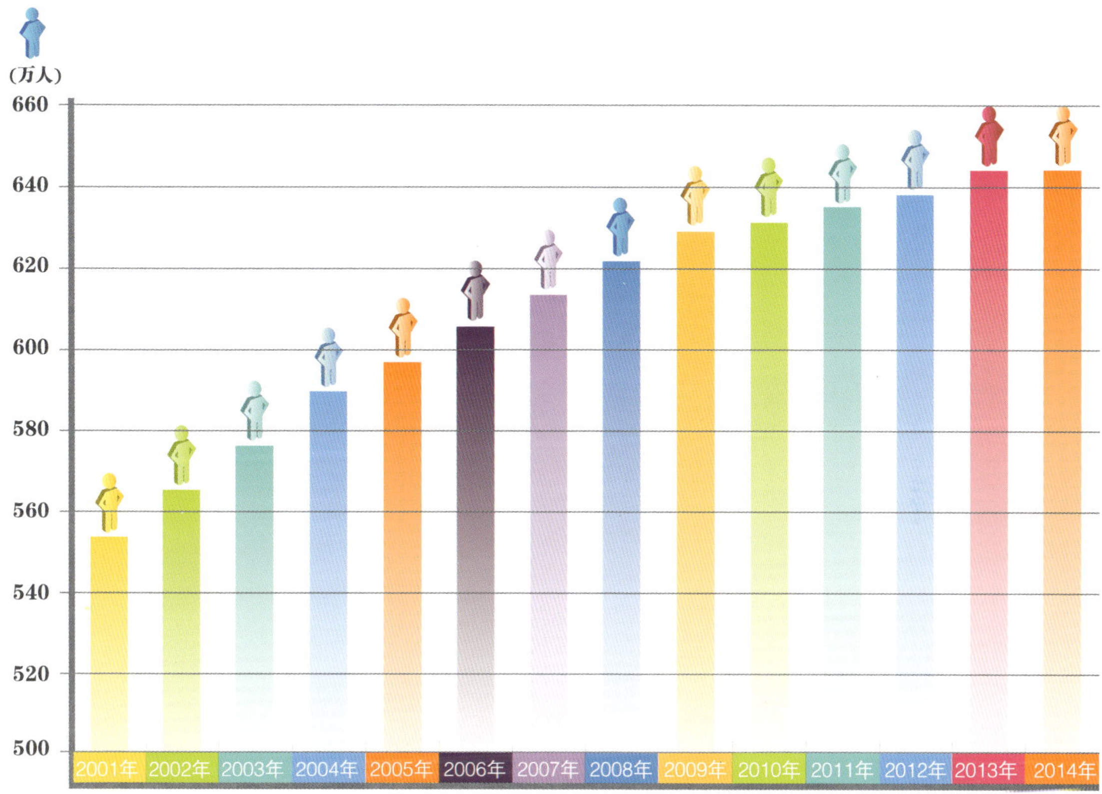

南京市人均地区生产总值（按户籍人口计算）示意图

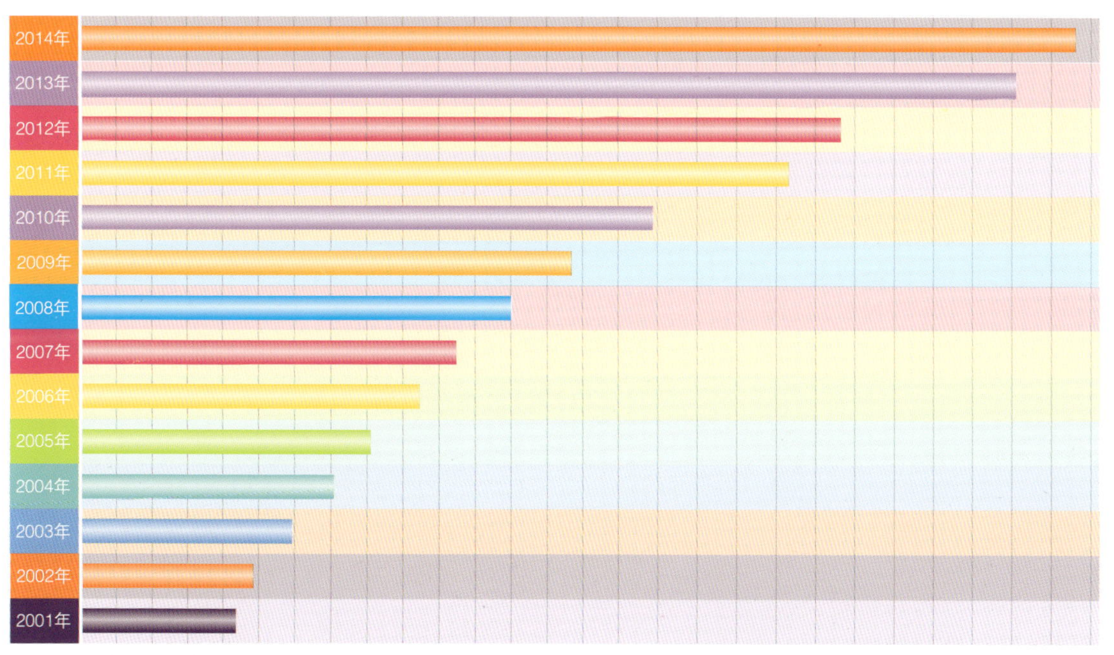

南京市地区生产总值示意图

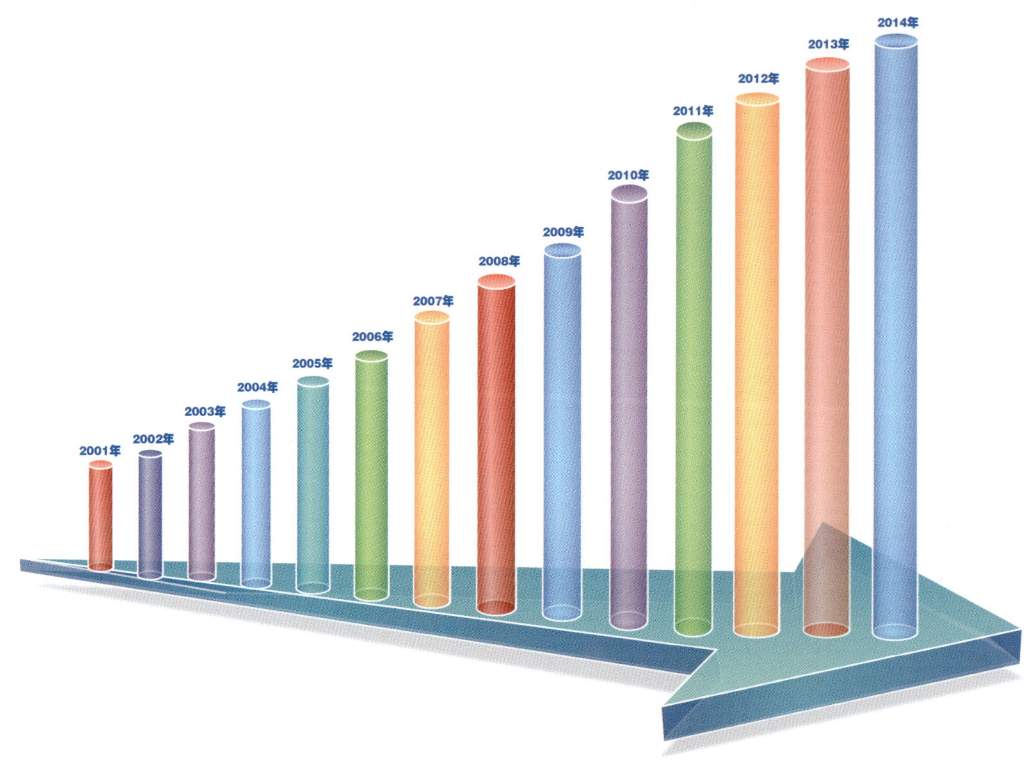

南京市第三产业占地区生产总值比重示意图

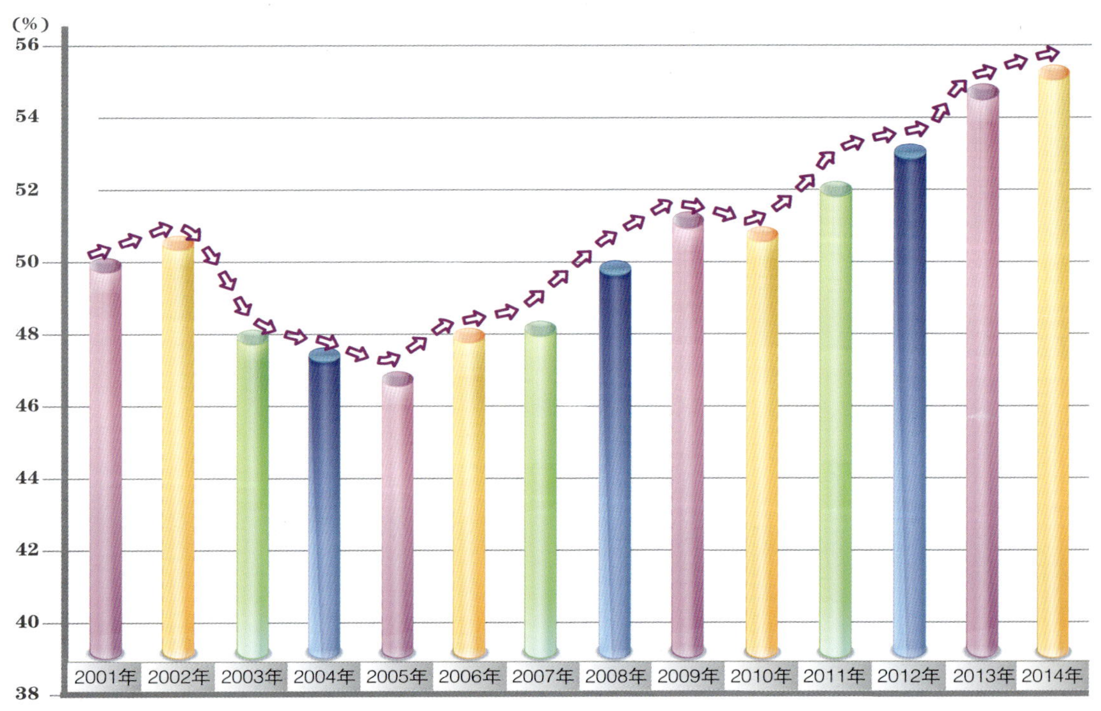

南京市财政收入示意图

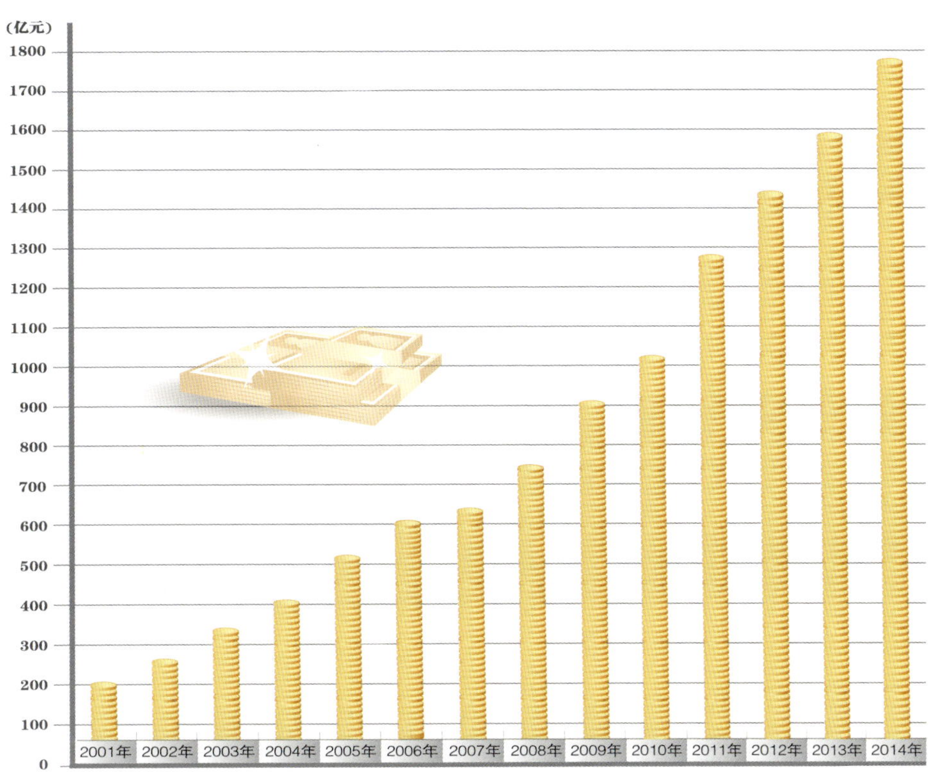

南京市全社会固定资产投资完成额示意图

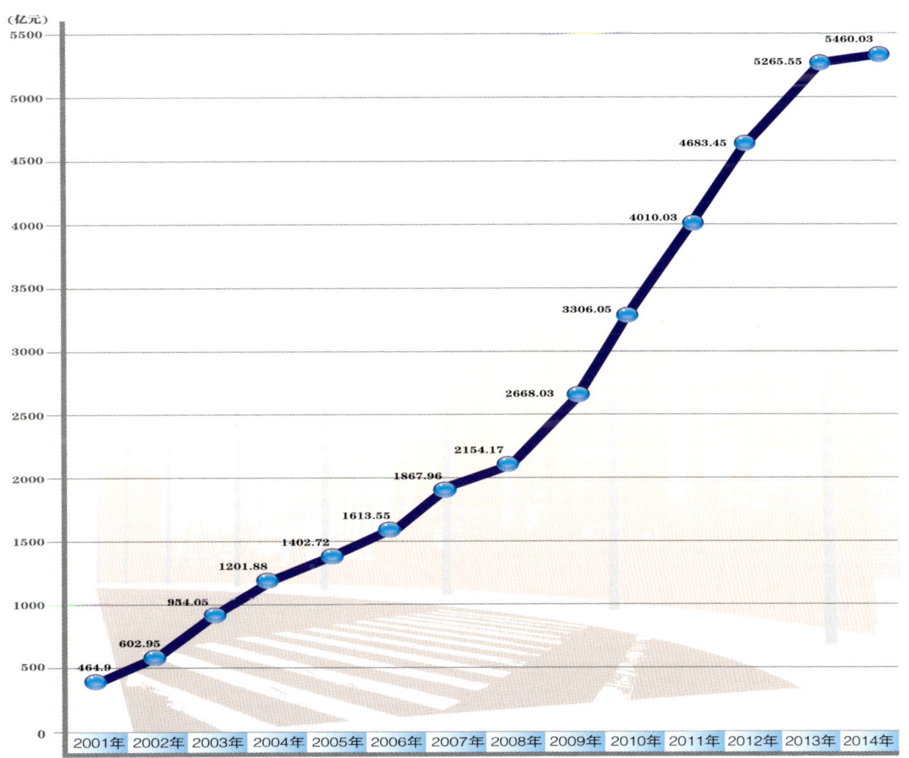

南京市社会消费品零售总额示意图

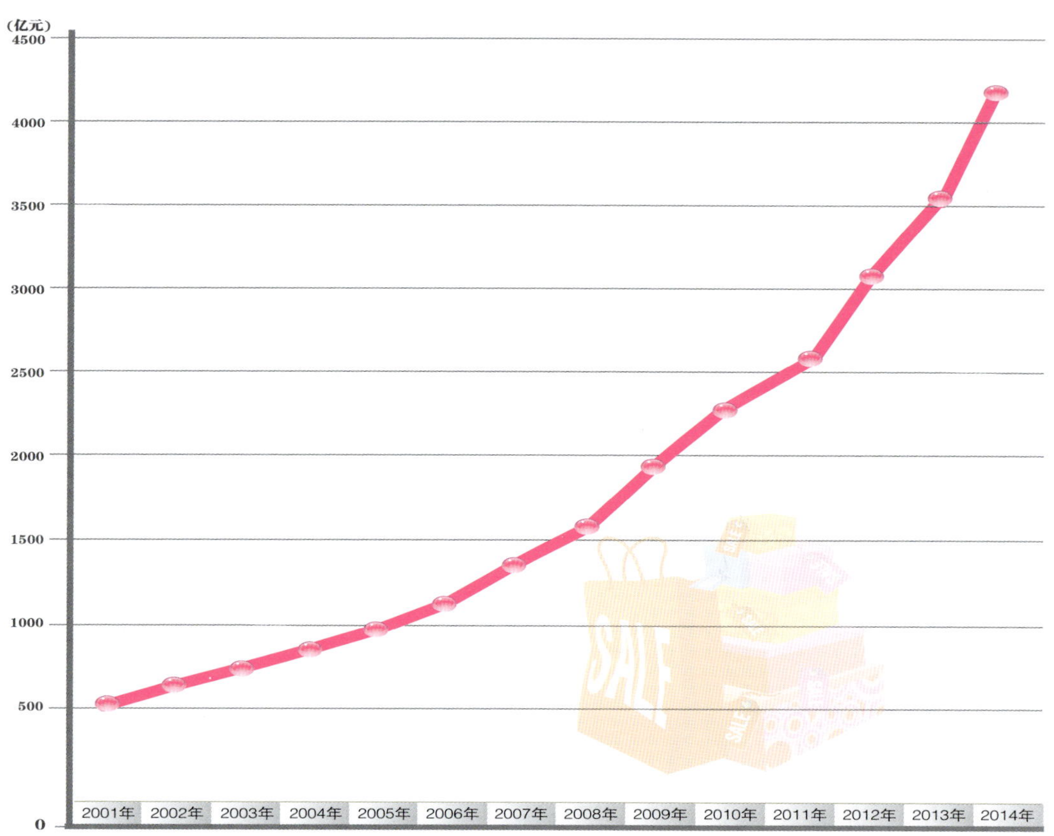

南京市外贸出口总额示意图

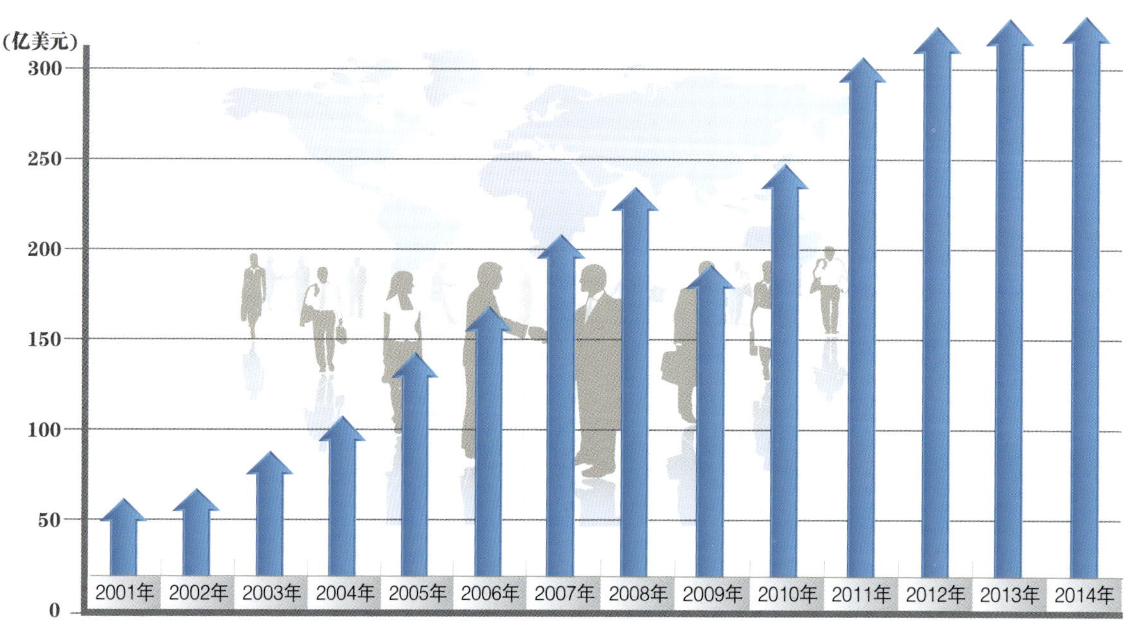

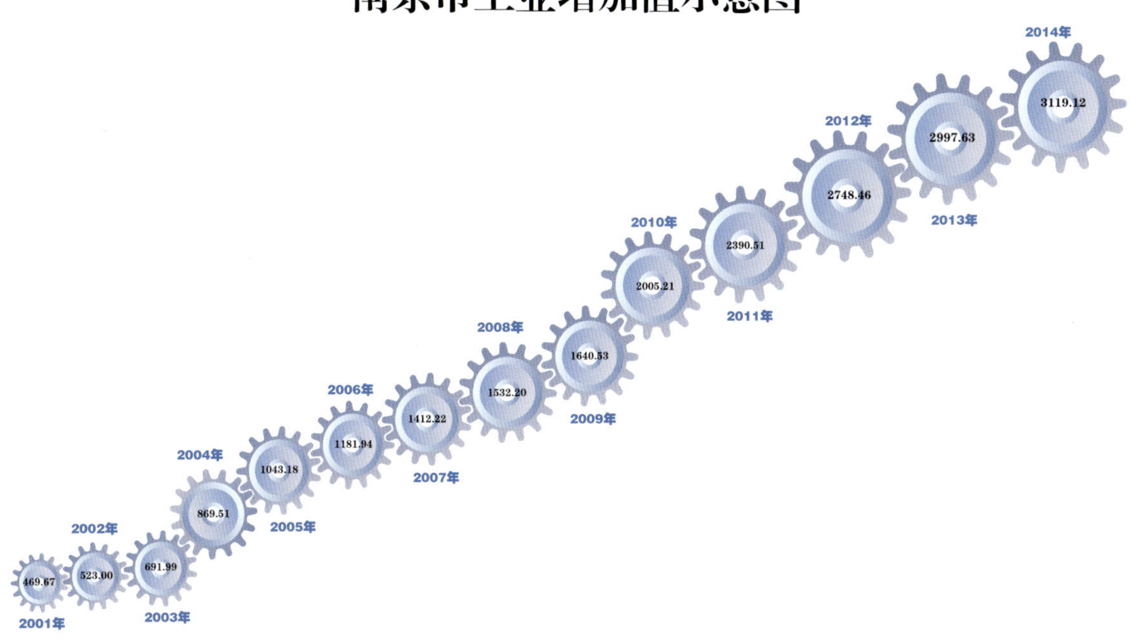

南京市规模以上工业企业利税总额示意图

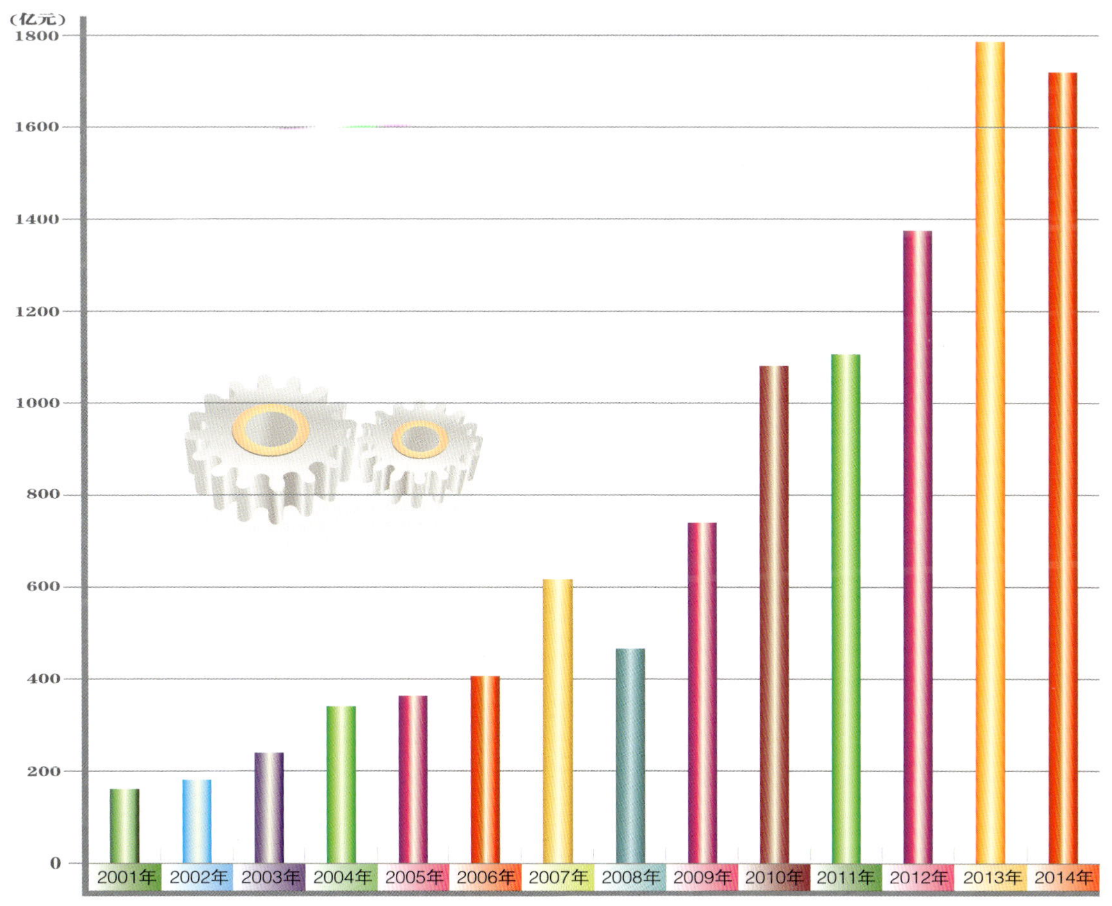

南京市农林牧渔总产值（现价）示意图

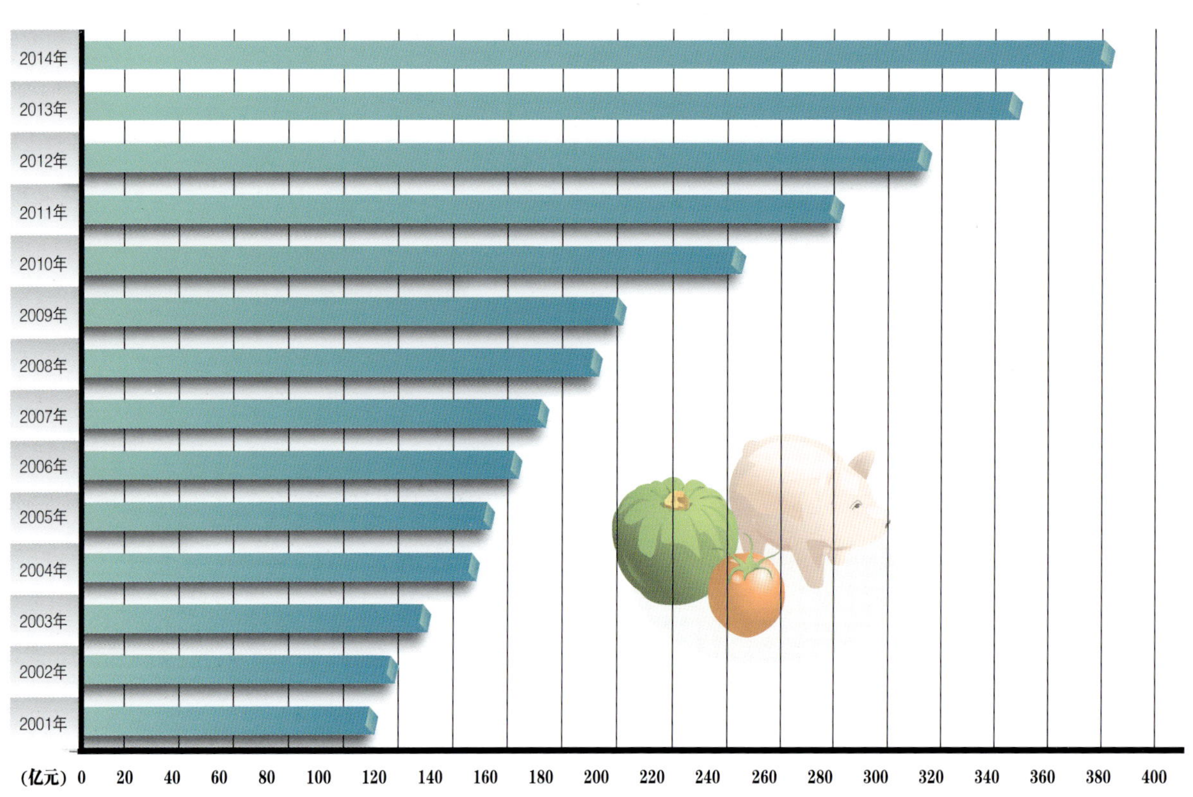

南京市普通高校在校学生人数示意图

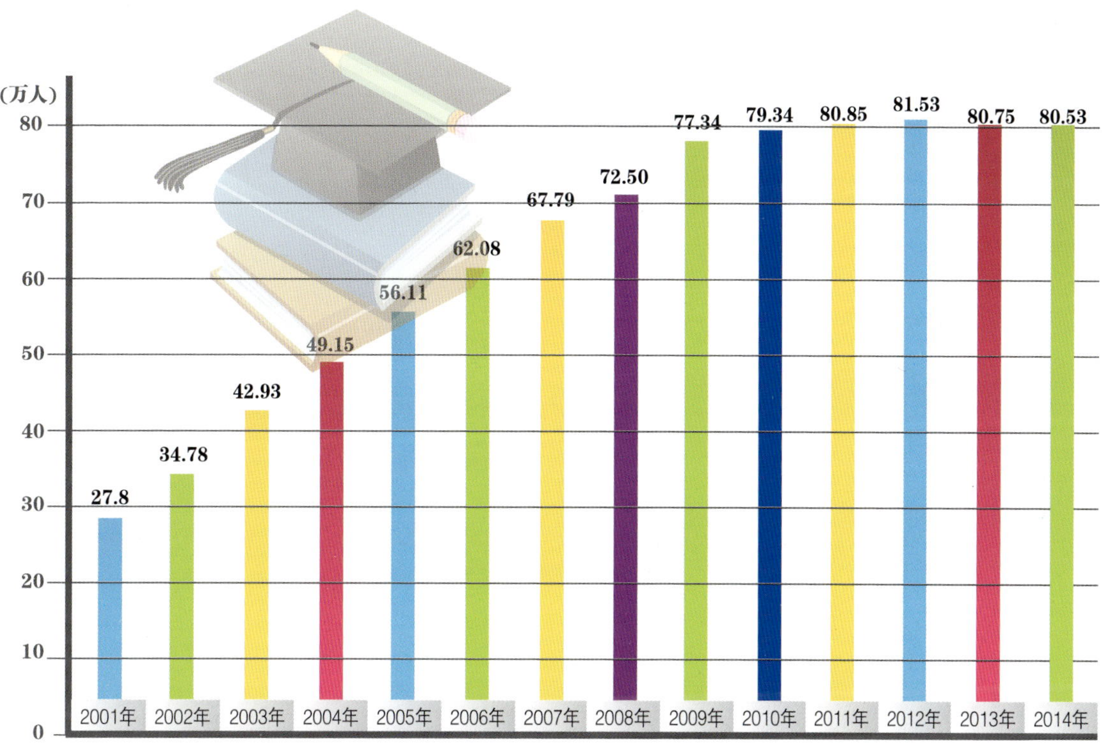

南京市人均公园绿地面积示意图

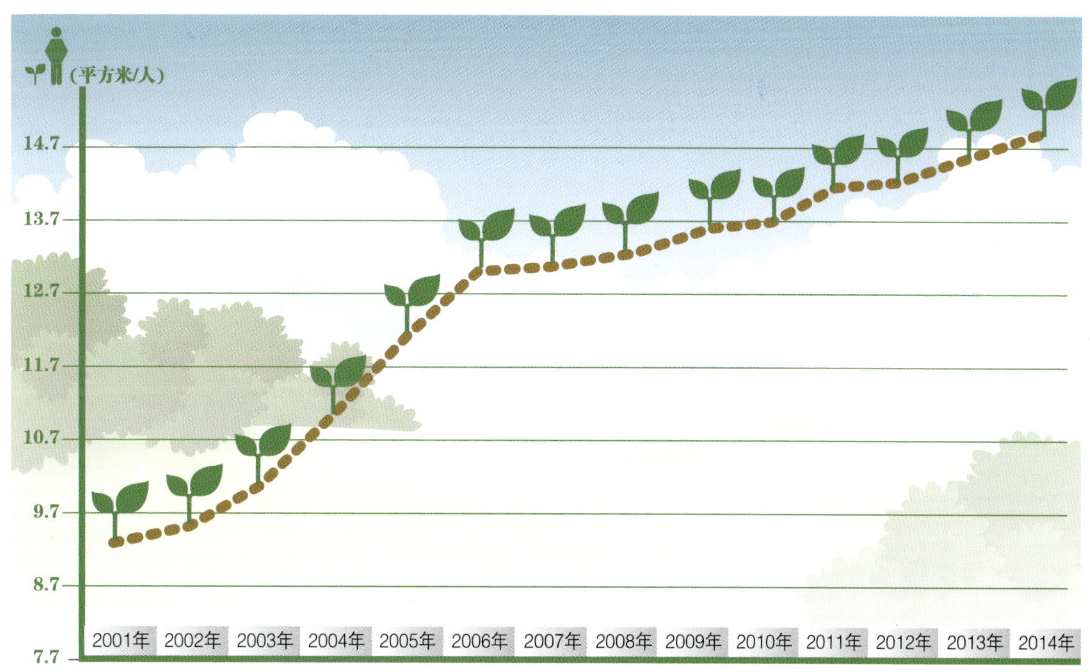

南京市城市居民人均可支配收入示意图

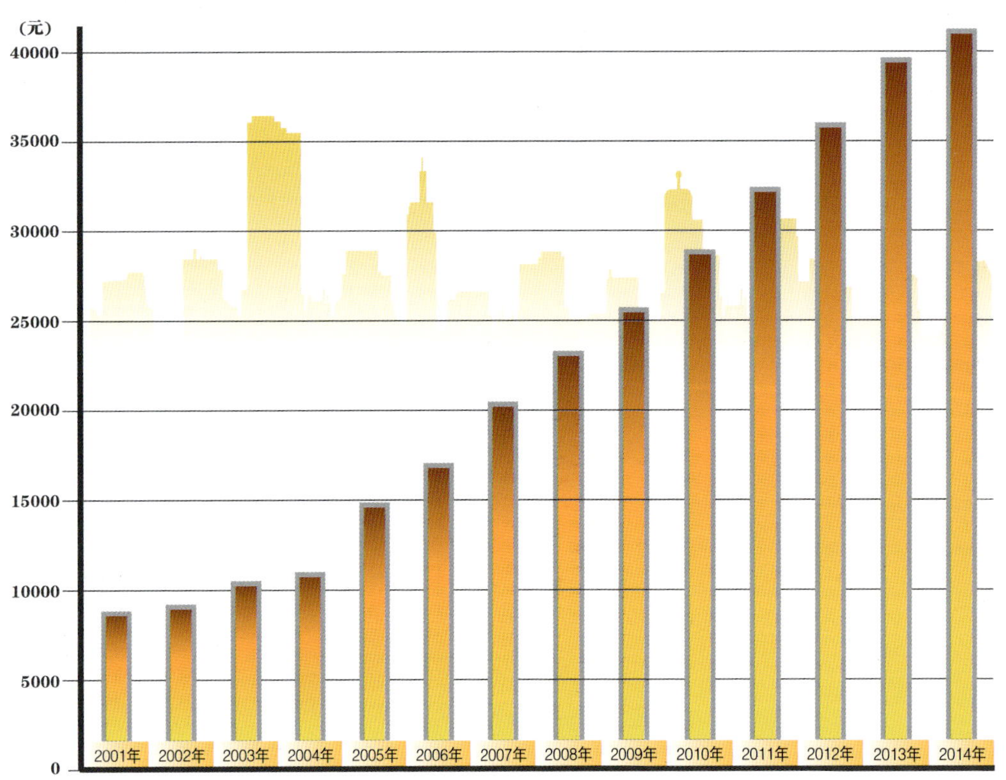

南京市农民人均纯收入示意图

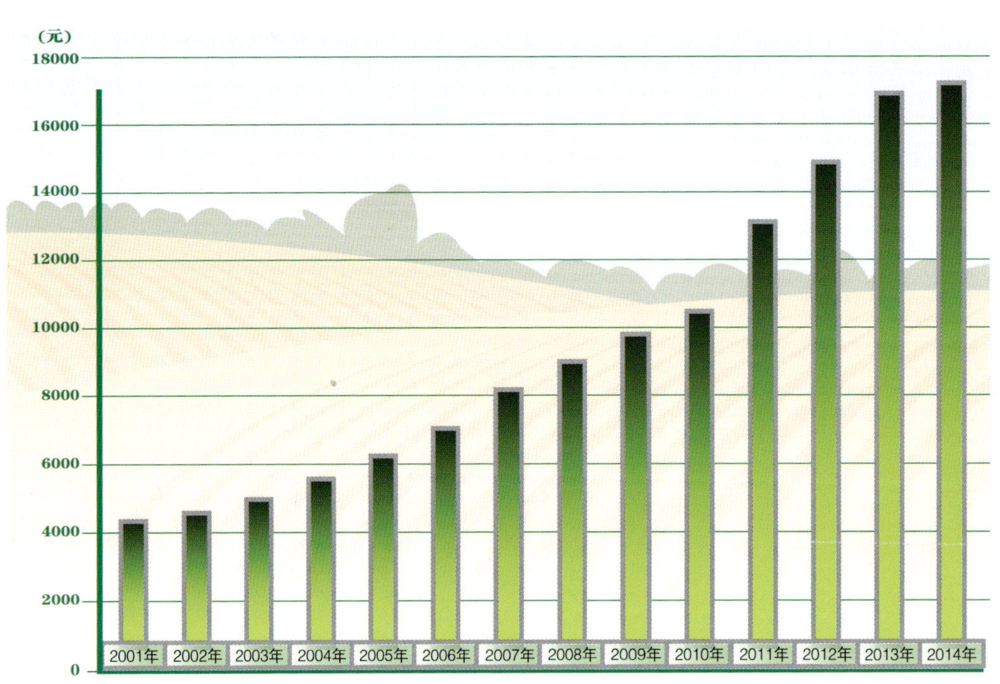

2015 年统计年鉴目录

CONTENTS ON STATISTICAL YEARBOOK-2015

（一）综合

General Survey

（二）国民经济核算

National Accounts

（三）人口和就业

Population And Employment

（四）人民生活

People's Livelihood

（五）价格指数

Price Indices

（六）农业

Agriculture

（七）工业和能源

Industry and Energy

（八）交通运输和邮电通讯业

Transportation, Post and Telecommunication Services

（九）固定资产投资和建筑业

Investment in Fixed Assets and Construction

（十）批发和零售业、住宿和餐饮业

Wholesale and Retail Trade, Accommodations and Catering

（十一）对外经济贸易和旅游业

Foreign Trade and Economic Cooperation，Tourism

（十二）财政、金融和保险

Finance，Banking and Insurance

（十三）科技和教育

Science and Technology, Education

（十四）文化、体育和卫生

Culture, Sports and Public Health

（十五）司法、社会福利与其他社会活动

Judicature, Social Welfare and Others

（十六）城市建设与环境保护

Urban Construction and Environmental Protection

（十七）分区社会经济

Social Economy by District and County

（十八）附录

Appendix

（一）综合

CHAPTER 1
GENERAL SURVEY

2015' NANJING STATISTICAL YEARBOOK 2015' NANJING STATISTICAL YEARBOOK 2015' NANJING STATISTICAL YEARBOOK 2015' NANJING STATISTICAL YEARBOOK

表1—1 行政区划与行政区域土地面积（2014年末）

计量单位：个、平方公里

地　区	行政区划				行政区域土地面积
	街道办事处	社区居民委员会	镇人民政府	村民委员会	
总　计	83	942	17	287	6587.02
玄　武	7	59			75.46
秦　淮	12	111			49.11
建　邺	6	55			81.75
鼓　楼	13	118			54.18
浦　口	9	89		31	910.51
栖　霞	9	85		30	395.38
雨花台	6	56			132.39
江　宁	10	128		72	1563.33
六　合	11	88	1	55	1471.00
溧　水		69	8	39	1063.68
高　淳		84	8	60	790.23

注：本表中行政区划数据由市民政局提供；行政区域土地面积数据由市国土资源局提供，为2014年末的数据。

表 1—2 各区所辖街道办事处、镇名称（2014 年）

地　区	街道办事处、镇
玄武区	新街口街道　梅园街道　玄武门街道　锁金村街道　玄武湖街道　红山街道 孝陵卫街道
秦淮区	红花街道　夫子庙街道　双塘街道　中华门街道　秦虹街道　瑞金路街道　月牙湖街道　光华路街道　朝天宫街道　五老村街道　洪武路街道　大光路街道
建邺区	莫愁湖街道　南苑街道　兴隆街道　沙洲街道　双闸街道　江心洲街道
鼓楼区	华侨路街道　宁海路街道　湖南路街道　中央门街道　挹江门街道　凤凰街道　江东街道　热河南路街道　阅江楼街道　建宁路街道　宝塔桥街道　小市街道　幕府山街道
栖霞区	迈皋桥街道　燕子矶街道　马群街道　尧化街道　龙潭街道　栖霞街道　八卦洲街道　仙林街道　西岗街道
雨花区	雨花街道　西善桥街道　赛虹桥街道　铁心桥街道　梅山街道　板桥街道
江宁区	东山街道　淳化街道　禄口街道　汤山街道　湖熟街道　江宁街道　麒麟街道　谷里街道　秣陵街道　横溪街道
浦口区	江浦街道　泰山街道　永宁街道　汤泉街道　顶山街道　盘城街道　桥林街道　星甸街道　沿江街道
六合区	雄州街道　龙袍街道　马鞍街道　横梁街道　程桥街道　金牛湖街道　龙池街道　长芦街道　大厂街道　葛塘街道　冶山街道　竹镇镇
溧水区	永阳镇　白马镇　东屏镇　拓塘镇　洪蓝镇　石湫镇　晶桥镇　和凤镇
高淳区	淳溪镇　东坝镇　古柏镇　固城镇　漆桥镇　砖墙镇　桠溪镇　阳江镇

表 1—3　耕地面积情况

计量单位：千公顷

指　标	2014年	2013年
一、年初耕地面积	238.41	238.57
二、年内增加耕地面积	0.19	0.79
三、当年经批准减少耕地面积	1.41	0.95
四、年末耕地面积	237.19	238.41

注：本表数据来源于市国土资源局，年初数为上年10月份核定数，年末数为当年上报数。

表 1—4　气候（2014 年）

月　份	平均气温（摄氏）	月平均气温（摄氏）		月降水量合计（毫米）
		最高	最低	
全　年	16.4	20.8	13.0	1091.1
一　月	5.6	10.9	1.9	20.6
二　月	4.7	8.2	2.1	121.2
三　月	11.8	16.9	7.6	68.4
四　月	16.3	20.5	12.6	97.6
五　月	22.6	27.6	17.8	26.3
六　月	24.6	28.5	21.4	111.8
七　月	27.1	30.9	24.0	263.5
八　月	25.3	28.9	23.0	158.8
九　月	23.2	26.6	20.6	89.2
十　月	18.9	23.7	14.9	32.0
十一月	12.6	16.9	9.5	97.9
十二月	4.6	9.7	0.6	3.8

附：极端最低气温-5.6℃　出现日期：2月11日
极端最高气温36.5℃　出现日期：7月22日和8月4日
全年日照1863.8小时

表1—5　社会经济主要指标

指　标	2014年	2013年
行政区域土地面积（平方公里）	6587.02	6587.02
户籍总人口（万人）	648.72	643.09
常住人口（万人）	821.61	818.78
居民平均期望寿命（岁）*	82.17	81.70
地区生产总值（亿元）	8820.75	8011.78
规模以上工业总产值（亿元）	13199.67	12647.14
全社会固定资产投资（亿元）	5460.03	5265.55
#房地产开发投资	1125.49	1120.18
社会消费品零售总额（亿元）	4167.19	3689.40
实际使用外资（亿美元）	32.91	40.33
海关进出口总额（亿美元）	572.21	557.57
#出口总额	326.28	322.66
接待国内外旅游人数（万人次）	9475.93	8725.87
国际旅游创汇收入（亿美元）	5.53	4.01
财政总收入（亿元）	1771.85	1591.59
一般公共预算收入（亿元）	903.49	831.31
一般公共预算支出（亿元）	920.90	851.01

注:居民平均期望寿命由市卫生局提供。

表1—5 续表

指　标	2014年	2013年
城市居民消费价格指数（以上年为100）	102.6	102.7
城镇登记失业率（%）	2.50	2.67
城镇企业职工基本养老保险参保人数（万人）	349.06	358.35
城镇失业保险参保人数（万人）	248.51	235.98
城镇职工基本医疗保险参保人数（万人）	478.12	452.60
个人轿车拥有量（万辆）	109.93	86.63
计算机互联网用户（万户）	325.48	337.65
专业技术人员数（万人）	117.68	111.97
规模以上工业企业高新技术产业产值（亿元）	5817.94	5419.13
专利申请量（件）	56108	55094
普通高校在校学生数（万人）（含研究生）	80.53	80.75
普通中学在校学生数（万人）	22.28	22.43
小学在校学生数（万人）	33.93	32.14
公共图书馆总藏量（万册）	1567.18	1505.30
传染病发病率（1/10万）	95.16	93.90
5岁以下儿童死亡率（‰）	2.98	3.44
执业（助理）医师（人）	21602	20662
城市绿化覆盖率（%）	44.14	44.06
森林覆盖率（%）	27.7	27.1
环境空气质量良好以上天数（天）	190	202*

注：从2013年起，按国家环保部新颁布的空气质量标准（空气质量指数AQI）要求，认定良好以上天数。

表 1—6　按人口平均的社会经济主要指标

指　标	2014年	2013年
人均地区生产总值（元）*	107545	98011
人均固定资产投资（元）*	66570	64415
人均财政收入（元）*	21603	19470
人均公共财政预算支出（元）*	11228	13281
居民人均储蓄本外币存款余额（元）	62507	60526
城镇非私营单位职工年平均工资（元）	70507	64811
城市居民人均可支配收入（元）	42568	39881
城市居民人均消费支出（元）	25855	25647
农村居民人均可支配收入（元）	17661	16531
农村居民人均生活消费支出（元）	12818	12392
城市居民人均住房建筑面积（平方米）	36.3	35.4
农村居民人均钢筋、砖木结构住房面积(平方米）	55.4	53.7
人均日生活用水量（升）*	295.96	281.81
人均生活用电（千瓦小时）*	740.55	824.99
年末每万人拥有医疗床位数（张）	53.17	51.00
年末每万人拥有执业医师、助理医师（人）	26.29	25.24
每万人口拥有收养性社会福利单位的床位数（张）	77.64	55.41
交通、火灾死亡人口比率（1/10 万）	6.36	8.08
人均拥有道路面积（平方米）	22.17	21.28

注：本表中人均指标按常住人口计算，加“*”号指标按常住平均人口计算。

表 1—7　用电量

计量单位：万千瓦小时

指　标	2014年	2013年	2014年为上年%
全社会用电量	4704973	4626718	101.7
#农业用电	20441	19536	104.6
工业用电	2890160	2867065	100.8
城乡居民生活用电	607393	675488	89.9
#乡村生活用电	132096	146408	90.2

注：农业用电量指农、林、牧、渔用电量。

表 1—8　个体经营户注册登记情况（2014 年）

指　标	年末户数（户）	从业人数（人）	资金数额（万元）
合 计	344157	741439	2803628
农、林、牧、渔业	6705	17488	166133
采矿业	37	192	809
制造业	16034	49988	204925
电力、热力、燃气及水生产和供应业	23	51	158
建筑业	2545	9069	40953
批发和零售业	220088	405791	1542567
交通运输、仓储和邮政业	7519	12695	71660
住宿和餐饮业	35389	114745	365202
信息传输、软件和信息技术服务业	880	1804	4332
金融业	10	21	46
房地产业	1192	2833	8987
租赁和商务服务业	7153	15050	64765
科学研究和技术服务业	1781	4239	12012
水利、环境和公共设施管理业	108	379	1423
居民服务、修理和其他服务业	38009	92478	269437
教育	285	533	664
卫生和社会工作	577	1680	5450
文化、体育和娱乐业	5798	12379	43992
其他	24	24	114

注：本表数据来自市工商局。

表 1—9　私营企业注册登记情况（2014 年）

指　标	年末户数（户）	从业人数（人）	注册资金（万元）
合计	200659	1980457	56428033
农、林、牧、渔业	1702	15669	540464
采矿业	58	2096	140927
制造业	21478	401618	7686495
电力、热力、燃气及水生产和供应业	172	2676	75638
建筑业	18589	265605	6614718
批发和零售业	73689	504757	12209588
交通运输、仓储和邮政业	4820	55192	1339249
住宿和餐饮业	2796	52253	297117
信息传输、软件和信息技术服务业	11894	116634	2506193
金融业	475	4966	1091642
房地产业	4888	64535	4098010
租赁和商务服务业	30720	237435	12942238
科学研究和技术服务业	18981	150602	5387609
水利、环境和公共设施管理业	564	6583	199451
居民服务、修理和其他服务业	5562	67362	693575
教育	182	2993	17250
卫生和社会工作	288	5812	46812
文化、体育和娱乐业	3794	23573	540872
其他	7	96	185

注：本表数据来自市工商局。

表 1—10　全市规模以上服务业企业主要财务指标情况表（2014 年）

计量单位：千元

指　标	单位个数	固定资产原价	本年折旧	资产总计	负债合计	营业收入
总　计	2577	324883504	17335936	1357494255	763218877	351859229
按登记注册类型分组						
内资企业	2445	297307971	15388414	1297344307	727984284	312690448
港、澳、台商投资企业	52	10170268	912724	26041560	17717853	10513105
外商投资企业	80	17405265	1034798	34108388	17516740	28655676
按企业控股情况分组						
国有控股	542	254096831	11200383	1058538898	579422980	160980719
集体控股	112	5805182	417820	32990728	21009860	21572832
私人控股	1550	28279824	2545937	160155941	98404969	105367687
港澳台商控股	42	9907415	810377	17292288	11780137	6384981
外商控股	68	14169012	1010985	27651595	13819297	25065728
其他	263	12625240	1350434	60864805	38781634	32487282
按国民经济行业分组						
交通运输、仓储和邮政业	448	187155401	7377177	327561937	190972662	92131167
# 道路运输业	225	60817703	2283515	159494703	99427095	28633535
水上运输业	81	34674009	1907342	48374040	31912593	25115359
装卸搬运和运输代理业	89	4334664	287654	12769962	8192163	15121985
信息传输、软件和信息技术服务业	401	52090950	3711581	129083776	64356387	83958767
# 电信、广播电视和卫星传输服务	36	44444227	2888784	54182042	23901709	25462574
软件和信息技术服务业	316	6784463	744421	66055347	35912403	46672580
租赁和商务服务业	630	51640179	3581657	760382210	425945204	101118001
# 商务服务业	612	51100420	3531542	759161039	425159507	100669149
科学研究和技术服务业	456	18073938	1769488	66748026	40563939	45344406
# 专业技术服务业	349	14994885	1575817	56704256	35006144	38784594
水利、环境和公共设施管理业	66	3085626	181712	19203236	9718803	5240249
居民服务、修理和其他服务业	63	586047	48602	3167357	2290970	2638773
教育	41	1481161	73494	2733362	1124536	1933282
卫生和社会工作	48	2539471	198452	5056603	3926261	3440794
文化、体育和娱乐业	214	7492763	325625	38405682	20679749	10939803
物业管理和房地产中介服务	210	737968	68148	5152066	3640366	5113987

注：总计中，不包含中国联合通信有限公司、中国电信股份有限公司和中国移动通信集团有限公司三家江苏分公司的数据。

表1—10　续表1

计量单位：千元

指　标	营业成本	营业税金及附加	销售费用	管理费用	管理费用中的税金	财务费用
总　计	270690589	4255793	18305921	30826022	738167	12626679
按登记注册类型分组						
内资企业	239184230	3906392	13235595	27860819	661229	11957700
港、澳、台商投资企业	9396346	152273	2898339	796268	32066	506867
外商投资企业	22110013	197128	2171987	2168935	44872	162112
按企业控股情况分组						
国有控股	125294248	2078740	5017073	11305124	376298	9523179
集体控股	14229789	212098	1061872	3342827	19082	152221
私人控股	81145169	1180545	4978910	11082987	225308	2018807
港澳台商控股	3814850	84761	743461	814878	30155	429033
外商控股	23124966	167149	2034250	1824566	34073	109851
其他	23081567	532500	4470355	2455640	53251	393588
按国民经济行业分组						
交通运输、仓储和邮政业	77164795	732705	1467943	4422876	153181	5039044
#道路运输业	21584331	364578	539629	1495173	61931	1246813
水上运输业	21776122	245546	85704	1426531	34903	2194454
装卸搬运和运输代理业	14044020	25706	208071	525329	12428	99381
信息传输、软件和信息技术服务业	54035581	1033286	10196996	9637671	112542	719563
#电信、广播电视和卫星传输服务	14898606	353648	3091392	1500988	29036	558391
软件和信息技术服务业	29063050	464358	6283352	7438770	78756	188854
租赁和商务服务业	85369877	1404654	2489677	6667394	278129	6207343
#商务服务业	85095700	1392520	2458374	6591298	273384	6184490
科学研究和技术服务业	34546071	486072	1413149	5061236	99179	424048
#专业技术服务业	29760243	424055	1159318	4179671	65019	375148
水利、环境和公共设施管理业	3640146	94659	173139	394381	27134	45712
居民服务、修理和其他服务业	1664088	35955	489754	296990	15157	880
教育	1116605	48007	242128	351151	4336	2582
卫生和社会工作	2642118	650	252650	1509936	6597	74581
文化、体育和娱乐业	7051466	155186	1138064	1560997	25786	81547
物业管理和房地产中介服务	3459842	264619	442421	923390	16126	31379

表 1—10 续表 2

计量单位：千元

指 标	投资收益	营业利润	利润总额	应交所得税	应付职工薪酬	应交增值税
总 计	16282463	31979159	37789230	5345998	48835605	6075091
按登记注册类型分组						
内资企业	15358269	28904828	34143531	4722751	42582459	5211580
港、澳、台商投资企业	60866	337484	917506	135070	2885376	619649
外商投资企业	863328	2736847	2728193	488177	3367770	243862
按企业控股情况分组						
国有控股	14176170	18822764	23175438	2986208	19571811	2064852
集体控股	18237	2223159	2289420	133759	5462403	863134
私人控股	988755	6669842	6646819	1301449	13441827	1827409
港澳台商控股	14773	491207	487477	76350	1756857	78916
外商控股	861214	2254048	2339185	390457	2760496	209336
其他	223314	1518139	2850891	457775	5842211	1031444
按国民经济行业分组						
交通运输、仓储和邮政业	963835	4212667	3706715	1750395	11267447	851295
# 道路运输业	626344	4006924	3947204	1121726	4751087	386676
水上运输业	77226	-706737	-1669883	205825	2797728	115566
装卸搬运和运输代理业	9717	247572	220487	80908	689839	147552
信息传输、软件和信息技术服务业	2596395	10703261	12727690	1031354	16197246	2774219
# 电信、广播电视和卫星传输服务	786296	6129607	6166631	373073	3240438	452139
软件和信息技术服务业	1759828	4447070	6367647	595570	12107217	2260190
租赁和商务服务业	12446653	11374412	15254392	1442839	7729013	1194526
# 商务服务业	12446208	11341088	15226789	1436128	7653408	1187991
科学研究和技术服务业	77520	3431123	3687949	726998	6919565	844254
# 专业技术服务业	67096	2856934	3100965	625288	5899597	765940
水利、环境和公共设施管理业	11463	778910	627338	65879	448219	56788
居民服务、修理和其他服务业	2893	123525	177515	33110	499390	83000
教育	1848	166882	172856	25376	489315	2635
卫生和社会工作	588	-73962	-70384	16396	960916	801
文化、体育和娱乐业	174942	1195786	1411125	186840	1759776	262608
物业管理和房地产中介服务	6326	66555	94034	66811	2564718	4965

表1—11 人民币汇率（年平均价）

单位：人民币元

年份 Year	美元 US Dollar (100)	日元 Japanese Yen (100)	港币 Hong Kong Dollar (100)	欧元 EURO (100)
1985	293.66	1.2457	37.57	
1986	345.28	2.0694	44.22	
1987	372.21	2.5799	47.74	
1988	372.21	2.9082	47.70	
1989	376.51	2.7360	48.28	
1990	478.32	3.3233	61.39	
1991	532.33	3.9602	68.45	
1992	551.46	4.3608	71.24	
1993	576.20	5.2020	74.41	
1994	861.87	8.4370	111.53	
1995	835.10	8.9225	107.96	
1996	831.42	7.6352	107.51	
1997	828.98	6.8600	107.09	
1998	827.91	6.3488	106.88	
1999	827.83	7.2932	106.66	
2000	827.84	7.6864	106.18	
2001	827.70	6.8075	106.08	
2002	827.70	6.6237	106.07	800.58
2004	827.68	7.6552	106.23	1029.00
2005	819.17	7.4484	105.30	1019.53
2007	760.40	6.4632	97.46	1041.75
2008	694.51	6.7427	89.19	1022.27
2009	683.10	7.2986	88.12	952.70
2010	676.95	7.7279	87.13	897.25
2011	645.88	8.1050	82.97	900.11
2012	631.25	7.9037	81.38	810.67
2013	619.32	6.3323	79.85	822.19
2014	614.28	5.8196	79.22	816.51

主要统计指标解释

可比价格 指在不同时期的价值指标对比时，扣除了价格变动的因素，以确切反映物量的变化。按可比价格计算有两种方法：一种是直接用产品产量乘某一年的不变价格计算；另一种是用价格指数换算。

不变价格 指以同类产品某年的平均价格作为固定价格，来计算各年产品价值。按不变价格计算的产品价值消除了价格变动因素，不同时期对比可以反映生产的发展速度。新中国成立后，随着工农业产品价格水平的变化，国家统计局先后五次制定了全国统一的工业产品不变价格和农业产品不变价格，从 1949 年到 1957 年使用 1952 年工（农）业产品不变价格，从 1957 年到 1971 年使用 1957 年不变价格，从 1971 年到 1981 年使用 1970 年不变价格，从 1981 年到 1990 年使用 1980 年不变价格，从 1990 年开始使用 1990 年不变价格。

平均增长速度 我国计算平均增长速度有两种方法：一种是习惯上经常使用的“水平法”，又称几何平均法，是以间隔期最后一年的水平同基期水平对比来计算平均每年增长（或下降）速度；另一种是“累计法”，又称代数平均法或方程法，是以间隔期内各年水平的总和同基期水平对比来计算平均每年增长（或下降）速度。在一般正常情况下，两种方法计算的平均每年增长速度比较接近；但在经济发展不平衡、出现大起大落时，两种方法计算的结果差别较大。

本《年鉴》内所列的平均增长速度，除固定资产投资用“累计法”计算外，其余均用“水平法”计算。从某年到某年平均增长速度的年份，均不包括基期年在内。如建国四十三年以来的平均增长速度是以 1949 年为基期计算的，则写为 1950-1992 年平均增长速度，其余类推。

三次产业 根据社会生产活动历史发展的顺序对产业结构的划分，产品直接取自自然界的部门称为第一产业，对初级产品进行再加工的部门称为第二产业。为生产和消费提供各种服务的部门称为第三产业。它是世界上通用的产业结构分类，但各国的划分不尽一致。

我国的三次产业划分是：

第一产业是指农、林、牧、渔业。

第二产业是指采矿业，制造业，电力、燃气及水的生产和供应业，建筑业。

第三产业是指除第一、二产业以外的其他行业。

企业（单位）登记注册类型 是以在工商行政管理机关登记注册的各类企业为划分对象，以工商行政管理部门对企业登记注册的类型为依据，将企业登记注册类型分为内资企业、港澳台商投资企业和外商投资企业三大类。内资企业包括国有企业、集体企业、股份合作企业、联营企业、有限责任公司、股份有限公司、私营公司和其他企业；港澳台商投资企业和外商投资企业分别包括合资经营企业、合作经营企业、独资经营企业和股份有限公司。对不在工商行政管理部门进行登记注册的行政机关、事业单位和社会团体，主要按其经费来源和管理方式进行划分。

法人单位 指具备以下条件的单位：(1)依法成立，有自己的名称、组织机构和场所，能够独立承担民事责任；(2)独立拥有和使用（或授权使用）资产，承担负债，有权与其他单位签订合同；(3)会计上独立核算，能够编制资产负债表。法人单位包括企业法人、事业单位法人、机关法人、社会团体法人和其他法人。

法人单位所属产业活动单位（简称：产业活动单位） 是指具备有以下条件的单位：(1)在一个场所从事一种或主要从事一种社会经济活动；(2)相对独立组织生产经营或业务活动：(3)能够掌握收入和支出等业务核算资料。产业活动单位是指经过法定程序批准建立的、不能独立承担民事责任的单位。包括由各级工商行政管理机关核准登记，领取《营业执照》的分支机构或经营单位；由各级登记主管机关备案，或依据相关法律法规由各级主管部门批准建立的事业单位分支机构和社会团体分支机构。未经法定程序批准在法人内部建立的机构，具备产业活动单位条件的认定为产业活动单位。产业活动单位分为单产业法人单位和多产业法人单位。

（二）国民经济核算

CHAPTER 2
NATIONAL ACCOUNTS

表 2—1　全市地区生产总值（2014 年）

计量单位：亿元

指　标	2014年	2014年为上年%（按可比价计算）	占地区生产总值比重%
地区生产总值	8820.75	110.1	100.0
第一产业	214.25	103.3	2.4
第二产业	3623.48	108.8	41.1
工业	3119.12	109.3	35.4
建筑业	505.67	105.7	5.7
第三产业	4983.02	111.5	56.5
交通运输、仓储和邮政业	299.85	99.5	3.4
批发和零售业	963.80	110.9	10.9
住宿和餐饮业	155.44	108	1.8
金融业	978.81	113.1	11.1
房地产业	587.96	102.5	6.7
其他服务业	1997.16	116.4	22.6
附：按户籍平均人口计算的人均地区生产总值（元）	136564	108.3	—
按常住平均人口计算的人均地区生产总值（元）	107545	108.8	—

表 2—2　按支出法计算的全市地区生产总值（2014 年）

计量单位：亿元

指　标	2014年	2014年为上年%（按可比价计算）
支出法地区生产总值	8820.75	110.1
一、最终消费支出	4595.62	111.7
1、居民消费支出	3180.27	110.1
农村居民	426.25	115.0
城镇居民	2754.02	109.4
2、政府消费支出	1415.35	115.6
二、资本形成总额	4241.13	108.4
1、固定资本形成总额	3990.37	108.4
2、存货增加	250.76	109.8
三、货物和服务净流出	-16.00	0.0

注：从2008年开始本表发展速度按可比价计算。

表2—3　居民消费水平（2014年）

指　标	2014年
一、当年价格居民消费水平（元/人）	38775
农村居民	26927
城镇居民	41608
二、常住居民年平均人口（万人）	820.20
农村居民	158.29
城镇居民	661.90

表 2—4　最终消费（2014 年）

计量单位：亿元

指　标	2014年
最终消费支出	4595.62
一、居民消费支出	3180.27
（一）农村居民	426.25
1. 食品类支出	86.04
2. 衣着类支出	28.68
3. 居住类支出	40.37
4. 家庭设备、用品及服务类支出	19.76
5. 医疗保健类支出	14.91
6. 交通和通信类支出	30.67
7. 文教娱乐用品及服务类支出	47.59
8. 银行中介服务支出	60.96
9. 保险服务消费支出	26.47
10. 自有住房服务虚拟支出	63.21
11. 其他商品和服务类支出	7.59
（二）城镇居民	2754.02
1. 食品类支出	588.31
2. 衣着类支出	172.07
3. 居住类支出	259.18
4. 家庭设备、用品及服务类支出	140.3
5. 医疗保健类支出	125.49
6. 交通和通信类支出	266.32
7. 文教娱乐用品及服务类支出	364.45
8. 银行中介服务支出	340.38
9. 保险服务消费支出	183.87
10. 自有住房服务虚拟支出	173.53
11. 实物消费支出	50.04
12. 其它商品和服务类支出	90.08
二、政府消费支出	1415.35

表2—5　主要年份地区生产总值

计量单位：亿元

年 份	地区生产总值	第一产业	第二产业	#工业	第三产业	人均地区生产总值（元）（按户籍人口计算）	人均地区生产总值（元）（按常住人口计算）
1990	176.52	17.26	96.03	87.40	63.23	3538	—
1994	472.17	34.85	248.26	227.99	189.06	9142	—
1995	584.59	44.97	297.46	258.38	242.16	11242	—
1996	682.78	45.93	339.49	286.12	297.36	13041	—
1997	773.78	49.85	379.86	323.13	344.07	14665	—
1998	850.24	51.72	406.18	341.89	392.34	16010	—
1999	937.89	53.53	432.86	368.44	451.50	17535	—
2000	1073.54	57.56	491.87	424.81	524.11	19838	—
2001	1218.51	61.94	544.66	469.67	611.91	22196	—
2002	1385.14	65.73	610.65	523.00	708.76	24816	—
2003	1690.77	69.51	802.24	691.99	819.02	29780	—
2004	2067.18	75.27	1003.99	869.51	987.92	35770	—
2005	2451.94	102.00	1199.48	1043.58	1150.46	41579	36112
2007	3340.05	115.28	1607.22	1412.22	1617.55	54558	45473
2008	3814.62	119.4	1771.28	1532.20	1923.94	61445	50855
2009	4230.26	129.18	1930.66	1640.53	2170.42	67455	55290
2010	5130.65	142.29	2327.86	2005.21	2660.49	81298	65272
2011	6145.52	164.27	2760.84	2390.51	3220.41	96872	76263
2012	7201.57	185.06	3170.78	2748.46	3845.73	112980	88525
2013	8080.21	195.29	3462.42	2997.63	4422.50	126099	98848
2014	8820.75	214.25	3623.48	3119.12	4983.02	136564	107545

注：本表数据均为现价，2010年为年报调整数据，2013年为经济普查调整数据。

表 2—6　主要年份地区生产总值发展速度

计量单位：%

年份	地区生产总值	第一产业	第二产业	#工业	第三产业	人均地区生产总值（按户籍人口计算）	人均地区生产总值（按常住人口计算）
1990	109.2	97.2	105.1	111.8	121.8	107.7	—
1994	115.6	98.6	119.2	120.6	112.8	114.7	—
1995	112.4	115.6	113.0	108.7	110.8	111.6	—
1996	113.0	108.9	113.6	111.1	112.8	112.2	—
1997	113.3	109.6	113.3	113.9	114.1	112.4	—
1998	111.8	104.5	111.9	111.3	112.6	111.1	—
1999	110.6	107.4	109.7	111.0	112.6	109.8	—
2000	112.3	108.1	112.1	112.8	113.1	111.0	—
2001	111.1	108.3	109.0	108.1	113.8	109.5	—
2002	112.8	106.8	112.3	111.2	114.0	110.9	—
2003	115.0	105.1	118.7	118.4	112.5	113.1	—
2004	117.3	105.9	120.7	123.0	114.9	115.2	—
2005	115.1	102.7	117.9	118.0	113.4	112.8	115.0
2007	115.7	103.6	115.9	117.6	116.4	113.7	111.6
2008	112.1	102.7	109.6	109.9	115.3	110.5	109.1
2009	111.5	104.1	110.1	109.3	113.5	110.4	109.4
2010	113.1	104.1	113.6	114.4	113.0	112.4	110.1
2011	112.0	104.1	112.3	112.9	112.3	111.4	110.6
2012	111.7	104.9	111.9	111.0	111.8	111.2	110.6
2013	111.0	103.4	111.1	111.1	111.3	110.4	110.5
2014	110.1	103.3	108.8	109.3	111.5	108.3	108.8

主要统计指标解释

地区生产总值 是按市场价格计算的地区生产总值的简称。它是一个国家（地区）所有常住单位在一定时期内生产活动的最终成果。地区生产总值有三种表现形态，即价值形态、收入形态和产品形态。从价值形态看，它是所有常住单位在一定时期内所生产的全部货物和服务价值超过同期投入的全部非固定资产货物和服务价值的差额，即所有常住单位的增加值之和；从收入形态看，它是所有常住单位在一定时期内所创造并分配给常住单位和非常住单位的初次分配收入之和；从产品形态看，它是最终使用的货物和服务减去进口货物和服务。在实际核算中，地区生产总值的三种表现形态表现为三种计算方法，即生产法、收入法和支出法。三种方法分别从不同的方面反映地区生产总值及其构成。

支出法地区生产总值 指一个国家（地区）所有常住单位在一定时期内用于最终消费、资本形成总额，以及货物和服务的净出口总额，它反映本期生产的地区生产总值的使用及构成。

最终消费 指常住单位在一定时期内对于货物和服务的全部最终消费支出，也就是常住单位为满足物质、文化和精神生活的需要，从本国经济领土和国外购买的货物和服务的支出；不包括非常住单位在本国经济领土内的消费支出。最终消费分为居民消费和政府消费。

居民消费 指常住住户对货物和服务的全部最终消费支出。居民消费按市场价格计算，即按居民支付的购买者价格计算。购买者价格是购买者取得货物所支付的价格，包括购买者支付的运输和商业费用。居民消费除了直接以货币形式购买货物和服务的消费之外，还包括以其他方式获得的货物和服务的消费支出，即所谓的虚拟消费支出。居民虚拟消费支出包括以下几种类型：单位以实物报酬及实物转移的形式提供给劳动者的货物和服务；住户生产并由本住户消费了的货物和服务，其中的服务仅指住户的自有住房服务；金融机构提供的金融媒介服务；保险公司提供的保险服务。

政府消费 指政府部门为全社会提供公共服务的消费支出和免费或以较低价格向住户提供的货物和服务的净支出。前者等于政府服务的产出价值减去政府单位所获得的经营收入的价值，政府服务的产出价值等于它的经常性业务支出加上固定资产折旧；后者等于政府部门免费或以较低价格向住户提供的货物和服务的市场价值减去向住户收取的价值。

资本形成总额 指常住单位在一定时期内获得的减去处置的固定资产加存货的变动，包括固定资本形成总额和存货增加。

固定资本形成总额 指常住单位购置、转入和自产自用的固定资产，扣除固定资产的销售和转出后的价值，分有形固定资产形成总额和无形固定资产形成总额。有形固定资产形成总额包括一定时期内完成的建筑工程、安装工程和设备工器具购置（减处置）价值，以及土地改良、新增役、种、奶、毛、娱乐用牲畜和新增经济林木价值。无形固定资产形成总额包括矿藏的勘探、计算机软件、娱乐和文学艺术品原件等获得减处置。

存货增加 指常住单位存货实物量变动的市场价值，即期末价值减期初价值的差额。存货增加可以是正值，也可以是负值；正值表示存货上升，负值表示存货下降。它包括生产单位购进的原材料、燃料和储备物资等存货，以及生产单位生产的产成品、在制品等存货等。

货物和服务净出口 指货物和服务出口减货物和服务进口的差额。出口包括常住单位向非常住单位出售或无偿转让的各种货物和服务的价值；进口包括常住单位从非常住单位购买或无偿得到的各种货物和服务的价值。由于服务活动的提供与使用同时发生，因此服务的进出口业务并不发生出入境现象，一般把常住单位从国外得到的服务作为进口，非常住单位从本国得到的服务作为出口。货物的出口和进口都按离岸价格计算。

（三）人口和就业

CHAPTER 3
POPULATION AND EMPLOYMENT

2015' NANJING STATISTICAL YEARBOOK 2015' NANJING STATISTICAL YEARBOOK 2015' NANJING STATISTICAL YEARBOOK 2015' NANJING STATISTICAL YEARBOOK

2015南京统计年鉴 2015南京统计年鉴 2015南京统计年鉴 2015南京统计年鉴 2015南京统计年鉴 2015南京统计年鉴

表 3—1　人口主要指标

指　标	2014年	2013年	2014年为上年%
一、户籍人口情况			
总户数（户）	2216019	2180380	101.6
总人口（人）	6487209	6430882	100.9
按性别分：			
男（人）	3250391	3229015	100.7
女（人）	3236818	3201867	101.1
性别比（以女性为 100）	100.42	100.85	99.6
迁入人口（人）	126494	142205	89.0
迁出人口（人）	103951	124832	83.3
出生人口（人）	71302	63954	111.5
出生率（‰）	11.04	9.98	—
死亡人口（人）	37704	36955	102.0
死亡率（‰）	5.84	5.77	—
自然增长人口（人）	33598	26999	124.4
自然增长率（‰）	5.20	4.21	—
二、全市常住人口（万人）	821.61	818.78	100.4

注：本表户籍资料根据市公安局提供的户籍数据编制。

表 3—2　计划生育情况（2014 年）

计量单位：人

指　标	2014年
一、出生人数	53159
一孩	46036
二孩	7031
三孩及三孩以上	92
二、计划内生育	53042
三、育龄妇女人数	2060029
四、已婚育龄妇女人数	1474025
五、现家庭只有一个孩子的妇女人数	1193847

注：本表根据市人口和计划生育委员会提供的资料编制。

表 3—3　结婚及离婚登记情况

指　标	2014年	2013年
结婚登记（对）	86410	83808
内地居民登记结婚初婚人数（人）	125118	128406
内地居民登记结婚再婚人数（人）	47702	39210
内地居民恢复结婚对数（对）	25546	4949
离婚登记（对）	33507	37931

注：本表根据市民政局提供的资料编制。

表 3—4　收养登记情况

计量单位：人

指　标	2014年	2013年
一、收养人合计	1112	943
二、被收养人情况	—	—
1、社会福利机构抚养的孤儿	851	677
2、社会福利机构抚养的弃婴	0	0
3、社会弃婴	0	0
4、父母无力抚养的儿童	0	0
5、其他	261	266

注：本表数据不含省属口径，由市民政局提供。

表3—5　全市从业人员

计量单位：万人

指　标	2014年	2013年
从业人员	488.90	481.20
#专业技术人员	117.68	111.97
从业人员按三次产业分组		
第一产业	27.80	28.63
第二产业	176.30	178.20
第三产业	284.80	274.37

表3—6 全市城镇非私营单位从业人员情况（2014年）

计量单位：人

指　标	单位从业人员	其中		
		女性从业人员	在岗职工	其他从业人员
全　市	2256703	808018	2088394	168309
按登记注册类型分组				
国有单位	494804	194723	471771	23033
城镇集体单位	30154	12965	27728	2426
其他单位	1731745	600330	1588895	142850
内资	1248897	362315	1138666	110231
港、澳、台商投资	133634	65144	130613	3021
外商投资	349214	172871	319616	29598
按国民经济行业分组				
农、林、牧、渔业	1726	532	1532	194
采矿业	3631	1049	3628	3
制造业	557236	220439	548727	8509
电力、热力、燃气及水生产和供应业	16885	4690	16689	196
建筑业	526713	95516	437720	88993
批发和零售业	184932	99348	175924	9008
交通运输、仓储和邮政业	145366	33298	139779	5587
住宿和餐饮业	72181	42418	47416	24765
信息传输、软件和信息技术服务业	148851	56935	147907	944
金融业	44380	22604	43443	937
房地产业	54001	23613	50741	3260
租赁和商务服务业	83386	25773	80842	2544
科学研究和技术服务业	72269	21720	70025	2244
水利、环境和公共设施管理业	20058	8287	16552	3506
居民服务、修理和其他服务业	7054	2042	6921	133
教育	147415	73416	138861	8554
卫生和社会工作	60371	40870	55985	4386
文化、体育和娱乐业	23631	10824	22255	1376
公共管理、社会保障和社会组织	86617	24644	83447	3170

表 3—7　全市城镇非私营单位分行业从业人数及构成（2014 年）

计量单位：人

指　标	全　市	国有单位	城镇集体单位	其他类型单位
总　计	2256703	494804	30154	1731745
按单位属性分组				
企业	1911894	168668	22442	1720784
事业	263028	252140	7703	3185
机关	71590	71581	9	
民间非营利组织	2025	51		1974
其他	8166	2364		5802
按国民经济行业分组				
农、林、牧、渔业	1726	1295	34	397
农业	483	411	19	53
林业	463	452		11
畜牧业	24	20	4	
渔业	123	123		
农、林、牧、渔服务业	633	289	11	333
采矿业	3631	45	57	3529
制造业	557236	21526	6101	529609
电力、热力、燃气及水生产和供应业	16885	8604	509	7772
电力、热力生产和供应业	8637	3884	425	4328
燃气生产和供应业	2815		18	2797
水的生产和供应业	5433	4720	66	647
建筑业	526713	11935	2953	511825
房屋建筑业	381289	1014	2221	378054
土木工程建筑业	84790	8602	218	75970
建筑安装业	38313	782	224	37307
建筑装饰和其他建筑业	22321	1537	290	20494

表3—7 续表1

指　标	全市	国有单位	城镇集体单位	其他类型单位
批发和零售业	184932	9370	2127	173435
批发业	73388	7954	666	64768
零售业	111544	1416	1461	108667
交通运输、仓储和邮政业	145366	56280	2523	86563
铁路运输业	19186	18587	407	192
道路运输业	75298	24415	222	50661
水上运输业	23803	3432	102	20269
航空运输业	9030	4662		4368
管道运输业	619	9		610
装卸搬运和运输代理业	6874	1001	1785	4088
仓储业	1468	144	7	1317
邮政业	9088	4030		5058
住宿和餐饮业	72181	8237	351	63593
住宿业	24140	6955	330	16855
餐饮业	48041	1282	21	46738
信息传输、软件和信息技术服务业	148851	1398	6	147447
电信、广播电视和卫星传输服务	84134	538		83596
互联网和相关服务	2626			2626
软件和信息技术服务业	62091	860	6	61225
金融业	44380	18577	1304	24499
货币金融服务	33523	15459	1291	16773
资本市场服务	2841	35	13	2793
保险业	7801	2987		4814
其他金融业	215	96		119

表3—7　续表2

指　标	全　市	国有单位	城镇集体单位	其他类型单位
房地产业	54001	2328	657	51016
房地产开发经营	17713	1406	27	16280
物业管理	32298	478	532	31288
房地产中介服务	2739	4	11	2724
租赁和商务服务业	83386	20153	3931	59302
租赁业	976		57	919
商务服务业	82410	20153	3874	58383
科学研究和技术服务业	72269	35122	384	36763
研究和试验发展	23066	21154	6	1906
专业技术服务业	43285	11963	288	31034
科技推广和应用服务业	5918	2005	90	3823
水利、环境和公共设施管理业	20058	15605	1518	2935
水利管理业	2825	2789	26	10
生态保护和环境治理业	1851	1308		543
公共设施管理业	15382	11508	1492	2382
居民服务、修理和其他服务业	7054	795	1023	5236
居民服务业	1916	403	898	615
机动车、电子产品和日用产品修理业	4212	272	85	3855
其他服务业	926	120	40	766
教育	147415	135556	1093	10766
初等教育	20456	19924		532
中等教育	33239	31276	7	1956
高等教育	77606	74621		2985
卫生和社会工作	60371	49099	5320	5952

表3—7 续表3

指 标	全 市	国有单位	城镇集体单位	其他类型单位
卫生	58676	47414	5310	5952
社会工作	1695	1685	10	
文化、体育和娱乐业	23631	13123	79	10429
新闻和出版业	6196	2087		4109
广播、电视、电影和影视录音制作业	8026	4674		3352
文化艺术业	5276	4305	75	896
体育	1801	1402		399
娱乐业	2332	655	4	1673
公共管理、社会保障和社会组织	86617	85756	184	677
中国共产党机关	2955	2955		
国家机构	78732	78732		
人民政协、民主党派	793	793		
社会保障	1874	1744	130	
群众社团、社会团体和其他成员组织	1789	1532	54	203

表 3—8　主要年份户籍人口数及自然变动情况

年 份	年末户籍总人口（万人）	按农业、非农业分		按性别分		出生率（‰）	死亡率（‰）	自然增长率（‰）
		非农业人口	农业人口	男	女			
1949	256.70	102.02	154.68	136.68	120.02	30.45	17.36	13.09
1950	256.70	101.05	155.65	135.53	121.17	31.20	15.56	15.64
1952	256.18	96.99	159.19	133.82	122.36	34.40	14.57	19.83
1955	280.34	115.25	165.09	147.57	132.77	32.78	12.84	19.94
1957	304.85	133.83	171.02	160.03	144.82	42.75	9.60	33.15
1960	322.59	159.53	163.06	171.34	151.25	20.68	20.45	0.23
1962	322.55	149.10	173.45	166.56	155.99	36.87	8.27	28.60
1965	345.29	153.25	192.04	178.28	167.01	32.07	6.49	25.58
1970	360.53	132.47	228.06	185.69	174.84	26.04	5.28	20.76
1975	392.99	145.62	247.37	203.54	189.45	15.23	5.70	9.53
1978	412.38	156.37	256.01	213.65	198.73	14.50	5.66	8.84
1980	435.87	183.33	252.54	225.11	210.76	13.91	5.83	8.08
1985	465.77	226.70	239.07	241.64	224.13	10.16	5.60	4.56
1990	501.82	236.22	265.60	260.08	241.74	14.77	5.59	9.18
1995	521.72	259.04	262.68	270.77	250.95	8.56	5.94	2.62
1997	529.82	270.11	259.71	274.28	255.54	8.01	5.85	2.16
1998	532.31	276.23	256.08	275.41	256.90	7.12	6.12	1.00
1999	537.44	287.03	250.41	278.14	259.30	7.54	5.53	2.01
2000	544.89	309.52	235.37	281.66	263.23	10.17	7.69	2.48
2002	563.28	339.35	223.93	291.34	271.94	7.11	5.47	1.64
2005	595.80	—	—	305.25	290.55	7.69	5.35	2.34
2007	617.17	—	—	314.70	302.47	8.40	5.56	2.84
2008	624.46	—	—	317.38	307.08	8.11	5.60	2.51
2009	629.77	—	—	319.16	310.61	7.87	5.69	2.18
2010	632.42	—	—	319.65	312.77	9.09	7.87	1.22
2011	636.36	—	—	320.90	315.46	9.19	5.50	3.69
2012	638.48	—	—	321.39	317.09	10.29	6.88	3.41
2013	643.09	—	—	322.90	320.19	9.98	5.77	4.21
2014	648.72	—	—	325.04	323.68	11.04	5.84	5.20

注：从2002年开始出生率、死亡率、自然增长率采用公安数据。

主要统计指标解释

人口数 指一定时点、一定地区范围内的有生命的个人的总和。

年度统计的年末人口数指每年 12 月 31 日 24 时的人口数。年度统计的全国人口总数内未包括台湾省和港澳同胞以及海外华侨人数。

城镇人口和乡村人口 其定义有三种口径：

第一种口径（按行政建制） 城镇人口是指市辖区内和县辖镇的全部人口；乡村人口是指县辖乡人口。

第二种口径（按常住人口划分） 城镇人口是指设区的市的区人口和不设区的市所辖的街道人口以及不设区的市所辖镇的居民委员会人口和县辖镇的居民委员会人口，乡村人口是除上述两种人口以外的全部人口。

第三种口径 城乡人口的划分是按照国家统计局 1999 年发布的《关于统计上划分城乡的规定（试行）》计算的。

1952-1989 年数据为第一种口径的数据，1990-1999 年的数据为第二种口径的数据，2000 年人口普查和 2000 年以后数据是按照国家统计局 1999 年发布的《关于统计上划分城乡的规定（试行）》计算的。

出生率（又称粗出生率） 指在一定时期内（通常为一年）一定地区的出生人数与同期内平均人数（或期中人数）之比。一般用千分率表示。

本资料中的出生率指年出生率，其计算公式为：出生率 = 年出生人数 / 年平均人数 ×1000

公式中：出生人数指活产婴儿，即胎儿脱离母体时（不管怀孕月数），有过呼吸或其他生命现象。年平均人数指年初、年底人口数的平均数，也可用年中人口数代替。

死亡率（又称粗死亡率） 指在一定时期内（通常为一年）一定地区的死亡人数与同期内平均人数（或期中人数）之比，一般用千分率表示。

本资料中的死亡率指年死亡率，其计算公式为：死亡率 = 年死亡人数 / 年平均人数 ×1000

人口自然增长率指在一定时期内（通常为一年）人口自然增加数（出生人数减死亡人数）与该时期内平均人数（或期中人数）之比，一般用千分率表示。

计算公式为：人口自然增长率 =（本年出生人数 - 本年死亡人数）/ 年平均人数 ×1000

常住人口 是指具有中华人民共和国国籍并在中华人民共和国境内常住的人。时间标准为半年，空间标准为乡镇街道。即只要一个人在某乡镇街道居住半年以上，即为该地的常住人口。

从业人员 指从事一定社会劳动并取得劳动报酬或经营收入的全部劳动力。包括：（1）全部城镇单位从业人员；（2）城镇私营企业从业人员；（3）个体劳动者；（4）社会劳动者；（5）其他社会劳动者。这一指标反映了一定时期内全部劳动力资源的实际利用情况，是研究我国基本国情国力的重要指标。

城镇非私营单位从业人员 指在各级国家机关、政党机关、社会团体及企业、事业单位中工作，取得工资或其他形式的劳动报酬的全部人员（在岗职工＋其他从业人员），不包括村办、乡办、私营、个体从业人员和离开本单位仍保留劳动关系的职工。其中：(1) 在岗职工是指在城镇单位工作并由单位支付工资的人员。(2) 其他从业人员包括：再就业的离退休人员、民办教师以及在各单位中工作的外方人员和港澳台方人员、兼职人员、借用的外单位人员和第二职业者等，反映了各城镇单位实际参加生产或工作的全部劳动力。

（四）人民生活

CHAPTER 4
PEOPLE'S LIVELIHOOD

表 4—1 城镇居民家庭生活基本情况

指 标	2014年	2013年	2014年为上年%
调查户数（户）	1460	1460	—
平均每户家庭常住人口（人）	2.83	2.81	105.6
平均每户就业人员（人）	1.65	1.63	113.8
每一就业者负担人口（包括本人）（人）	1.72	1.72	93.0
平均每户就业面（%）	58.3	58.0	107.8
平均每人年可支配收入（元）	42568	39115	108.8
平均每人年消费支出（元）	25855	24129	107.2
人均现住房建筑面积（平方米）	36.3	35.4	102.5

注：2014年起，城乡居民收入调查一体化改革后，统计口径有所调整，本表中2013年和2014年数据均为新口径数据，下同。

表 4—2 城镇居民家庭全年人均可支配收入

计量单位：元

指 标	2014年	2013年	2014年为上年%	比重%	
				2014年	2013年
一、可支配收入	42568	39115	108.8	100.0	100.0
（一）工资性收入	26792	24743	108.3	62.9	63.3
（二）经营净收入	4645	4212	110.3	10.9	10.8
（三）财产净收入	4493	4097	109.7	10.6	10.5
（四）转移净收入	6638	6063	109.5	15.6	15.5

注：城镇居民人均可支配收入按照五等份分组，低收入组为20615元、中等偏下收入组为31059元、中等收入组为38643元、中等偏上收入组为50627元、高收入组为81469元。

表4—3 城镇居民家庭全年人均消费支出

计量单位：元

指 标	2014年	2013年	2014年为上年%	各项费用占消费支出比重（%）	
				2014年	2013年
消费支出合计	25855	24129	107.2	100.0	100.0
一、食品烟酒	6713	6438	104.3	26.0	26.7
# 食品	4663	4487	103.9	18.0	18.6
烟酒	747	833	89.6	2.9	3.5
二、衣着	2067	1976	104.7	8.0	8.2
# 衣类	1606	1526	105.2	6.2	6.3
鞋类	461	449	102.7	1.8	1.9
三、居住	5711	5474	104.3	22.1	22.7
四、生活用品及服务	1549	1478	104.8	6.0	6.1
五、交通通信	3486	3126	111.5	13.5	13.0
六、教育文化娱乐	4058	3521	115.2	15.7	14.6
七、医疗保健	1437	1312	109.5	5.6	5.4
八、其他用品和服务	833	805	103.5	3.2	3.3

表 4—4　城镇居民家庭平均每百户年末耐用消费品拥有量

指　标	2014年	2013年
家用汽车	38.7	32.0
摩托车	19.9	17.3
助力车	59.3	53.5
洗衣机	97.3	96.1
电冰箱（柜）	101.1	99.4
微波炉	91.0	89.2
彩色电视机	164.4	161.3
其中：接入有线电视	146.9	141.2
空调	203.5	199.7
热水器	108.0	105.8
其中：太阳能热水器	47.6	42.5
消毒碗柜	11.8	11.8
洗碗机	1.6	1.4
排油烟机	88.5	88.2
固定电话	68.5	64.9
移动电话	225.1	221.7
其中：接入互联网	119.8	111.2
计算机	101.0	96.8
其中：接入互联网	90.8	85.5
摄像机	16.1	15.0
照相机	57.8	58.0
中高档乐器	10.4	8.9
健身器材	7.5	5.6
组合音响	14.0	13.5

表4—5　农村居民家庭基本情况

指　标	2014年	2013年
平均每户家庭常住人口（人）	3.29	3.32
平均每户就业人员（人）	2.63	2.51
平均每人年消费支出（元）	12818	11507
平均每人年可支配收入（元）	17661	16011
平均每人现住房建筑面积（平方米）	55.4	53.7
平均每户出售肉猪（公斤）	87.2	83.0
平均每户出售谷物（公斤）	408.8	542.8
平均每户出售油料（公斤）	16.6	30.7
平均每户出售渔业养殖产品（公斤）	111.6	133.3
平均每户年末实际经营耕地面积（亩）	2.26	2.67
平均每户年末实际经营林地面积（亩）	0.11	0.08
平均每户年末实际经营养殖水面面积（亩）	0.26	0.48

表 4—6　农村居民人均可支配收入构成

计量单位：元

指　标	2014年	2013年
人均可支配收入	17661	16011
一、工资性收入	12868	11675
1、工资	12317	11254
2、实物福利	151	147
3、其他	350	274
二、经营净收入	2869	2590
1、第一产业经营净收入	1305	1192
2、第二产业经营净收入	543	486
3、第三产业经营净收入	1021	911
三、财产净收入	874	788
# 利息净收入	287	284
转让承包土地经营权租金净收入	224	208
出租房屋财产净收入	251	214
四、转移净收入	1051	958
# 养老金或离退休金	995	745
社会救济和补助	81	76
赡养收入	97	113
其他经常转移收入	208	182

表 4—7　农村居民人均消费支出构成

计量单位：元

指　标	2014年	2013年
一、消费支出	12818	11507
（一）食品烟酒	3861	3492
# 食品	2051	1874
烟酒	999	1019
饮食服务	663	599
（二）衣着	778	697
# 衣类	579	552
鞋类	199	146
（三）居住	2515	2317
# 租赁房房租	167	155
住房维修及管理	440	400
水电燃料	677	616
（四）生活用品及服务	795	700
# 家具及室内装饰品	113	121
家庭日用杂品	233	211
（五）交通通信	1911	1698
# 交通	1382	1225
通信	529	473
（六）教育文化娱乐	1744	1498
# 教育	756	660
文娱耐用消费品	177	168
其他文娱用品	148	141
文化娱乐服务	663	529
（七）医疗保健	742	675
# 医疗器具及药品	145	131
医疗服务	597	544
（八）其他用品及服务	473	429
# 其他用品	322	295
其他服务	151	134

表 4—8　农村居民家庭人均主要消费品购买量

指　标	2014年	2013年
大米（公斤）	33.7	39.3
蔬菜和食用菌（公斤）	46.2	52.8
食用植物油（公斤）	9.1	7.1
豆类（公斤）	7.7	8.4
肉类（公斤）	24.2	25.3
禽类（公斤）	14.2	12.5
蛋类（公斤）	7.3	6.0
水产品（公斤）	13.9	14.5
糖果糕点类（公斤）	5.6	4.2
鲜瓜果（公斤）	32.4	32.7
卷烟（盒）	54.7	55.3

表 4—9 农村居民家庭平均每百户年末耐用消费品拥有量

指　标	2014年	2013年
家用汽车	32.0	21.5
摩托车	57.1	58.0
助力车	92.8	87.5
洗衣机	93.5	90.7
电冰箱（柜）	105.2	102.4
微波炉	74.5	71.9
彩色电视机	166.8	159.4
其中：接入有线电视	150.3	141.5
空调	145.0	136.0
热水器	101.4	96.4
其中：太阳能热水器	89.4	88.1
消毒碗柜	4.1	2.4
洗碗机	1.1	0.0
排油烟机	53.2	48.9
固定电话	62.9	58.5
移动电话	255.6	257.4
其中：接入互联网	126.5	105.7
计算机	65.2	62.3
其中：接入互联网	54.1	51.4
摄像机	2.2	1.6
照相机	22.6	22.1
中高档乐器	3.0	2.6
健身器材	3.5	2.7
组合音响	11.2	11.7

表4—10　全市城镇非私营单位从业人员工资总额（2014年）

指　标	从业人员工资总额（千元）	在岗职工工资总额	其他人员工资总额	从业人员年平均人数（人）	从业人员年人均工资（元）
全　市	156258766	149983532	6275234	2216213	70507
按单位属性分组					
企业	126980014	121559860	5420154	1873921	67762
事业	22245990	21548839	697151	261169	85179
机关	6398459	6321558	76901	71317	89719
民间非营利组织	83796	78502	5294	1945	43083
其他	550507	474773	75734	7861	70030
按国民经济行业分组					
农、林、牧、渔业	63563	61091	2472	1748	36363
采矿业	222995	222834	161	3665	60844
制造业	35781765	35152631	629134	556299	64321
电力、热力、燃气及水生产和供应业	1519321	1513762	5559	16963	89567
建筑业	25515622	21832982	3682640	505331	50493
批发和零售业	10621289	10487945	133344	178091	59640
交通运输、仓储和邮政业	10661054	10482439	178615	140805	75715
住宿和餐饮业	2243532	1983272	260260	72133	31103
信息传输、软件和信息技术服务业	18534081	18450296	83785	148415	124880
金融业	6968253	6930052	38201	43494	160212
房地产业	3356691	3222422	134269	53273	63009
租赁和商务服务业	5042869	4941577	101292	82447	61165
科学研究和技术服务业	7214548	7058489	156059	71629	100721
水利、环境和公共设施管理业	1216159	1103574	112585	20039	60690
居民服务、修理和其他服务业	431237	426350	4887	6716	64210
教育	11450413	11113813	336600	146493	78164
卫生和社会工作	5608579	5364548	244031	59056	94971
文化、体育和娱乐业	2344519	2291255	53264	23390	100236
公共管理、社会保障和社会组织	7462276	7344200	118076	86226	86543

表4—11 全市城镇非私营单位国有单位人员工资总额（2014年）

指 标	从业人员工资总额（千元）	在岗职工工资总额	其他人员工资总额	从业人员年平均人数（人）	从业人员年人均工资（元）
全 市	42073775	41149217	924558	489184	86008
按单位属性分组					
企业	13928275	13741130	187145	165171	84326
事业	21562892	20917466	645426	250368	86125
机关	6398045	6321185	76860	71308	89724
民间非营利组织	1750	1750		51	34314
其他	182813	167686	15127	2286	79971
按国民经济行业分组					
农、林、牧、渔业	50833	49273	1560	1320	38510
采矿业	1750	1726	24	45	38889
制造业	1934565	1915865	18700	21872	88449
电力、热力、燃气及水生产和供应业	725333	721540	3793	8633	84019
建筑业	892232	874587	17645	12351	72240
批发和零售业	837891	820679	17212	9425	88901
交通运输、仓储和邮政业	4172612	4127968	44644	53029	78685
住宿和餐饮业	373999	358369	15630	8101	46167
信息传输、软件和信息技术服务业	137384	131455	5929	1384	99266
金融业	2768597	2737204	31393	18325	151083
房地产业	184247	176178	8069	2347	78503
租赁和商务服务业	1023199	1001382	21817	19514	52434
科学研究和技术服务业	3638981	3588705	50276	35063	103784
水利、环境和公共设施管理业	923722	819850	103872	15691	58870
居民服务、修理和其他服务业	54548	52947	1601	796	68528
教育	10810993	10546051	264942	134992	80086
卫生和社会工作	4765028	4590005	175023	47928	99421
文化、体育和娱乐业	1354415	1328393	26022	13000	104186
公共管理、社会保障和社会组织	7423446	7307040	116406	85368	86958

表 4—12　全市城镇非私营单位集体单位从业人员工资总额（2014 年）

指　标	从业人员工资总额（千元）	在岗职工工资总额	其他人员工资总额	从业人员年平均人数（人）	从业人员年人均工资（元）
全　市	1761923	1677166	84757	29746	59232
按单位属性分组					
企业	1270585	1234345	36240	22062	57592
事业	490924	442448	48476	7675	63964
机关	414	373	41	9	46000
民间非营利组织					
其他					
按国民经济行业分组					
农、林、牧、渔业	1192	1192		34	35059
采矿业	1126	1126		58	19414
制造业	278252	266067	12185	6152	45230
电力、热力、燃气及水生产和供应业	37733	37503	230	512	73697
建筑业	96745	89552	7193	2338	41379
批发和零售业	88811	87548	1263	2167	40983
交通运输、仓储和邮政业	128039	122264	5775	2581	49608
住宿和餐饮业	17141	17073	68	400	42852
信息传输、软件和信息技术服务业	397	397		6	66167
金融业	214587	213188	1399	1269	169099
房地产业	44632	44051	581	662	67420
租赁和商务服务业	263693	256945	6748	3976	66321
科学研究和技术服务业	21929	21681	248	387	56664
水利、环境和公共设施管理业	71086	70951	135	1495	47549
居民服务、修理和其他服务业	44943	43949	994	1046	42967
教育	57162	52014	5148	1100	51965
卫生和社会工作	379008	337869	41139	5308	71403
文化、体育和娱乐业	4800	4800		74	64865
公共管理、社会保障和社会组织	10647	8996	1651	181	58823

表 4—13　全市城镇非私营单位其他各种类型单位从业人员工资总额（2014 年）

指　标	从业人员工资总额（千元）	在岗职工工资总额	其他人员工资总额	从业人员年平均人数（人）	从业人员年人均工资（元）
全　市	112423068	107157149	5265919	1697283	66237
按单位属性分组					
企业	111781154	106584385	5196769	1686688	66273
事业	192174	188925	3249	3126	61476
机关					
民间非营利组织	82046	76752	5294	1894	43319
其他	367694	307087	60607	5575	65954
按国民经济行业分组					
农、林、牧、渔业	11538	10626	912	394	29284
采矿业	220119	219982	137	3562	61796
制造业	33568948	32970699	598249	528275	63544
电力、热力、燃气及水生产和供应业	756255	754719	1536	7818	96733
建筑业	24526645	20868843	3657802	490642	49989
批发和零售业	9694587	9579718	114869	166499	58226
交通运输、仓储和邮政业	6360403	6232207	128196	85195	74657
住宿和餐饮业	1852392	1607830	244562	63632	29111
信息传输、软件和信息技术服务业	18396300	18318444	77856	147025	125124
金融业	3985069	3979660	5409	23900	166739
房地产业	3127812	3002193	125619	50264	62228
租赁和商务服务业	3755977	3683250	72727	58957	63707
科学研究和技术服务业	3553638	3448103	105535	36179	98224
水利、环境和公共设施管理业	221351	212773	8578	2853	77585
居民服务、修理和其他服务业	331746	329454	2292	4874	68064
教育	582258	515748	66510	10401	55981
卫生和社会工作	464543	436674	27869	5820	79818
文化、体育和娱乐业	985304	958062	27242	10316	95512
公共管理、社会保障和社会组织	28183	28164	19	677	41629

表 4—14　全市城镇非私营单位在岗职工工资总额及平均工资（2014 年）

指　标	在岗职工工资总额（千元）	在岗职工年平均人数（人）	在岗职工年人均工资（元）
全　市	149983532	2059698	72818
按登记注册类型分组			
国有单位	41149217	466041	88295
城镇集体单位	1677166	27329	61369
其他单位	107157149	1566328	68413
内资	78098619	1119654	69752
港、澳、台商投资	8372827	127130	65860
外商投资	20685703	319544	64735
按单位属性分组			
企业	121559860	1738068	69940
事业	21548839	244498	88135
机关	6321558	69155	91411
民间非营利组织	78502	1799	43636
其他	474773	6178	76849
按国民经济行业分组			
农、林、牧、渔业	61091	1539	39695
采矿业	222834	3662	60850
制造业	35152631	548031	64144
电力、热力、燃气及水生产和供应业	1513762	16803	90089
建筑业	21832982	422737	51647
批发和零售业	10487945	173520	60442
交通运输、仓储和邮政业	10482439	135446	77392
住宿和餐饮业	1983272	47700	41578
信息传输、软件和信息技术服务业	18450296	147238	125309
金融业	6930052	42619	162605
房地产业	3222422	50130	64281
租赁和商务服务业	4941577	79858	61880
科学研究和技术服务业	7058489	69332	101807
水利、环境和公共设施管理业	1103574	16525	66782
居民服务、修理和其他服务业	426350	6589	64706
教育	11113813	138115	80468
卫生和社会工作	5364548	54717	98042
文化、体育和娱乐业	2291255	22028	104016
公共管理、社会保障和社会组织	7344200	83109	88368

表 4—15　城镇非私营单位主要年份在岗职工工资总额及人均工资

年　份	工资总额（万元）	#国有经济单位	#城镇集体经济单位	人均工资（元）	#国有经济单位	#城镇集体经济单位
1955	10448	10448	—	571	571	—
1960	23800	23800	—	548	548	—
1965	23054	23054	—	646	646	—
1970	23164	23164	—	582	582	—
1975	40954	30648	10306	546	587	452
1978	54649	41693	12956	560	615	441
1980	80362	58272	22090	730	785	616
1985	156556	104749	40143	1131	1193	996
1990	334781	253640	74359	2349	2514	1917
1995	1043754	800055	162415	7016	7589	5024
1997	1280823	1004362	166228	8847	9516	6004
1998	1343146	1016523	164861	9449	10059	6134
1999	1440432	941202	144030	10295	10779	6324
2000	1576409	1027036	134553	11897	12512	6815
2005	2716059	1482115	87548	25215	27922	12783
2007	3439839	1838467	99769	31905	36721	16620
2008	4076177	2209308	120106	36092	44880	20134
2009	4894546	2571369	142014	40134	50486	23225
2010	5703903	2897621	151423	45444	57373	26855
2011	7240564	3364479	154763	54713	67976	37105
2012	8456679	3847272	197582	60404	74560	43474
2013	13443124	3562962	157893	66381	81781	53890
2014	14998353	4114922	167717	72818	88295	61369

注：2012年年报开始，城镇非私营单位离岗职工（离开本单位仍保留劳动关系，并定期领取生活费的人员）不包括在从业人员统计中，故原职工工资统计口径由原“在岗+离岗”改为“在岗+劳务派遣”。

表4—16　主要年份人民生活主要指标

年　份	城市居民人均可支配收入（元）	农村居民人均纯收入（元）	居民储蓄存款（万元）
1949	—	—	—
1952	—	—	1280
1957	—	—	4298
1962	—	—	4412
1965	—	—	7341
1970	—	—	8515
1975	—	—	14506
1978	—	—	21141
1979	—	—	28982
1980	487	—	37998
1985	823	530	137193
1990	1591	970	554614
1995	4996	2471	2681784
1997	6497	3533	4397445
1998	7018	3724	5052485
1999	7694	3862	5680472
2000	8233	4062	5966974
2002	9157	4579	10310053
2005	14997	6225	16774919
2007	20317	8020	20103100
2008	23123	8951	25658300
2009	25504	9858	31250000
2010	28312	11128	35720700
2011	32200	13108	39680300
2012	36322	14786	45320200
2013	39881	16531	49557600
2014	42568	17661	51356700

注：从2002年起城乡储蓄存款余额包括外币。从2013年“农村居民人均纯收入”改为“农村居民人均可支配收入”。

主要统计指标解释

可支配收入 指调查户在调查期内获得的，可用于最终消费支出和储蓄的总和，即调查户可以用来自由支配的收入。可支配收入既包括现金，也包括实物收入。按照收入的来源，可支配收入包含四项，分别为：工资性收入、经营净收入、财产净收入和转移净收入。可以根据调查对象范围的不同，分为全体居民可支配收入、城镇居民可支配收入和农村居民可支配收入。

消费支出 指住户用于满足家庭日常生活消费需要的全部支出，包括用于消费品的支出和用于服务性消费的支出。根据用途不同，消费支出可划分为食品烟酒、衣着、居住、生活用品及服务、交通通信、教育文化娱乐、医疗保健、其他用品及服务八大类。可以根据调查对象范围的不同，分为全体居民消费支出、城镇居民消费支出和农村居民消费支出。

城乡居民储蓄存款余额 指某一时点城乡居民存入银行及农村信用社的储蓄金额，包括城镇居民储蓄存款和农民个人储蓄存款，不包括居民的手存现金和工矿企业、部队、机关、团体等单位存款。

职工工资总额 指各单位在一定时期内直接支付给本单位全部职工的劳动报酬总额。工资总额包括计时工资、计件工资、奖金、计件超额工资、各种津贴和补贴、加班加点工资、特殊情况下支付的工资（其他工资）等。

工资总额的计算原则应以直接支付给职工的全部劳动报酬为依据。各单位支付给职工的劳动报酬以及其他根据有关规定支付的工资，不论是计入成本的还是不计入成本的，不论是按国家规定列入计征奖金税项目的，还是未列入计征奖金税项目的，不论是以货币形式支付的还是以实物形式支付的，均包括在工资总额内。即凡是单位以各种名义发放的现金和实物，只要属于劳动报酬性质并且现行统计制度未明确规定不统计为工资的都应作为工资统计。

职工平均工资 指城镇企业、事业、机关单位的职工在一定时期内平均每人所得的工资额。它表明一定时期职工工资收入高低程度，是反映职工工资水平的主要指标。

计算公式为：职工平均工资＝报告期实际支付的全部职工工资总额 ÷ 报告期全部职工平均人数

（五）价格指数

CHAPTER 5
PRICE INDICES

表 5—1　工业生产者出厂价格指数

指　标	2014年 （以上年价格为100）	2013年 （以上年价格为100）
总指数	97.3	97.0
#轻工业	98.0	98.6
重工业	97.2	96.7
#生产资料	97.0	96.5
生活资料	98.9	99.6
按工业行业大类分		
黑色金属矿采选业	85.2	99.9
有色金属矿采选业	93.2	87.6
非金属矿采选业	100.1	96.3
农副食品加工业	98.8	99.2
食品制造业	101.8	100.9
酒、饮料和精制茶制造业	99.7	101.7
烟草制品业	100.0	100.3
纺织业	100.1	102.3
纺织服装、服饰业	101.1	102.6
皮革、毛皮、羽毛及其制品和制鞋业	102.2	99.7
木材加工和木、竹、藤、棕、草制品业	101.3	101.1
家具制造业	101.6	103.8
造纸和纸制品业	97.7	98.5
印刷和记录媒介复制业	100.0	99.7
文教、工美、体育和娱乐用品制造业	99.4	100.5
石油加工、炼焦和核燃料加工业	96.0	97.9

表5—1 续表

指　标	2014年（以上年价格为100）	2013年（以上年价格为100）
化学原料和化学制品制造业	99.6	96.9
医药制造业	97.8	101.9
化学纤维制造业	90.0	97.4
橡胶和塑料制品业	98.8	100.0
非金属矿物制品业	100.4	99.1
黑色金属冶炼和压延加工业	87.8	91.7
有色金属冶炼和压延加工业	94.8	94.9
金属制品业	101.1	94.9
通用设备制造业	100.5	98.8
专用设备制造业	98.8	99.7
汽车制造业	98.1	100.4
铁路、船舶、航空航天和其他运输设备制造业	98.5	97.9
电气机械和器材制造业	97.9	98.1
计算机、通信和其他电子设备制造业	96.0	93.5
仪器仪表制造业	98.9	100.4
废弃资源综合利用业	91.3	93.8
金属制品、机械和设备修理业	101.5	99.3
电力、热力生产和供应业	98.8	99.5
燃气生产和供应业	110.0	102.0
水的生产和供应业	101.6	104.0

表 5—2　城市居民消费价格指数

指　标	2014年（以上年价格为100）	2013年（以上年价格为100）
城市居民消费价格指数	102.6	102.7
一、食品	102.8	105.6
#粮食	101.4	104.1
干豆类及豆制品	102.8	103.5
油脂	92.7	97.7
肉禽及其制品	100.1	103.3
蛋	111.0	105.3
水产品	102.3	107.7
菜	98.8	108.8
干鲜瓜果	115.3	110.1
液体乳及乳制品	112.1	108.1
在外用膳食品	102.3	106.3
二、烟酒	97.9	97.9
三、衣着	103.9	101.7
四、家庭设备用品及维修服务	104.1	102.6
五、医疗保健和个人用品	100.5	100.2
六、交通和通信	100.7	99.5
七、娱乐教育文化用品及服务	103.8	102.3
八、居住	102.9	102.8

表 5—3　城市商品零售价格指数

指　标	2014年 （以上年价格为100）	2013年 （以上年价格为100）
城市商品零售价格指数	102.0	101.2
一、食品	102.8	105.6
#粮食	101.4	104.1
干豆类及豆制品	102.8	103.5
油脂	92.7	97.7
肉禽及其制品	100.1	103.3
蛋	111.0	105.3
水产品	102.3	107.7
菜	98.8	108.8
干鲜瓜果	115.3	110.1
液体乳及乳制品	112.1	108.1
在外用膳食品	102.3	106.3
二、饮料、烟酒	98.5	98.7
三、服装、鞋帽	103.9	101.6
四、纺织品	110.4	103.7
五、家用电器及音像器材	102.8	99.1
六、文化办公用品	103.2	100.4
七、日用品	101.7	102.6
八、体育娱乐用品	104.8	100.2
九、交通、通信用品	101.3	98.4
十、家具	102.7	98.5
十一、化妆品	100.4	100.5
十二、金银珠宝	89.2	89.4
十三、中西药品及医疗保健用品	100.5	99.4
十四、书报杂志及电子出版物	102.3	99.8
十五、燃料	102.0	101.9
十六、建筑材料及五金电料	103.3	99.3

表 5—4　主要年份价格指数

（以上年价格为100）

年　份	城市居民消费价格指数	城市商品零售价格指数
1952	99.4	99.3
1957	102.2	102.5
1962	—	100.4
1965	—	97.3
1970	—	—
1975	99.8	99.9
1978	—	107.4
1979	101.1	101.1
1980	104.9	105.0
1985	110.1	110.5
1990	105.3	104.4
1995	115.1	111.2
1997	99.7	97.6
1998	100.0	98.2
1999	98.6	97.1
2000	100.0	99.2
2005	102.1	96.7
2007	103.7	99.9
2008	106.2	103.7
2009	100.1	98.7
2010	104.2	103.5
2011	105.4	104.2
2012	102.7	101.4
2013	102.7	101.2
2014	102.6	102.0

注：本表1978年前数据为国营商业牌价。

主要统计指标解释

工业生产者价格指数 是通过调查收集部分代表企业的代表产品的价格变动资料进行加权计算的相对数，以反映工业产品价格变动趋势和变动程度。

居民消费价格指数 是度量一组代表性消费品及服务项目价格水平随着时间而变动的相对数，反映居民家庭购买的消费品及服务价格水平的变动情况。它是宏观经济分析和决策、价格总水平监测和调控以及国民经济核算的重要指标。其按年度计算的变动率通常被用来作为反映通货膨胀（或紧缩）程度的指标。

商品零售价格指数 是反映城乡商品零售价格变动趋势的一种经济指数。零售物价的调整变动直接影响到城乡居民的生活支出和国家的财政收入，影响居民购买力和市场供需平衡，影响消费与积累的比例。因此，计算零售价格指数，可以从一个侧面对上述经济活动进行观察和分析。

（六）农业

CHAPTER 6
AGRICULTURE

表 6—1　农村组织情况和从业人员情况（2014 年）

指　标	全市	浦口	栖霞	雨花台	江宁	六合
一、农村基层组织情况（个）						
村委会个数	287	31	30		72	55
村民小组个数	12077	1195	482	148	4120	2420
二、农村人口、从业人员资源及主要行业分布						
乡村户数（万户）	64.67	7.14	2.81	1.00	16.14	14.54
乡村人口数（万人）	203.52	22.92	7.72	2.47	49.12	50.41
劳动年龄内人口数（万人）	120.01	13.92	5.14	1.76	30.36	28.93
# 劳动年龄内上学的人口数	5.84	0.81	0.28	0.15	1.36	1.27
超过劳动年龄而实际参加劳动的人数	11.24	0.95	0.54	0.16	2.34	2.84
乡村实有从业人员合计（万人）	119.21	11.94	5.00	1.68	30.02	29.62
男从业人员	63.25	6.42	2.65	0.92	15.60	15.36
女从业人员	55.96	5.52	2.35	0.76	14.42	14.26
农林牧渔业从业人员（万人）	25.71	2.12	1.44	0.15	6.06	6.48
# 种植业从业人员	18.86	1.42	1.28	0.04	4.76	5.52
工业从业人员（万人）	36.37	4.08	1.87	0.69	11.21	7.64
建筑业从业人员（万人）	23.89	1.53	0.41	0.20	4.70	6.33
交通运输业、仓储业和邮政业从业人员（万人）	7.40	0.87	0.30	0.17	1.70	1.68
信息传输、计算机服务和软件业从业人员（万人）	1.04	0.15	0.03	0.03	0.29	0.16
批发与零售业从业人员（万人）	8.31	1.08	0.25	0.15	1.85	2.47
住宿与餐饮业从业人员（万人）	4.41	0.71	0.10	0.09	0.93	1.28
金融、保险业从业人员（万人）	0.58	0.06	0.01	0.01	0.17	0.10
其他从业人员（万人）	11.50	1.34	0.59	0.19	3.11	3.48

表6—1 续表

指 标	溧 水	高 淳
一、农村基层组织情况（个）		
村委会个数	39	60
村民小组个数	2210	1461
二、农村人口、从业人员资源及主要行业分布		
乡村户数（万户）	10.94	11.49
乡村人口数（万人）	32.24	36.93
劳动年龄内人口数（万人）	18.27	20.88
#劳动年龄内上学的人口数	0.88	0.94
超过劳动年龄而实际参加劳动的人数（万人）	1.75	2.48
乡村实有从业人员合计（万人）	18.48	21.74
男从业人员	10.35	11.59
女从业人员	8.13	10.15
农林牧渔业从业人员（万人）	3.96	5.25
#种植业从业人员	3.11	2.52
工业从业人员（万人）	5.71	5.09
建筑业从业人员（万人）	3.73	6.93
交通运输业、仓储业和邮政业从业人员（万人）	1.05	1.59
信息传输、计算机服务和软件业从业人员（万人）	0.23	0.10
批发与零售业从业人员（万人）	1.29	1.16
住宿与餐饮业从业人员（万人）	0.64	0.58
金融、保险业从业人员（万人）	0.13	0.08
其他从业人员（万人）	1.74	0.96

表6—2 农、林、牧、渔业总产值（现价）（2014年）

计量单位：万元

指 标	合 计	农 业	林 业	牧 业	渔 业	农林牧渔服务业
全 市	3846279	2184996	198412	482330	798629	181912
增长（%）	3.6	4.9	7.1	-0.5	1.4	5.8
#浦口区	650065	342549	52719	107505	111597	35695
栖霞区	121141	99342	931	8726	8402	3740
雨花台区	16557	2556	11460	1578	963	0
江宁区	902062	535387	29756	101230	205358	30331
六合区	902896	582891	40600	122778	125747	30880
溧水区	604286	364402	34023	69085	92726	44050
高淳区	640655	255861	28923	64870	253785	37216

注：增长速度按可比价计算。

表6—3 农、林、牧、渔业增加值（现价）（2014年）

计量单位：万元

指 标	合 计	农 业	林 业	牧 业	渔 业	农林牧渔服务业
全 市	2246071	1391929	113121	189430	447994	103597
#浦口区	369663	220072	30424	43025	55069	21073
栖霞区	70076	58729	493	3456	5385	2013
雨花台区	9348	1415	6521	856	556	
江宁区	532129	332223	17314	39715	125124	17753
六合区	535067	376903	22939	49001	69221	17003
溧水区	355605	234785	19175	26175	50200	25270
高淳区	370879	166470	16255	25255	142414	20485

表 6—4　农业机械化、农业化学化、农田水利化情况（2014 年）

指　　标	计量单位	2014年
一、农业机械化情况		
农用机械总动力合计	万千瓦	221.00
柴油发动机动力	万千瓦	146.06
汽油发动机动力	万千瓦	5.05
电动机动力	万千瓦	69.80
其他机械动力	万千瓦	0.08
（一）耕作机械		
大中型拖拉机	台	4537
大中型拖拉机动力	万千瓦	21.08
小型拖拉机	台	26041
小型拖拉机动力	万千瓦	22.68
大中型拖拉机配套农具	部	6716
小型拖拉机配套农具	部	41663
（二）农用排灌机械		
柴油机	台	20002
柴油机动力	万千瓦	16.59
电动机	台	42890
电动机动力	万千瓦	50.33
农用水泵	万台	6.52
节水灌溉机械	套	4002
（三）收获机械		
联合收割机	台	2302
机动割晒机	台	
其他收获机械	台	4317
#秸秆粉碎还田机	台	3853

注：本表数据来源于市农业委员会。

表 6—4　续表 1

指　　标	计量单位	2014年
机动脱粒机	台	547
（四）田间管理机械		
# 机动喷雾（粉）机	台	18587
（五）林果业机械	台	2405
（六）畜牧养殖机械	台	3912
（七）渔业机械	台	38421
（八）农副产品初加工作业机械	台	9868
# 粮食加工机械	台	5113
棉花加工机械	台	1691
油料加工机械	台	807
（九）运输机械		
农用运输车	台	2974
# 三轮汽车	台	1222
三轮汽车动力	万千瓦	1.40
低速载货汽车	台	1717
低速载货汽车动力	万千瓦	5.66
手扶变型运输机	台	4141
农用挂车	台	675
（十）其他农业机械		
农田基本建设机械	台	1242
农田基本建设机械动力	万千瓦	7.28

注：本表数据来源于市农业委员会。

表6—4 续表2

指 标	计量单位	2014年
二、农业主要能源及物资消耗		
农村用电量	万千瓦小时	318094
农用化肥使用量（按折纯法计算）	吨	77308
氮肥	吨	40002
磷肥	吨	6476
钾肥	吨	4953
复合肥	吨	25877
农用塑料薄膜使用量	吨	5246
# 地膜使用量	吨	2640
地膜覆盖面积	公顷	21606
农用柴油	吨	23792
农药使用量	吨	1809
三、农田水利建设情况		
有效灌溉面积	千公顷	216.89
旱涝保收面积	千公顷	204.22
机电排灌面积	千公顷	171.40

表 6—5　农业主要产品生产情况（全社会）（2014 年）

指　标	播种面积（千公顷）	每公顷产量（公斤）	总产量（吨）
农作物总播种面积	320.62		
一、粮食作物合计	157.11	7302	1147183
（一）夏收粮食	46.72	5184	242201
1、夏收谷物	45.69	5235	239180
小麦	45.38	5243	237914
元麦			
大麦	0.31	4084	1266
2、夏收豆类（蚕豌豆）	1.03	2933	3021
（二）秋收粮食	110.39	8198	904982
1、秋收谷物	102.07	8485	866046
稻谷	93.52	8680	811768
早稻			
中稻和一季晚稻	92.7	8685	805123
双季晚稻	0.82	8104	6645
稻谷中：籼稻	24.97	8204	204854
粳稻	65.8	8886	584693
糯稻	2.75	8080	22221
玉米	8.55	6348	54278
谷子			
高粱			
其他谷物			
2、秋收豆类	4.78	2621	12528
大豆	4.36	2661	11600
绿豆	0.27	2285	617
其他豆类	0.15	2073	311
3、秋收薯类（按五折一计算）	3.54	7460	26408

表6—5 续表

指 标	播种面积（千公顷）	每公顷产量（公斤）	总产量（吨）
二、油料合计	46.38	2473	114711
（一）花生	2.03	2872	5830
（二）油菜籽	42.87	2475	106118
（三）芝麻	1.48	1867	2763
（四）其他油料			
三、棉花（皮棉）	2.73	1529	4175
四、麻类合计	0.45	2511	1130
#苎麻	0.45	2511	1130
五、糖料合计	0.25	42056	10514
#甘蔗	0.25	42056	10514
六、烟叶合计			
#烤烟叶			
七、药材类合计	0.51		
八、蔬菜（含菜用瓜）	86.85	35538	3086456
九、瓜果类	8.65	34907	301945
#西瓜	7.49	36619	274277
甜瓜	0.5	28058	14029
草莓	0.66	20665	13639
十、其他农作物	17.69		
#青饲料	13.12		
绿肥	0.75		
附：常年种蔬菜面积	27.4		

表 6—6　茶叶、水果生产情况（2014 年）

指　标	计量单位	2014年
一、茶叶合计	吨	1874
红毛茶	吨	11
绿毛茶	吨	1858
白 茶	吨	5
其它茶	吨	
二、园林水果	吨	157721
1、苹果	吨	
# 红富士苹果	吨	
国光苹果	吨	
2、梨	吨	20806
# 雪花梨	吨	5780
鸭梨	吨	4882
3、柑桔类	吨	53
# 柑	吨	53
桔	吨	

表6—6 续表

指 标	计量单位	2014年
4、其他园林水果	吨	136862
#桃子	吨	27386
猕猴桃	吨	480
葡萄	吨	56586
枇杷	吨	
红枣（干折鲜1：5）	吨	1688
柿子（干折鲜1：5）	吨	2955
三、年末实有茶园面积	公顷	8671
#当年采摘面积	公顷	7321
四、年末果园面积合计	公顷	12085
#苹果园	公顷	
梨园	公顷	1408
柑桔园	公顷	2
桃园	公顷	3562
猕猴桃园	公顷	36
葡萄园	公顷	2854
五、年末实有桑园面积	公顷	

表6—7　林业生产情况（2014年）

指　标	计量单位	2014年
一、荒山荒（沙）地造林面积	公顷	2861
（一）按造林方式分		
1、人工造林	公顷	2861
#竹林面积	公顷	
灌木林面积	公顷	1928
2、飞播造林	公顷	
3、无林地和疏林地新封	公顷	
（二）按经济成份分		
1、公有经济造林	公顷	1342
（1）国有经济造林	公顷	122
（2）集体经济造林	公顷	1220
2、非公有经济造林	公顷	1519
（三）按林种用途分		
1、用材林	公顷	751
2、经济林	公顷	1253
3、防护林	公顷	857
4、薪炭林	公顷	
5、特种用途林	公顷	
二、有林地造林面积	公顷	295
1、林冠下造林	公顷	295
2、飞播营林	公顷	
3、有林地和灌木林地新封	公顷	
三、更新造林	公顷	
四、低产低效林改造面积	公顷	1072
五、四旁（零星）植树	株	3397680
六、年末实有封山（沙）育林面积	公顷	
七、幼林抚育作业面积	公顷	2544
八、幼林抚育实际面积	公顷	

注：本表数据来源于市农业委员会。

表6—7　续表

指　标	计量单位	2014年
九、成林抚育面积	公顷	
#中、幼龄林抚育面积	公顷	21563
十、抚育改造出材量	立方米	
#中、幼龄林抚育出材量	立方米	
十一、林木种子采集量	吨	3
十二、当年苗木产量	万株	13208.65
十三、育苗面积	公顷	22081
#本年新增育苗面积	公顷	831
十四、年末实有母树林面积	公顷	
十五、年末实有种子园面积	公顷	
十六、主要林产品产量		
1、油桐籽	吨	
2、油茶籽	吨	
3、乌桕籽	吨	
4、棕　片	吨	
5、竹笋干	吨	6863
6、核　桃	吨	19
7、板　栗	吨	3456
8、白　果	吨	61
9、花　椒	吨	
10、八　角	吨	
11、松　子	吨	
十七、竹木采伐		
1、木材	立方米	109889
#村及村以下采伐	立方米	80667
2、竹材	根	401528
#村及村以下采伐	根	

注：本表数据来源于市农业委员会。

表 6—8　畜牧业主要产品生产情况（2014 年）

指　标	当年出栏头数	年末存栏头数	肉产量（吨）
一、大牲畜（万头）	0.53	2.84	954
#从事农事劳役的		0.54	
1、牛	0.53	2.84	954
#黄牛	0.01	0.01	18
良种及改良乳牛	0.04	1.75	72
水牛	0.48	1.08	864
2、驴			
二、猪（万头）	89.27	48.81	66481
三、羊（万只）	26.69	11.73	3737
1、山羊	26.69	11.73	3737
2、绵羊			
四、家禽（万只）	3064.89	1092.99	46900
五、兔（万只）	17.49	6.81	245

表 6—8 续表

指　标	计量单位	2014年
六、肉类总产量	吨	118317
七、奶类产量	吨	81398
#牛奶产量	吨	81398
八、蜂蜜产量	吨	307
九、禽蛋产量	吨	75267
十、蚕茧产量	吨	33

表 6—9　渔业生产情况（2014 年）

指　标	计量单位	2014年
水产品总产量	吨	228800
# 鱼类	吨	161446
虾蟹类	吨	53427
贝类	吨	11249
其他类	吨	2678
# 内陆水域捕捞	吨	12277
内陆水域养殖	吨	216523
内陆水域养殖面积	千公顷	46.33
# 池塘养殖	千公顷	28.29
湖泊养殖	千公顷	2.48
河沟养殖	千公顷	8.74
水库养殖	千公顷	6.47
其他养殖	千公顷	0.35

注：本表数据来源于市农业委员会。

表6—10 主要年份农林牧渔业总产值（现价）

计量单位：万元

年份	合计	农业	林业	牧业	渔业	农林牧渔服务业
1978	61713	48846	1013	10943	911	—
1980	77728	58761	1266	16009	1692	—
1985	154358	101895	3897	41969	6597	—
1990	308287	172537	4591	111029	20130	—
1995	764367	510727	13068	168272	72300	—
1997	942439	585783	16069	229413	111174	—
1998	979644	586628	16834	247533	128649	—
1999	989199	599064	19370	224822	145943	—
2000	1063412	616473	24033	253261	169645	—
2003	1325889	675733	18645	301214	244707	85590
2005	1553837	854544	19637	338746	293414	47496
2007	1749179	944763	22788	351247	373128	57253
2008	1940094	1051973	24505	400745	401579	61292
2009	2236617	1228116	30453	387016	477113	113919*
2010	2447531	1394403	31168	394385	506240	121335
2011	2835016	1624518	32153	470153	571982	136210
2012	3185439	1834683	33868	511676	654571	150641
2013	3513124	2052345	36620	520407	737894	165858
2014	3846279	2184996	198412	482330	798629	181912

说明：2009年农林牧渔服务业业产值根据第二次经济普查数据进行了调整。

表6—11　主要年份主要农产品产量

年份	粮食（万吨）	棉花（吨）	油料（吨）	麻类（吨）	蚕茧（吨）	园林水果（吨）
1949	37.84	836	9194	104	27	913
1950	49.53	892	10577	121	31	934
1955	72.44	2160	11024	595	118	1587
1960	45.84	656	7833	244	308	1448
1965	96.12	1825	10468	878	169	2887
1970	102.57	2360	9928	1693	565	4774
1975	120.44	2718	15841	2545	940	6492
1978	147.20	3621	21882	3593	797	5077
1980	138.01	5528	28025	2710	1095	9653
1985	173.70	4459	90542	9906	629	6802
1990	173.26	2392	96797	1727	487	8526
1995	168.57	3520	144872	1320	1127	13639
1997	182.51	4501	146179	1561	484	18530
1998	176.91	4838	106504	1631	580	18685
1999	169.77	3699	192144	1687	494	22032
2000	143.37	4461	220119	2318	536	23625
2005	96.54	5920	211685	4013	441	42495
2007	100.88	2325	124528	3841	394	68267
2008	114.43	4327	133405	2709	431	79304
2009	110.69	4016	134144	2378	119	107016
2010	110.64	4135	117697	2008	170	85273
2011	112.06	4319	104859	1659	139	99358
2012	117.50	4113	106317	1710	85	119842
2013	116.95	4217	107872	1569	85	145135
2014	114.72	4175	114711	1130	33	157721

主要统计指标解释

农林牧渔业总产值 指以货币表现的农、林、牧、渔业全部产品和对农业生产进行各种支持性服务活动的总量，它反映一定时期内农业生产总规模和总成果。从2003年开始农林牧渔业总产值执行新的国民经济行业分类标准，包括农业、林业、牧业、渔业、农林牧渔服务业，不再包括农民家庭兼营商品性工业。农林牧渔业总产值中的农、林、牧、渔四业的计算方法通常是按农、林、牧、渔业产品及其副产品的产量分别乘以各自单位产品价格求得，现行价格从2003年开始使用生产价格调查的价格；少数生产周期较长，当年没有产品或产品产量不易统计的，则采用间接方法匡算其产值；然后将四业产品产值与农林牧渔服务业产值相加即为农林牧渔业总产值。1957年以前的农林牧渔业总产值中包括了厩肥和农民自给性手工业(如农民自制衣服、鞋、袜，自己从事粮食初步加工等)。1958年及以后，林业中增加了村及村以下竹木采伐产值；牧业中取消了厩肥产值；副业中取消了农民自给性手工业产值，增加了村及村以下办的工业产值；渔业中增加了海洋捕捞水产品产值。1980年及以后，在副业中增加了农民家庭兼营工业商品部分的产值。从1984年起村及村以下工业产值划归工业。从1993年起取消副业，将野生动物的捕猎划入牧业、野生植物采集和农民家庭兼营商品性工业划归农业，从2003年起不再包括农民家庭兼营商品性工业产值。1996年第一次农业普查以后，由于畜牧业产品年报数据与普查数据之间存在一定的差距，国家统计局农调总队对畜牧业年报数据与普查数据进行衔接，相应的畜牧业产值进行调整。

粮食产量 指全社会的产量。包括国有经济经营的、集体统一经营的和农民家庭经营的粮食产量，还包括工矿企业办的农场和其他生产单位的产量。粮食除包括稻谷、小麦、玉米、高粱、谷子及其他杂粮外，还包括薯类和豆类。其产量计算方法，豆类按去豆荚后的干豆计算；薯类（包括甘薯和马铃薯，不包括芋头和木薯）1963年以前按每4公斤鲜薯折1公斤粮食计算，从1964年开始改为按5公斤鲜薯折1公斤粮食计算。城市郊区作为蔬菜的薯类（如马铃薯等）按鲜品计算，并且不作粮食统计。其他粮食一律按脱粒后的原粮计算。

棉花产量 指全社会的产量。包括春播棉和夏播棉。产量按皮棉计算。

油料产量 指全部油料作物的生产量。包括花生、油菜籽、芝麻、向日葵籽、胡麻籽(亚麻籽)和其他油料。不包括大豆、木本油料和野生油料。花生以带壳干花生计算。

水产品产量 指人工养殖的水产品和天然生长的水产品的捕捞量。包括海水的鱼类、虾蟹类、贝类和藻类以及内陆水域的鱼类、虾蟹类和贝类，不包括淡水水生植物。

猪、牛、羊肉产量 指当年出栏并已屠宰、除去头蹄下水后带骨肉（即胴体重）的重量。

期初（末）畜禽存栏头（只）数 指报告期初（末）农村各种合作经济组织和国营农场、农民个人、机关、团体、学校、工矿企业、部队等单位以及城镇居民饲养的大牲畜、猪、羊、家禽等畜禽的存栏数。

耕地面积　是指年初可用来种植农作物并经常进行耕种、能够正常收获的土地。包括当年实际耕种的熟地、当年新开荒地、休闲不满三年随时可以复耕的地和当年休闲地以及以种植农作物为主并附带种植桑树、茶树、果树和其他林木的土地、沿海、沿湖地区已围垦利用的“海涂”、“湖田”等面积。不包括临时种植农作物的坡度在25度以上的陡坡地、在河套、湖畔、库区临时开发的成片或零星土地，属于专业性的桑园、茶园、果园、果木苗圃、林地、芦苇地、天然或人工草地面积、也不包括已列为国家和省（区、市）退耕计划但临时耕种的土地。

农作物播种面积　指实际播种或移植有农作物的面积。凡是实际种植有农作物的面积，不论种植在耕地上还是种植在非耕地上，均包括在农作物播种面积中。在播种季节基本结束后，因遭灾而重新改种和补种的农作物面积，也包括在内。

有效灌溉面积　指具有一定的水源，地块比较平整，灌溉工程或设备已经配套，在一般年景下当年能够进行正常灌溉的耕地面积。在一般情况下，有效灌溉面积应等于灌溉工程或设备已经配备，能够进行正常灌溉的水田和水浇地面积之和。

农用化肥施用量　指本年内实际用于农业生产的化肥数量，包括氮肥、磷肥、钾肥和复合肥。化肥施用量要求按折纯量计算数量。折纯量是指把氮肥、磷肥、钾肥分别按含氮、含五氧化二磷、含氧化钾的百分之一百成份进行折算后的数量。复合肥按其所含主要成分折算。

农业机械总动力　指主要用于农、林、牧、渔业的各种动力机械的动力总和。包括耕作机械、排灌机械、收获机械、农用运输机械、植物保护机械、牧业机械、林业机械、渔业机械和其他农业机械〔内燃机按引擎马力折成瓦（特）计算、电动机按功率折成瓦（特）计算〕。不包括专门用于乡、镇、村、组办工业、基本建设、非农业运输、科学试验和教学等非农业生产方面用的动力机械与作业机械。

大中型拖拉机　指发动机额定功率在14.7千瓦（含14.7千瓦即20马力）以上的拖拉机，有链轨式和轮式两种。

小型拖拉机　指发动机额定功率在2.2千瓦（含2.2千瓦）以上，小于14.7千瓦的拖拉机，包括小四轮与手扶式。

拖拉机配套农具　指由拖拉机牵引或悬挂的田间移动作业机具，例如：机引犁、拖耕机、机引耙、播种机等农具。与大中型拖拉机配套使用的农具称为大中型拖拉机配套农具，与小型拖拉机配套使用的农具称为小型拖拉机配套农具。

农林牧渔业劳动力　指全社会直接参加农林牧渔业生产活动的劳动力。

（七）工业和能源

CHAPTER 7
INDUSTRY AND ENERGY

表 7—1 规模以上工业企业主要经济指标（2014 年）

计量单位：千元

指 标	企业单位数（个）	#亏损企业	工业总产值	工业销售产值
总 计	2748	404	1319967148	1305145010
一、按经济类型分组：				
内资企业	2099	261	764758927	756244802
国有企业	24	3	21791122	21353453
集体企业	25	4	5303016	5266018
股份合作企业	9	2	399678	382676
联营企业	4	0	1100922	1084171
有限责任公司	547	86	278385928	274944902
股份有限公司	127	25	226722412	226415258
私营企业	1349	139	228025118	223749986
其他企业	14	2	3030731	3048338
港、澳、台商投资企业	199	33	83887215	82789866
外商投资企业	450	110	471321006	466110342
二、在总计中：国有控股	201	30	438719653	435349604
三、按轻重工业分组：				
轻工业	813	113	271318758	267942681
重工业	1935	291	1048648390	1037202329
四、按企业规模分组：				
大型企业	97	10	625063154	620904247
中型企业	444	55	295017434	290599059
小微企业	2207	339	399886560	393641704
五、按隶属关系分组：				
中央	66	5	349072334	348046842
省	25	6	26183533	25979128
市	124	37	93535985	92099216
市以下	2533	356	851175296	839019824

注：1、我市规模以上工业的统计范围为“年主营业务收入2000万元及以上的工业企业”。
2、全市工业企业完成工业总产值13909.03亿元，其中：规模以下工业总产值709.36亿元。

表 7—1 续表 1

指 标	企业单位数（个）	# 亏损企业	工业总产值	工业销售产值
六、按工业行业分组				
采矿业	12	2	2574251	2520589
煤炭开采和洗选业				
石油和天然气开采业				
黑色金属矿采选业	2	1	398617	398617
有色金属矿采选业	2	1	307206	307480
非金属矿采选业	8	0	1868428	1814492
开采辅助活动				
其他采矿业				
制造业	2701	399	1289479293	1274779958
农副食品加工业	57	14	14603866	14565068
食品制造业	56	8	11765112	11943994
酒、饮料和精制茶制造业	16	1	6080739	5853345
烟草制品业	1	0	19398570	19398570
纺织业	41	9	9070168	9234495
纺织服装、服饰业	186	23	41864206	41252760
皮革、毛皮、羽毛及其制品和制鞋业	25	4	7480142	7444954
木材加工和木、竹、藤、棕、草制品业	12	0	1509844	1475116
家具制造业	15	3	2322012	2231097
造纸和纸制品业	39	2	4309411	4296798
印刷和记录媒介复制业	47	9	4652150	4600170
文教、工美、体育和娱乐用品制造业	59	7	12328355	12120465
石油加工、炼焦和核燃料加工业	11	2	95284576	95739316

表 7—1　续表 2

指　标	企业单位数（个）	# 亏损企业	工业总产值	工业销售产值
化学原料和化学制品制造业	238	46	189690344	186925180
医药制造业	60	7	24161228	23236009
化学纤维制造业	9	2	4528497	4545122
橡胶和塑料制品业	115	13	18153791	17841987
非金属矿物制品业	194	37	34560556	33779098
黑色金属冶炼和压延加工业	71	11	72816268	71983414
有色金属冶炼和压延加工业	58	4	31547428	31382914
金属制品业	211	26	41270825	40757337
通用设备制造业	242	35	44352269	42954740
专用设备制造业	180	21	27030723	26669596
汽车制造业	133	21	173290759	173450810
铁路、船舶、航空航天和其他运输设备制造业	90	6	39902998	38698698
电气机械和器材制造业	246	40	85367498	83559477
计算机、通信和其他电子设备制造业	188	37	236221283	233293700
仪器仪表制造业	85	9	32154175	31854774
其他制造业	2	1	51542	50544
废弃资源综合利用业	10	0	3047171	2984280
金属制品、机械和设备修理业	4	1	662787	656130
电力、燃气及水的生产和供应业	35	3	27913604	27844463
电力、热力生产和供应业	13	0	19008079	19008079
燃气生产和供应业	12	2	6942990	6922027
水的生产和供应业	10	1	1962535	1914357

表7—1 续表3

指　标	资产总计	流动资产	固定资产原价	累计折旧	负债	流动负债
总　计	1015553540	543207751	541607106	223367399	583463793	490106093
一、按经济类型分组：						
内资企业	711484244	380750573	353322586	144843565	419926513	354211079
国有企业	55571368	29756880	20590353	6846752	31637867	21654919
集体企业	1412678	981943	538018	236288	779405	746495
股份合作企业	818669	750892	197906	148187	398465	370338
联营企业	848348	179709	856876	321662	155891	105891
有限责任公司	336514454	181567971	151031979	58096123	206637248	163111557
股份有限公司	168878809	80724678	118840950	57481341	97059630	93542422
私营企业	144384045	84234806	60682026	21490030	80758501	72848493
其他企业	3055873	2553694	584478	223182	2499506	1830964
港、澳、台商投资企业	63306764	34456815	33165923	11964962	31589792	26915124
外商投资企业	240762532	128000363	155118597	66558872	131947488	108979890
二、在总计中：国有控股	461546138	235108172	261863963	117169226	270483735	220372297
三、按轻重工业分组：						
轻工业	184456708	102138641	80980956	31222653	86359760	73301071
重工业	831096832	441069110	460626150	192144746	497104033	416805022
四、按企业规模分组：						
大型企业	532897196	271177301	306387127	138103228	321030596	271914606
中型企业	237770001	131463224	118113117	41667365	135105645	108440874
小微企业	244886343	140567226	117106862	43596806	127327552	109750613
五、按隶属关系分组：						
中央	251040524	103966089	177570410	79025095	149061409	117368822
省	28560967	20649898	8678766	4038275	7061517	6839507
市	87383044	45125350	38572745	14203760	49775672	40834123
市以下	648569005	373466414	316785185	126100269	377565195	325063641

表7—1 续表4

指 标	资产总计	流动资产	固定资产原价	累计折旧	负债	流动负债
六、按工业行业分组						
采矿业	1936683	1003257	849969	396800	1116936	1028202
煤炭开采和洗选业						
石油和天然气开采业						
黑色金属矿采选业	700286	288809	281561	140305	440120	410120
有色金属矿采选业	474392	231682	282480	147681	289335	236051
非金属矿采选业	762005	482766	285928	108814	387481	382031
开采辅助活动						
其他采矿业						
制造业	954527141	525918473	495131248	208530356	550827021	471183169
农副食品加工业	8144772	4238245	2744155	854806	4524533	3538445
食品制造业	11288185	5709997	4831971	2051626	4423087	4027076
酒、饮料和精制茶制造业	4402243	1726543	3353450	1479273	2041538	2019415
烟草制品业	18843691	14971387	3904395	2102502	1366176	1331660
纺织业	5970099	3155744	4082959	1705210	2829798	2163629
纺织服装、服饰业	19669828	11874463	10035225	5192625	8412891	7817528
皮革、毛皮、羽毛及其制品和制鞋业	2538205	1246687	1186705	438296	1137724	998141
木材加工和木、竹、藤、棕、草制品业	726449	501687	297311	116649	496297	495846
家具制造业	1480019	624736	1463836	704848	526766	432416
造纸和纸制品业	3900840	2038765	2053547	528898	2199696	1430205
印刷和记录媒介复制业	5984118	2772530	3499196	1676025	2733674	2538211
文教、工美、体育和娱乐用品制造业	3955010	2214120	2110969	726504	1647987	1581766
石油加工、炼焦和核燃料加工业	21332694	6775990	21111810	10622032	11974137	11849255

表7—1 续表5

指 标	资产总计	流动资产	固定资产原价	累计折旧	负债	流动负债
化学原料和化学制品制造业	154987351	57930848	134009843	61114562	83991265	64412319
医药制造业	22654163	12653752	9526002	3641395	8181423	7438750
化学纤维制造业	7310490	3030461	4510298	1560894	5248165	5188116
橡胶和塑料制品业	12052864	6154347	7845022	3012040	6418665	5571945
非金属矿物制品业	39488338	21649377	21436621	9376613	23329714	19313248
黑色金属冶炼和压延加工业	81577386	23891597	74164519	28572859	55929400	48127228
有色金属冶炼和压延加工业	11699693	6180737	5228043	1742836	6140865	5710479
金属制品业	25292743	14483504	13213025	4556980	14158902	13758371
通用设备制造业	58276739	38368754	22424652	8420602	33441829	30106500
专用设备制造业	30640194	20643311	8442991	3108016	17511994	15999366
汽车制造业	82490994	53847369	35775185	16259462	52415997	44866086
铁路、船舶、航空航天和其他运输设备制造业	48120432	28659684	11945859	4426643	33432098	23531754
电气机械和器材制造业	83046488	59906995	20838104	7924136	50469529	45829759
计算机、通信和其他电子设备制造业	141037140	86561435	55985075	22702927	90920841	77724223
仪器仪表制造业	45978741	33346616	7759408	3266529	24278901	22770198
其他制造业	142491	103857	17749	1479	99370	99286
废弃资源综合利用业	1287530	552228	1203138	616036	428602	397262
金属制品、机械和设备修理业	207211	102707	130185	27053	115157	114686
电力、燃气及水的生产和供应业	59089716	16286021	45625889	14440243	31519836	17894722
电力、热力生产和供应业	32499929	6037474	34273594	12098935	16401816	8004122
燃气生产和供应业	5032884	1420660	3465040	852633	2467482	2430991
水的生产和供应业	21556903	8827887	7887255	1488675	12650538	7459609

表 7—1　续表 6

指　标	主营业务收　入	主营业务税金及附加	利税总额	盈亏相抵后利润总额	从业人员平均人数（人）
总　计	1300383823	35380828	172487195	87939388	806400
一、按经济类型分组：					
内资企业	786499334	29869073	106871596	42412347	524485
国有企业	20466453	116318	2637750	1898465	19473
集体企业	7311925	34883	499462	264712	5231
股份合作企业	372671	2566	40539	18811	1148
联营企业	1078341	7185	125236	63733	1065
有限责任公司	293658199	13333988	42568800	19300312	197053
股份有限公司	236354050	15189006	32809111	2618590	72739
私营企业	223824744	1165340	27893419	18079128	225160
其他企业	3432951	19787	297279	168596	2616
港、澳、台商投资企业	82821037	387416	11011480	7232200	66773
外商投资企业	431063452	5124339	54604119	38294841	215142
二、在总计中：国有控股	462294443	29076864	70564235	18440714	179755
三、按轻重工业分组：					
轻工业	275977695	12628550	48579227	23931871	241346
重工业	1024406128	22752278	123907968	64007517	565054
四、按企业规模分组：					
大型企业	645794352	29310075	86701929	31445698	301145
中型企业	295070702	1249677	32664914	21516423	232060
小微企业	359518769	4821076	53120352	34977267	273195
五、按隶属关系分组：					
中央	326619901	18499953	57367343	20262906	93709
省	28733729	11530863	18503235	4067630	9726
市	101166120	379789	5347158	3175622	55217
市以下	843864073	4970223	91269459	60433230	647748

表7—1 续表7

指 标	主营业务收 入	主营业务税金及附加	利税总额	盈亏相抵后利润总额	从业人员平均人数（人）
六、按工业行业分组					
采矿业	2440085	36286	268990	106943	3976
煤炭开采和洗选业					
石油和天然气开采业					
黑色金属矿采选业	288071	6117	-11211	-44825	974
有色金属矿采选业	329543	10671	71033	26521	890
非金属矿采选业	1822471	19498	209168	125247	2112
开采辅助活动					
其他采矿业					
制造业	1270104541	35148406	166200552	83460310	790068
农副食品加工业	14466317	56277	1297632	866979	9068
食品制造业	12185755	51625	1837061	1249846	16963
酒、饮料和精制茶制造业	5935737	119929	964186	540068	5646
烟草制品业	22183798	11488692	17535489	3477170	2024
纺织业	9210857	45482	891093	537810	13159
纺织服装、服饰业	41596613	194087	5090975	3072903	64177
皮革、毛皮、羽毛及其制品和制鞋业	7418320	24222	846269	451805	8201
木材加工和木、竹、藤、棕、草制品业	1474245	6781	152359	86939	1304
家具制造业	2269684	11552	217794	112879	2836
造纸和纸制品业	4282936	10782	490064	336977	4387
印刷和记录媒介复制业	4525939	22075	522100	358627	8840
文教、工美、体育和娱乐用品制造业	14134875	88762	1381136	775564	17550
石油加工、炼焦和核燃料加工业	97723147	10907979	23149825	484865	6796

表 7—1 续表 8

指　标	主营业务收　入	主营业务税金及附加	利税总额	盈亏相抵后利润总额	从业人员平均人数（人）
化学原料和化学制品制造业	193398946	4323882	10671222	2376583	66343
医药制造业	24889867	204346	5740138	3708425	22267
化学纤维制造业	3731711	19111	34202	-60046	6485
橡胶和塑料制品业	17933391	88573	1828400	1122505	20719
非金属矿物制品业	33470039	172649	3641321	2109104	34815
黑色金属冶炼和压延加工业	73845137	327509	3581639	1824291	26373
有色金属冶炼和压延加工业	31595281	81634	1936348	1092560	8968
金属制品业	40730372	208390	5675161	4128152	33336
通用设备制造业	43407541	250806	4539451	2648440	52681
专用设备制造业	27082435	180122	3724293	2548212	31692
汽车制造业	146666464	5186323	32103119	20663312	59155
铁路、船舶、航空航天和其他运输设备制造业	39062124	175709	3671247	2466746	38773
电气机械和器材制造业	82362388	387607	10926631	6670902	61213
计算机、通信和其他电子设备制造业	237913023	280050	17514006	15313243	136120
仪器仪表制造业	32971928	210400	5788908	4237253	26791
其他制造业	54463	286	5806	3526	130
废弃资源综合利用业	2933973	16351	362304	201479	2647
金属制品、机械和设备修理业	647235	6413	80373	53191	609
电力、燃气及水的生产和供应业	27839197	196136	6017653	4372135	12356
电力、热力生产和供应业	19473859	153018	5018963	3663692	4822
燃气生产和供应业	6373810	17489	653290	476762	3057
水的生产和供应业	1991528	25629	345400	231681	4477

表 7—2　规模以上工业企业主要产品产量

产品名称	2014年	2013年	同比增长（%）
铁矿石原矿（吨）	885179	937732	-5.6
饲料（吨）	346742	359353	-3.5
精制食用植物油（吨）	12739	10229	24.5
饮料酒（千升）	301286	340628	-11.5
软饮料（吨）	1108944	1399551	-20.8
卷烟（万支）	3417829	3439637	-0.6
纱（吨）	27784	32910	-15.6
布（万米）	604	1650	-63.4
服装（万件）	33529	36864	-9.0
皮革鞋靴（万双）	309	463	-33.3
家具（件）	867042	938174	-7.6
机制纸及纸板（吨）	2680	26221	-89.8
原油加工量（吨）	25010156	24695479	1.3
汽油（吨）	5109220	4059743	25.9
煤油（吨）	2896616	2448412	18.3
柴油（吨）	6029164	6710396	-10.2
液化石油气（吨）	1410841	1457882	-3.2
焦炭（吨）	4242850	4600042	-7.8
硫酸（折 100%）（吨）	566997	523235	8.4
烧碱（折 100%）（吨）	188616	188477	0.1
乙烯（吨）	1523392	1424484	6.9
纯苯（吨）	645330	709280	-9.0

表 7—2　续表 1

产品名称	2014年	2013年	同比增长（%）
浓硝酸（折 100%）（吨）	191155	213395	-10.4
合成氨（无水氨）（吨）	192922	227287	-15.1
农用氮、磷、钾化学肥料总计（折纯）（吨）	140571	158446	-11.3
化学农药原药（折有效成分 100%）（吨）	156632	138040	13.5
涂料（吨）	345056	392961	-12.2
初级形态的塑料（吨）	1718713	1610858	6.7
合成橡胶（吨）	360701	262037	37.7
合成纤维单体（吨）	1505896	1607082	-6.3
化学药品原药（吨）	732	4465	-83.6
中成药（吨）	2857	2083	37.2
化学纤维（吨）	186683	172916	8.0
橡胶轮胎外胎（条）	7091431	7340254	-3.4
塑料制品（吨）	212074	320905	-33.9
水泥熟料（吨）	7817185	8772092	-10.9
水泥（吨）	8469578	10342287	-18.1
日用玻璃制品（吨）	65619	51659	27.0
生铁（吨）	15179908	12793216	18.7
粗钢（吨）	15070371	13017724	15.8
钢材（吨）	13148015	12646991	4.0
泵（台）	53698	72015	-25.4
气体压缩机（台）	4034	3227	25.0

表7—2 续表2

产品名称	2014年	2013年	同比增长（%）
汽车（辆）	494242	497693	-0.7
其中：基本型乘用车（轿车）	233523	217799	7.2
客车	138150	150435	-8.2
载货汽车	60086	92009	-34.7
改装汽车（辆）	4427	1756	152.1
摩托车整车（辆）	175402	154070	13.8
民用钢质船舶（载重吨）	3558859	2879941	23.6
发电机组（发电设备）（千瓦）	3962000	4438170	-10.7
交流电动机（千瓦）	1571499	1874689	-16.2
变压器（千伏安）	31821665	29928747	6.3
家用电风扇（台）	1201720	693059	73.4
家用洗衣机（台）	5793728	4886659	18.6
电光源（万只）	8777	16888	-48.0
移动通信手持机（手机）（台）	19198146	20751884	-7.5
电子计算机整机（台）	665318	481090	38.3
彩色电视机（台）	5573996	6161527	-9.5
其中：液晶（LCD）电视机	4346473	2416169	79.9
发电量（万千瓦小时）	4984991	5141608	-3.0
煤气生产量（万立方米）	2739189	2338382	17.1
自来水生产量（万立方米）	102483	103624	-1.1

表 7—3　规模以上国有工业企业主要经济指标（2014 年）

计量单位：千元

指　标	企业单位数（个）	#亏损企业	工业总产值
总　计	24	3	21791122
一、按轻重工业分组：			
轻工业	7	2	1873385
重工业	17	1	19917737
二、按企业规模分组：			
大型企业	4	1	13865039
中型企业	9	1	5770102
小微企业	11	1	2155981
三、按行业分组：			
采矿业			
煤炭开采和洗选业			
石油和天然气开采业			
黑色金属矿采选业			
有色金属矿采选业			
非金属矿采选业			
开采辅助活动			
其他采矿业			
制造业	17	2	17610452
农副食品加工业	1	0	219080
食品制造业			
酒、饮料和精制茶制造业			
烟草制品业			
纺织业			
纺织服装、服饰业			
皮革、毛皮、羽毛及其制品和制鞋业			
木材加工和木、竹、藤、棕、草制品业			
家具制造业			

表7—3 续表1

指　标	企业单位数（个）	#亏损企业	工业总产值
造纸和纸制品业			
印刷和记录媒介复制业	1	1	32305
文教、工美、体育和娱乐用品制造业			
石油加工、炼焦和核燃料加工业			
化学原料和化学制品制造业	3	1	3838468
医药制造业			
化学纤维制造业			
橡胶和塑料制品业	1	0	99770
非金属矿物制品业	1	0	37317
黑色金属冶炼和压延加工业			
有色金属冶炼和压延加工业			
金属制品业			
通用设备制造业	2	0	317655
专用设备制造业	2	0	1016308
汽车制造业			
铁路、船舶、航空航天和其他运输设备制造业	3	0	6167692
电气机械和器材制造业			
计算机、通信和其他电子设备制造业			
仪器仪表制造业	3	0	5881857
其他制造业			
废弃资源综合利用业			
金属制品、机械和设备修理业			
电力、燃气及水的生产和供应业	7	1	4180670
电力、热力生产和供应业	1	0	2472770
燃气生产和供应业			
水的生产和供应业	6	1	1707900

表 7—3　续表 2

指　标	资产总计	流动资产	固定资产原价	累计折旧	负债	流动负债
总　计	55571368	29756880	20590353	6846752	31637867	21654919
一、按轻重工业分组：						
轻工业	19654732	7839174	6890264	1170757	11458578	6833949
重工业	35916636	21917706	13700089	5675995	20179289	14820970
二、按企业规模分组：						
大型企业	32795513	17287992	9242938	3680816	17292836	13798264
中型企业	19270521	9720651	10504723	2870931	11697183	6723402
小微企业	3505334	2748237	842692	295005	2647848	1133253
三、按行业分组：						
采矿业						
煤炭开采和洗选业						
石油和天然气开采业						
黑色金属矿采选业						
有色金属矿采选业						
非金属矿采选业						
开采辅助活动						
其他采矿业						
制造业	30663427	21072966	8406244	4453466	16584568	14354624
农副食品加工业	63087	14893	82867	34673	13219	13219
食品制造业						
酒、饮料和精制茶制造业						
烟草制品业						
纺织业						
纺织服装、服饰业						
皮革、毛皮、羽毛及其制品和制鞋业						
木材加工和木、竹、藤、棕、草制品业						
家具制造业						

表7—3 续表3

指 标	资产总计	流动资产	固定资产原价	累计折旧	负债	流动负债
造纸和纸制品业						
印刷和记录媒介复制业	109000	50392	7785	6590	97010	97010
文教、工美、体育和娱乐用品制造业						
石油加工、炼焦和核燃料加工业						
化学原料和化学制品制造业	5027909	2679172	3873879	2280186	662851	627270
医药制造业						
化学纤维制造业						
橡胶和塑料制品业	27393	11492	15763	8252	21585	8828
非金属矿物制品业	441803	169179	287589	16108	112243	112243
黑色金属冶炼和压延加工业						
有色金属冶炼和压延加工业						
金属制品业						
通用设备制造业	685928	466869	136507	91586	492362	426552
专用设备制造业	1883863	1621280	517443	446038	1617294	687433
汽车制造业						
铁路、船舶、航空航天和其他运输设备制造业	7771967	5782586	2668648	1222363	4082573	4016307
电气机械和器材制造业						
计算机、通信和其他电子设备制造业						
仪器仪表制造业	14652477	10277103	815763	347670	9485431	8365762
其他制造业						
废弃资源综合利用业						
金属制品、机械和设备修理业						
电力、燃气及水的生产和供应业	24907941	8683914	12184109	2393286	15053299	7300295
电力、热力生产和供应业	5402171	904478	5365373	1256570	3689805	561430
燃气生产和供应业						
水的生产和供应业	19505770	7779436	6818736	1136716	11363494	6738865

表 7—3　续表 4

指　标	主营业务收入	主营业务税金及附加	利税总　额	盈亏相抵后利润总额	从业人员平均人数（人）
总　计	20466453	116318	2637750	1898465	19473
一、按轻重工业分组：					
轻工业	1746268	23696	222293	121197	4055
重工业	18720185	92622	2415457	1777268	15418
二、按企业规模分组：					
大型企业	13764291	65816	1444905	1058494	12101
中型企业	5876163	40818	1067530	761252	5960
小微企业	825999	9684	125315	78719	1412
三、按行业分组：					
采矿业					
煤炭开采和洗选业					
石油和天然气开采业					
黑色金属矿采选业					
有色金属矿采选业					
非金属矿采选业					
开采辅助活动					
其他采矿业					
制造业	16424845	78327	1679932	1238261	14742
农副食品加工业	217921	5898	49927	28246	88
食品制造业					
酒、饮料和精制茶制造业					
烟草制品业					
纺织业					
纺织服装、服饰业					
皮革、毛皮、羽毛及其制品和制鞋业					
木材加工和木、竹、藤、棕、草制品业					
家具制造业					

表7—3　续表5

指　标	主营业务收入	主营业务税金及附加	利税总额	盈亏相抵后利润总额	从业人员平均人数（人）
造纸和纸制品业					
印刷和记录媒介复制业	45409	350	315	-35	110
文教、工美、体育和娱乐用品制造业					
石油加工、炼焦和核燃料加工业					
化学原料和化学制品制造业	4289625	26534	452635	288070	3882
医药制造业					
化学纤维制造业					
橡胶和塑料制品业	99770	148	1434	64	39
非金属矿物制品业	38522	650	5027	807	280
黑色金属冶炼和压延加工业					
有色金属冶炼和压延加工业					
金属制品业					
通用设备制造业	324217	2279	17539	1507	1086
专用设备制造业	1062942	5330	56941	17244	1059
汽车制造业					
铁路、船舶、航空航天和其他运输设备制造业	4586382	10062	216874	201455	3644
电气机械和器材制造业					
计算机、通信和其他电子设备制造业					
仪器仪表制造业	5760057	27076	879240	700903	4554
其他制造业					
废弃资源综合利用业					
金属制品、机械和设备修理业					
电力、燃气及水的生产和供应业	4041608	37991	957818	660204	4731
电力、热力生产和供应业	2472770	20155	769719	555850	808
燃气生产和供应业					
水的生产和供应业	1568838	17836	188099	104354	3923

表 7—4　规模以上集体工业企业主要经济指标（2014 年）

计量单位：千元

指　标	企业单位数（个）	#亏损企业	工业总产值
总　计	25	4	5303016
一、按轻重工业分组：			
轻工业	12	1	4163336
重工业	13	3	1139680
二、按企业规模分组：			
大型企业			
中型企业	5	0	2763021
小微企业	20	4	2539995
三、按行业分组：			
采矿业			
煤炭开采和洗选业			
石油和天然气开采业			
黑色金属矿采选业			
有色金属矿采选业			
非金属矿采选业			
开采辅助活动			
其他采矿业			
制造业	24	4	5167488
农副食品加工业	2	0	304061
食品制造业			
酒、饮料和精制茶制造业			
烟草制品业			
纺织业	2		735379
纺织服装、服饰业	2		357498
皮革、毛皮、羽毛及其制品和制鞋业	1		150370
木材加工和木、竹、藤、棕、草制品业			
家具制造业			

表7—4 续表1

指 标	企业单位数（个）	#亏损企业	工业总产值
造纸和纸制品业			
印刷和记录媒介复制业			
文教、工美、体育和娱乐用品制造业	3	1	2016634
石油加工、炼焦和核燃料加工业	1	0	54842
化学原料和化学制品制造业	4	1	784486
医药制造业			
化学纤维制造业			
橡胶和塑料制品业			
非金属矿物制品业	1	1	134100
黑色金属冶炼和压延加工业	1	0	35924
有色金属冶炼和压延加工业			
金属制品业	3	0	395380
通用设备制造业	1	0	25773
专用设备制造业			
汽车制造业			
铁路、船舶、航空航天和其他运输设备制造业	2	0	126352
电气机械和器材制造业			
计算机、通信和其他电子设备制造业			
仪器仪表制造业			
其他制造业			
废弃资源综合利用业			
金属制品、机械和设备修理业	1	1	46689
电力、燃气及水的生产和供应业	1	0	135528
电力、热力生产和供应业	1	0	135528
燃气生产和供应业			
水的生产和供应业			

表7—4 续表2

指 标	资产总计	流动资产	固定资产原价	累计折旧	负债	流动负债
总 计	1412678	981943	538018	236288	779405	746495
一、按轻重工业分组：						
轻工业	795671	461496	416957	180631	317950	307805
重工业	617007	520447	121061	55657	461455	438690
二、按企业规模分组：						
大型企业						
中型企业	672251	496196	242167	94144	373293	363253
小微企业	740427	485747	295851	142144	406112	383242
三、按行业分组：						
采矿业						
煤炭开采和洗选业						
石油和天然气开采业						
黑色金属矿采选业						
有色金属矿采选业						
非金属矿采选业						
开采辅助活动						
其他采矿业						
制造业	1326546	897603	536924	235590	732651	699741
农副食品加工业	65570	31763	46455	16319	38537	38537
食品制造业						
酒、饮料和精制茶制造业						
烟草制品业						
纺织业	156106	59513	157055	60462	47346	37346
纺织服装、服饰业	49079	30254	23908	7341	10176	10176
皮革、毛皮、羽毛及其制品和制鞋业	36758	29162	11659	4063	22527	22527
木材加工和木、竹、藤、棕、草制品业						
家具制造业						

表 7—4　续表 3

指　标	资产总计	流动资产	固定资产原价	累计折旧	负债	流动负债
造纸和纸制品业						
印刷和记录媒介复制业						
文教、工美、体育和娱乐用品制造业	325414	290340	36875	12628	153843	153698
石油加工、炼焦和核燃料加工业	21426	20093	0	0	10990	10990
化学原料和化学制品制造业	261127	95467	176163	94629	134766	134766
医药制造业						
化学纤维制造业						
橡胶和塑料制品业						
非金属矿物制品业	56090	55258	983	151	42673	42673
黑色金属冶炼和压延加工业	9783	4695	7848	2760	6481	6481
有色金属冶炼和压延加工业						
金属制品业	102870	67893	55521	24437	54016	31251
通用设备制造业	5024	3530	2080	586	4443	4443
专用设备制造业						
汽车制造业						
铁路、船舶、航空航天和其他运输设备制造业	217809	190912	14970	9574	186417	186417
电气机械和器材制造业						
计算机、通信和其他电子设备制造业						
仪器仪表制造业						
其他制造业						
废弃资源综合利用业						
金属制品、机械和设备修理业	19490	18723	3407	2640	20436	20436
电力、燃气及水的生产和供应业	86132	84340	1094	698	46754	46754
电力、热力生产和供应业	86132	84340	1094	698	46754	46754
燃气生产和供应业						
水的生产和供应业						

表 7—4　续表 4

指　标	主营业务收入	主营业务税金及附加	利税总额	盈亏相抵后利润总额	从业人员平均人数（人）
总　计	7311925	34883	499462	264712	5231
一、按轻重工业分组：					
轻工业	6102554	30795	404903	209785	2823
重工业	1209371	4088	94559	54927	2408
二、按企业规模分组：					
大型企业					
中型企业	4744089	23125	247721	111461	2223
小微企业	2567836	11758	251741	153251	3008
三、按行业分组：					
采矿业					
煤炭开采和洗选业					
石油和天然气开采业					
黑色金属矿采选业					
有色金属矿采选业					
非金属矿采选业					
开采辅助活动					
其他采矿业					
制造业	7157594	33837	469569	240247	5134
农副食品加工业	294897	1863	40425	24648	260
食品制造业					
酒、饮料和精制茶制造业					
烟草制品业					
纺织业	728981	3551	102648	60018	802
纺织服装、服饰业	354184	1465	38619	22585	505
皮革、毛皮、羽毛及其制品和制鞋业	145290	541	15675	9322	167
木材加工和木、竹、藤、棕、草制品业					
家具制造业					

表 7—4　续表 5

指　标	主营业务收入	主营业务税金及附加	利税总额	盈亏相抵后利润总额	从业人员平均人数（人）
造纸和纸制品业					
印刷和记录媒介复制业					
文教、工美、体育和娱乐用品制造业	3988704	19019	101027	19591	840
石油加工、炼焦和核燃料加工业	54842	248	3699	1177	19
化学原料和化学制品制造业	822817	5041	113167	74479	829
医药制造业					
化学纤维制造业					
橡胶和塑料制品业					
非金属矿物制品业	127657	290	-1354	-4066	241
黑色金属冶炼和压延加工业	35870	88	4035	2357	60
有色金属冶炼和压延加工业					
金属制品业	391316	608	36100	20671	631
通用设备制造业	25773	65	1150	153	60
专用设备制造业					
汽车制造业					
铁路、船舶、航空航天和其他运输设备制造业	147231	886	16602	12458	669
电气机械和器材制造业					
计算机、通信和其他电子设备制造业					
仪器仪表制造业					
其他制造业					
废弃资源综合利用业					
金属制品、机械和设备修理业	40032	172	-2224	-3146	51
电力、燃气及水的生产和供应业	154331	1046	29893	24465	97
电力、热力生产和供应业	154331	1046	29893	24465	97
燃气生产和供应业					
水的生产和供应业					

表 7—5　规模以上有限责任公司工业企业主要经济指标（2014 年）

计量单位：千元

指　标	企业单位数（个）	#亏损企业	工业总产值
总　计	1991	257	782397262
一、按经济类型分组：			
国有独资公司	32	5	44823887
私营有限责任公司	1193	125	189999384
与港澳台商合资经营	87	15	44193228
中外合资经营	164	31	269818722
其他有限责任公司	515	81	233562041
二、按轻重工业分组：			
轻工业	591	66	173080510
重工业	1400	191	609316752
三、按企业规模分组：			
大型企业	53	2	264917341
中型企业	288	33	206060079
小微企业	1650	222	311419842
四、按行业分组：			
采矿业	12	2	2574251
煤炭开采和洗选业			
石油和天然气开采业			
黑色金属矿采选业	2	1	398617
有色金属矿采选业	2	1	307206
非金属矿采选业	8	0	1868428
开采辅助活动			
其他采矿业			
制造业	1960	253	761395263
农副食品加工业	44	11	8632184
食品制造业	44	5	10205540
酒、饮料和精制茶制造业	11	1	5155863
烟草制品业	1	0	19398570
纺织业	29	5	4827396
纺织服装、服饰业	139	15	32909808
皮革、毛皮、羽毛及其制品和制鞋业	15	1	2388874
木材加工和木、竹、藤、棕、草制品业	10	0	1095900

表7—5 续表1

指　标	企业单位数（个）	#亏损企业	工业总产值
家具制造业	12	1	1231320
造纸和纸制品业	32	1	2434685
印刷和记录媒介复制业	42	6	4145926
文教、工美、体育和娱乐用品制造业	40	4	7603529
石油加工、炼焦和核燃料加工业	7	1	4976598
化学原料和化学制品制造业	155	25	88746878
医药制造业	42	3	14032782
化学纤维制造业	8	2	3037367
橡胶和塑料制品业	83	7	13920241
非金属矿物制品业	158	33	27194138
黑色金属冶炼和压延加工业	47	9	45432439
有色金属冶炼和压延加工业	47	3	25587448
金属制品业	163	18	28493295
通用设备制造业	172	24	32669945
专用设备制造业	125	10	17128434
汽车制造业	95	13	161426012
铁路、船舶、航空航天和其他运输设备制造业	72	5	30117255
电气机械和器材制造业	175	22	53857997
计算机、通信和其他电子设备制造业	120	22	100221494
仪器仪表制造业	60	5	11890330
其他制造业	2	1	51542
废弃资源综合利用业	8	0	2506917
金属制品、机械和设备修理业	2	0	74556
电力、燃气及水的生产和供应业	19	2	18427748
电力、热力生产和供应业	8	0	12853865
燃气生产和供应业	8	2	5400343
水的生产和供应业	3	0	173540

表7—5 续表2

指　标	资产总计	流动资产	固定资产原价	累计折旧	负债	流动负债
总　计	619978519	340327940	308201408	122606994	358938384	295646300
一、按经济类型分组：						
国有独资公司	72074779	36836820	31647016	13489601	32499203	22189483
私营有限责任公司	117581001	68847915	49851706	17890045	65586231	58411626
与港澳台商合资经营	35925077	20135405	18461403	7451097	17793462	15341852
中外合资经营	129957987	69776649	88856320	39169729	68921443	58781265
其他有限责任公司	264439675	144731151	119384963	44606522	174138045	140922074
二、按轻重工业分组：						
轻工业	101094137	59134808	44080891	18274096	42452803	38491196
重工业	518884382	281193132	264120517	104332898	316485581	257155104
三、按企业规模分组：						
大型企业	306327775	159422776	161472703	69409751	187767560	147417895
中型企业	145934307	82711780	69530919	25057444	83003761	69036095
小微企业	167716437	98193384	77197786	28139799	88167063	79192310
四、按行业分组：						
采矿业	1936683	1003257	849969	396800	1116936	1028202
煤炭开采和洗选业						
石油和天然气开采业						
黑色金属矿采选业	700286	288809	281561	140305	440120	410120
有色金属矿采选业	474392	231682	282480	147681	289335	236051
非金属矿采选业	762005	482766	285928	108814	387481	382031
开采辅助活动						
其他采矿业						
制造业	591100090	333936473	281586949	113656706	345075689	286594894
农副食品加工业	5957304	2698781	1907221	495844	3173952	2287109
食品制造业	9149705	4513112	3517123	1333124	3742824	3443165
酒、饮料和精制茶制造业	2514830	1049569	2273509	1072114	1424472	1419472
烟草制品业	18843691	14971387	3904395	2102502	1366176	1331660
纺织业	2268823	1287536	1398266	714077	1216448	1158079
纺织服装、服饰业	14588435	8610958	8322338	4490077	6486184	6281562
皮革、毛皮、羽毛及其制品和制鞋业	698659	316252	439185	118786	337605	317551
木材加工和木、竹、藤、棕、草制品业	526324	368842	248285	101843	381560	381109

表7—5 续表3

指 标	资产总计	流动资产	固定资产原价	累计折旧	负债	流动负债
家具制造业	855443	504149	353200	71143	469206	374856
造纸和纸制品业	1663440	868048	890401	284243	1027692	902061
印刷和记录媒介复制业	5127860	2442311	2866560	1426822	2364291	2200762
文教、工美、体育和娱乐用品制造业	2126310	1064207	1316179	448170	949232	907530
石油加工、炼焦和核燃料加工业	3887399	2648733	724506	381817	1210285	1157175
化学原料和化学制品制造业	86717035	32417749	70940189	30563457	50352116	38161092
医药制造业	12588238	7480075	4374613	1711417	5109451	4801404
化学纤维制造业	3110310	1176461	2664151	938789	2194465	2188726
橡胶和塑料制品业	10292299	5253587	6739833	2591402	5637341	4913008
非金属矿物制品业	31127452	17744674	15957272	6329872	19712254	15930599
黑色金属冶炼和压延加工业	46727498	16197741	37945745	13424438	33439363	25827513
有色金属冶炼和压延加工业	6385285	3802246	2743550	867949	2901733	2788926
金属制品业	16318359	8703355	9231468	3297748	8034466	7765551
通用设备制造业	45796806	31814116	15983107	6356608	27318234	25334634
专用设备制造业	18472692	12140226	4726800	1498148	10358441	9984476
汽车制造业	70942760	47620628	29656252	14378078	45777515	39518647
铁路、船舶、航空航天和其他运输设备制造业	37050035	20352826	8405851	2799606	27487492	17741633
电气机械和器材制造业	45933587	34664824	9641698	3680305	25100586	23582482
计算机、通信和其他电子设备制造业	81964039	47208935	29900414	9908756	52451681	41063075
仪器仪表制造业	8548979	5406110	3837135	1855207	4528147	4310455
其他制造业	142491	103857	17749	1479	99370	99286
废弃资源综合利用业	709935	453456	643104	407008	385207	383867
金属制品、机械和设备修理业	64067	51722	16850	5877	37900	37429
电力、燃气及水的生产和供应业	26941746	5388210	25764490	8553488	12745759	8023204
电力、热力生产和供应业	22095108	4266837	22007270	7589455	10126329	5531973
燃气生产和供应业	4172056	1048811	3075288	745501	2291727	2255236
水的生产和供应业	674582	72562	681932	218532	327703	235995

表 7—5　续表 4

指　标	主营业务收入	主营业务税金及附加	利税总额	盈亏相抵后利润总额	从业人员平均人数（人）
总　计	757110788	19202657	108394303	61486499	495653
一、按经济类型分组：					
国有独资公司	48871924	11598751	19909794	5065890	32479
私营有限责任公司	186463863	972223	22958287	14713043	193360
与港澳台商合资经营	43979732	230305	6885361	4455566	33981
中外合资经营	233008994	4666141	35981855	23017578	71259
其他有限责任公司	244786275	1735237	22659006	14234422	164574
二、按轻重工业分组：					
轻工业	172784613	12189878	35215533	13965068	158886
重工业	584326175	7012779	73178770	47521431	336767
三、按企业规模分组：					
大型企业	278987325	14035021	41352761	17087455	144114
中型企业	204512704	797061	21179500	13780987	150309
小微企业	273610759	4370575	45862042	30618057	201230
四、按行业分组：					
采矿业	2440085	36286	268990	106943	3976
煤炭开采和洗选业					
石油和天然气开采业					
黑色金属矿采选业	288071	6117	-11211	-44825	974
有色金属矿采选业	329543	10671	71033	26521	890
非金属矿采选业	1822471	19498	209168	125247	2112
开采辅助活动					
其他采矿业					
制造业	736318597	19043683	104116490	58430771	485991
农副食品加工业	8349771	44608	1189381	830880	7503
食品制造业	10622314	40514	1593740	1095096	14188
酒、饮料和精制茶制造业	4968302	30634	720749	433193	4536
烟草制品业	22183798	11488692	17535489	3477170	2024
纺织业	4758952	27514	560073	323133	8142
纺织服装、服饰业	32705099	151025	3871145	2227125	48499
皮革、毛皮、羽毛及其制品和制鞋业	2334503	16856	277223	166178	4715
木材加工和木、竹、藤、棕、草制品业	1060301	4751	100284	55052	996

表7—5 续表5

指 标	主营业务收入	主营业务税金及附加	利税总额	盈亏相抵后利润总额	从业人员平均人数（人）
家具制造业	1197308	6625	164520	107461	1930
造纸和纸制品业	2447167	9551	311503	217743	3214
印刷和记录媒介复制业	4009302	20987	463889	309857	7819
文教、工美、体育和娱乐用品制造业	7484482	50799	849131	487408	11884
石油加工、炼焦和核燃料加工业	4894490	13897	408584	327342	1890
化学原料和化学制品制造业	90815995	272004	6354839	3637824	41885
医药制造业	13617691	155129	3700493	2294158	13277
化学纤维制造业	2748821	12641	-17608	-82436	3400
橡胶和塑料制品业	13773173	66583	1362954	834298	16054
非金属矿物制品业	26529886	129784	2743627	1540905	26010
黑色金属冶炼和压延加工业	44479670	231999	2115932	1128852	18818
有色金属冶炼和压延加工业	25475451	44749	1517888	950704	5182
金属制品业	28131860	163267	3961579	2789668	23073
通用设备制造业	31535552	184874	3259472	1807640	36497
专用设备制造业	17236536	97218	2290371	1542083	21020
汽车制造业	134540232	5140212	31018881	19956152	46896
铁路、船舶、航空航天和其他运输设备制造业	30937474	142644	3075341	2004442	28282
电气机械和器材制造业	49784807	229107	8145329	5295524	32853
计算机、通信和其他电子设备制造业	105407298	179182	4391033	3175161	42489
仪器仪表制造业	11750555	74098	1826777	1315128	10273
其他制造业	54463	286	5806	3526	130
废弃资源综合利用业	2408782	12533	302417	172439	2251
金属制品、机械和设备修理业	74562	920	15648	7065	261
电力、燃气及水的生产和供应业	18352106	122688	4008823	2948785	5686
电力、热力生产和供应业	13313074	109686	3527829	2598416	2964
燃气生产和供应业	4865486	10994	424270	312712	2446
水的生产和供应业	173546	2008	56724	37657	276

表 7—6　规模以上股份有限公司工业企业主要经济指标（2014 年）

计量单位：千元

指　标	企业单位数（个）	#亏损企业	工业总产值
总　计	232	41	256880672
一、按经济类型分组：	232	41	256880672
股份有限公司	127	25	226722412
私营股份有限公司	94	13	28882509
港澳台商投资股份有限公司	6	1	961301
外商投资股份有限公司	5	2	314450
二、按轻重工业分组：			
轻工业	55	12	14821339
重工业	177	29	242059333
三、按企业规模分组：			
大型企业	14	2	206408929
中型企业	54	5	28512521
小微企业	164	34	21959222
四、按行业分组：			
采矿业			
煤炭开采和洗选业			
石油和天然气开采业			
黑色金属矿采选业			
有色金属矿采选业			
非金属矿采选业			
开采辅助活动			
其他采矿业			
制造业	227	41	253133232
农副食品加工业	1	0	91750
食品制造业	2	2	94252
酒、饮料和精制茶制造业			
烟草制品业			
纺织业	3	1	487036
纺织服装、服饰业	8	3	1278722
皮革、毛皮、羽毛及其制品和制鞋业	1	1	205650
木材加工和木、竹、藤、棕、草制品业			

表7—6 续表1

指 标	企业单位数（个）	#亏损企业	工业总产值
家具制造业	2	1	1069609
造纸和纸制品业	2	0	222996
印刷和记录媒介复制业	3	1	346169
文教、工美、体育和娱乐用品制造业	5	0	1375299
石油加工、炼焦和核燃料加工业	2	1	90218060
化学原料和化学制品制造业	25	3	69482485
医药制造业	8	0	4661118
化学纤维制造业	1	0	1491130
橡胶和塑料制品业	7	1	966577
非金属矿物制品业	16	2	4698182
黑色金属冶炼和压延加工业	4	1	24864915
有色金属冶炼和压延加工业	4	0	4599474
金属制品业	22	5	9198433
通用设备制造业	19	2	3385703
专用设备制造业	22	4	4563728
汽车制造业	6	1	1409052
铁路、船舶、航空航天和其他运输设备制造业	7	0	2194724
电气机械和器材制造业	31	9	9945353
计算机、通信和其他电子设备制造业	11	0	4374219
仪器仪表制造业	14	3	11367054
其他制造业			
废弃资源综合利用业			
金属制品、机械和设备修理业	1	0	541542
电力、燃气及水的生产和供应业	5	0	3747440
电力、热力生产和供应业	3	0	3545916
燃气生产和供应业	1	0	120429
水的生产和供应业	1	0	81095

表 7—6 续表 2

指 标	资产总计	流动资产	固定资产原价	累计折旧	负债	流动负债
总 计	193856041	95001201	128846747	60719600	111154448	106894359
一、按经济类型分组：	193856041	95001201	128846747	60719600	111154448	106894359
股份有限公司	168878809	80724678	118840950	57481341	97059630	93542422
私营股份有限公司	23532546	13569941	9208824	3010643	13440547	12771448
港澳台商投资股份有限公司	962313	444538	616876	173284	520324	456542
外商投资股份有限公司	482373	262044	180097	54332	133947	123947
二、按轻重工业分组：						
轻工业	19996094	11229368	8465495	3130899	9619116	8147263
重工业	173859947	83771833	120381252	57588701	101535332	98747096
三、按企业规模分组：						
大型企业	137777914	62361127	105058489	50725024	83740556	82484086
中型企业	34003981	20893079	13899526	6240117	17924867	16216159
小微企业	22074146	11746995	9888732	3754459	9489025	8194114
四、按行业分组：						
采矿业						
煤炭开采和洗选业						
石油和天然气开采业						
黑色金属矿采选业						
有色金属矿采选业						
非金属矿采选业						
开采辅助活动						
其他采矿业						
制造业	187324147	93159879	121544265	57328160	107653893	104543359
农副食品加工业	55700	17698	20680	4837	49912	49912
食品制造业	254603	135178	69557	12681	185587	158662
酒、饮料和精制茶制造业						
烟草制品业						
纺织业	250306	200269	43186	24969	229649	218049
纺织服装、服饰业	2828102	2021762	473639	108561	1016587	686265
皮革、毛皮、羽毛及其制品和制鞋业	436577	151685	78467	46267	333993	214464
木材加工和木、竹、藤、棕、草制品业						

表7—6 续表3

指 标	资产总计	流动资产	固定资产原价	累计折旧	负债	流动负债
家具制造业	594118	101618	1083841	612346	38361	38361
造纸和纸制品业	140703	76011	76559	18956	136703	84983
印刷和记录媒介复制业	652021	226300	550236	205871	218991	187057
文教、工美、体育和娱乐用品制造业	774948	468411	298250	134658	299685	299685
石油加工、炼焦和核燃料加工业	17380958	4086423	20355552	10227487	10727936	10677917
化学原料和化学制品制造业	37277497	12685696	39990430	22825986	15894127	15724415
医药制造业	6308121	3809955	2492284	852906	1880366	1697284
化学纤维制造业	4200180	1854000	1846147	622105	3053700	2999390
橡胶和塑料制品业	424649	241089	201987	121841	298582	284022
非金属矿物制品业	4578135	2144638	3148289	1801959	2172228	1988600
黑色金属冶炼和压延加工业	34069599	7366260	35618479	14858884	22239602	22049280
有色金属冶炼和压延加工业	4475710	2055730	1873298	599376	2680451	2546571
金属制品业	7096148	4598366	2723355	604097	5266730	5200670
通用设备制造业	3230630	1866205	1750285	729353	1222206	990651
专用设备制造业	5826825	3919816	1729384	659614	3326587	3176257
汽车制造业	707653	561310	159771	76525	453240	453240
铁路、船舶、航空航天和其他运输设备制造业	2341549	1914989	386275	147680	1249902	1179683
电气机械和器材制造业	17510022	12581761	3230985	876848	11802508	10958221
计算机、通信和其他电子设备制造业	15302738	13739409	1306097	585960	13625446	13600190
仪器仪表制造业	20483001	16303038	1927304	549857	9193993	9022709
其他制造业						
废弃资源综合利用业						
金属制品、机械和设备修理业	123654	32262	109928	18536	56821	56821
电力、燃气及水的生产和供应业	6531894	1841322	7302482	3391440	3500555	2351000
电力、热力生产和供应业	4916518	781819	6899857	3252212	2538928	1863965
燃气生产和供应业	238825	83614	16038	5801	2286	2286
水的生产和供应业	1376551	975889	386587	133427	959341	484749

表7—6　续表4

指　标	主营业务收入	主营业务税金及附加	利税总额	盈亏相抵后利润总额	从业人员平均人数（人）
总　计	266195487	15326473	36712192	5293081	98038
一、按经济类型分组：	266195487	15326473	36712192	5293081	98038
股份有限公司	236354050	15189006	32809111	2618590	72739
私营股份有限公司	28553194	132091	3739756	2578630	22737
港澳台商投资股份有限公司	956730	3838	130261	70365	1635
外商投资股份有限公司	331513	1538	33064	25496	927
二、按轻重工业分组：					
轻工业	15437136	85674	2439550	1740972	23063
重工业	250758351	15240799	34272642	3552109	74975
三、按企业规模分组：					
大型企业	216303094	15044343	422062	29601976	47681
中型企业	28230309	161901	3173374	4539230	28255
小微企业	21662084	120229	1697645	2570986	22102
四、按行业分组：					
采矿业					
煤炭开采和洗选业					
石油和天然气开采业					
黑色金属矿采选业					
有色金属矿采选业					
非金属矿采选业					
开采辅助活动					
其他采矿业					
制造业	262292230	15298327	35886378	4691199	96788
农副食品加工业	91750	0	9400	9400	62
食品制造业	97115	182	-1418	-3462	132
酒、饮料和精制茶制造业					
烟草制品业					
纺织业	474435	1547	31452	17048	509
纺织服装、服饰业	1299904	7121	375538	330446	2076
皮革、毛皮、羽毛及其制品和制鞋业	198182	438	-736	-6573	773
木材加工和木、竹、藤、棕、草制品业					

表7—6 续表5

指　标	主营业务收入	主营业务税金及附加	利税总额	盈亏相抵后利润总额	从业人员平均人数（人）
家具制造业	1051538	4643	59070	11503	681
造纸和纸制品业	192679	270	4857	4234	157
印刷和记录媒介复制业	344998	738	56779	50617	638
文教、工美、体育和娱乐用品制造业	1367918	9744	232199	152103	1732
石油加工、炼焦和核燃料加工业	92737935	10893587	22734295	154663	4860
化学原料和化学制品制造业	72199265	3920944	2563882	-2169464	12716
医药制造业	5961059	32011	1196949	889097	7179
化学纤维制造业	982890	6470	51810	22390	3085
橡胶和塑料制品业	967627	5162	82876	43825	972
非金属矿物制品业	4368245	19498	467995	248597	6029
黑色金属冶炼和压延加工业	26882662	78850	1068132	415381	5660
有色金属冶炼和压延加工业	4802012	25534	278494	63464	2982
金属制品业	9142022	25766	1382959	1133939	5889
通用设备制造业	3254023	18396	503473	347198	5427
专用设备制造业	4553194	50806	828267	552696	4877
汽车制造业	1398587	4340	72152	35737	1506
铁路、船舶、航空航天和其他运输设备制造业	2104286	14802	258921	180486	4163
电气机械和器材制造业	10721296	63028	642461	197825	10661
计算机、通信和其他电子设备制造业	4389358	21663	314084	162802	7105
仪器仪表制造业	12176609	87466	2605538	1797975	6620
其他制造业					
废弃资源综合利用业					
金属制品、机械和设备修理业	532641	5321	66949	49272	297
电力、燃气及水的生产和供应业	3903257	28146	825814	601882	1250
电力、热力生产和供应业	3533684	22131	691522	484961	953
燃气生产和供应业	120429	230	33715	27251	19
水的生产和供应业	249144	5785	100577	89670	278

表7—7　规模以上“三资”工业企业主要经济指标（2014年）

计量单位：千元

指　标	企业单位数（个）	#亏损企业	工业总产值
总　计	649	143	555208221
一、按轻重工业分组：			
轻工业	219	46	139723716
重工业	430	97	415484505
二、按企业规模分组：			
大型企业	44	6	229896235
中型企业	158	27	140969168
小微企业	447	110	184342818
三、按行业分组：			
采矿业			
煤炭开采和洗选业			
石油和天然气开采业			
黑色金属矿采选业			
有色金属矿采选业			
非金属矿采选业			
开采辅助活动			
其他采矿业			
制造业	638	143	543669059
农副食品加工业	11	3	5719855
食品制造业	16	1	5412690
酒、饮料和精制茶制造业	11	0	5280425
烟草制品业			
纺织业	16	5	4921388
纺织服装、服饰业	49	10	12236097
皮革、毛皮、羽毛及其制品和制鞋业	9	3	4821635
木材加工和木、竹、藤、棕、草制品业	1	0	366231

表7—7 续表1

指 标	企业单位数（个）	#亏损企业	工业总产值
家具制造业	5	3	708114
造纸和纸制品业	6	2	1819404
印刷和记录媒介复制业	5	1	912458
文教、工美、体育和娱乐用品制造业	21	2	3222396
石油加工、炼焦和核燃料加工业	1	0	35076
化学原料和化学制品制造业	70	23	68265194
医药制造业	17	4	11554825
化学纤维制造业	2	1	2641158
橡胶和塑料制品业	25	8	4808975
非金属矿物制品业	20	5	3859226
黑色金属冶炼和压延加工业	9	1	1669715
有色金属冶炼和压延加工业	10	1	18400923
金属制品业	25	6	3222960
通用设备制造业	66	13	16144900
专用设备制造业	41	7	5828784
汽车制造业	46	9	123610462
铁路、船舶、航空航天和其他运输设备制造业	12	1	7650436
电气机械和器材制造业	51	13	30498165
计算机、通信和其他电子设备制造业	76	21	193132306
仪器仪表制造业	16	0	6881508
其他制造业			
废弃资源综合利用业	1	0	43753
金属制品、机械和设备修理业			
电力、燃气及水的生产和供应业	11	0	11539162
电力、热力生产和供应业	3	0	5381091
燃气生产和供应业	6	0	6015566
水的生产和供应业	2	0	142505

表7—7　续表2

指　标	资产总计	流动资产	固定资产原价	累计折旧	负债	流动负债
总　计	304069296	162457178	188284520	78523834	163537280	135895014
一、按轻重工业分组：						
轻工业	70469244	39002770	35982089	15482837	35493192	32170705
重工业	233600052	123454408	152302431	63040997	128044088	103724309
二、按企业规模分组：						
大型企业	133972345	74975292	83646629	39245011	77508792	68466017
中型企业	85482949	40068037	55944288	19203558	46584144	36211504
小微企业	84614002	47413849	48693603	20075265	39444344	31217493
三、按行业分组：						
采矿业						
煤炭开采和洗选业						
石油和天然气开采业						
黑色金属矿采选业						
有色金属矿采选业						
非金属矿采选业						
开采辅助活动						
其他采矿业						
制造业	291663711	159430378	177285578	75556957	156742869	130381005
农副食品加工业	2427676	1844765	755815	334107	1266882	1167637
食品制造业	6945747	3285813	2695105	1240261	1712461	1621207
酒、饮料和精制茶制造业	4132069	1588555	3275824	1456244	1859006	1841756
烟草制品业						
纺织业	4164556	2119349	3163462	1313391	1680063	1083366
纺织服装、服饰业	4415471	2153590	4119959	2648718	1851345	1782753
皮革、毛皮、羽毛及其制品和制鞋业	1401503	776962	681001	284869	472799	472799
木材加工和木、竹、藤、棕、草制品业	192642	126110	48072	14600	109248	109248

表7—7 续表3

指 标	资产总计	流动资产	固定资产原价	累计折旧	负债	流动负债
家具制造业	531842	289005	256358	65464	267569	207569
造纸和纸制品业	2439433	1226073	1328615	279210	1280855	674424
印刷和记录媒介复制业	936785	636594	610986	340320	484699	459299
文教、工美、体育和娱乐用品制造业	1290758	634027	867532	274647	469871	424477
石油加工、炼焦和核燃料加工业	42911	20741	31752	12728	24926	3173
化学原料和化学制品制造业	67839796	22557108	65077317	26111780	35412954	20481234
医药制造业	8636999	4933709	3706867	1401302	2876802	2591715
化学纤维制造业	2797674	1053154	2477766	903369	1973997	1972333
橡胶和塑料制品业	4954099	1759739	4932789	1995891	2637025	1988410
非金属矿物制品业	6314448	2952956	4692909	2521154	2999878	2715223
黑色金属冶炼和压延加工业	998943	627640	568895	261692	243586	243586
有色金属冶炼和压延加工业	3070230	2021183	1537770	696294	1320560	1135331
金属制品业	2676393	1943214	1167245	630493	1499213	1466145
通用设备制造业	23379213	14913394	9232203	3318815	13236306	11818441
专用设备制造业	6170473	4161025	2020257	699864	2886164	2860683
汽车制造业	40378247	24715277	21300076	8657755	19895957	17327454
铁路、船舶、航空航天和其他运输设备制造业	5388326	4390378	1406598	571623	4066167	4033190
电气机械和器材制造业	22551178	13996605	9819211	4102692	14584384	12217923
计算机、通信和其他电子设备制造业	62556667	41398753	29162485	14269004	39106081	37248156
仪器仪表制造业	4986107	3272288	2328555	1139732	2510676	2420078
其他制造业						
废弃资源综合利用业	43525	32371	20154	10938	13395	13395
金属制品、机械和设备修理业						
电力、燃气及水的生产和供应业	12405585	3026800	10998942	2966877	6794411	5514009
电力、热力生产和供应业	7376143	1763145	7199532	2029966	4284159	3100248
燃气生产和供应业	4580317	1205323	3379820	824011	2372281	2335790
水的生产和供应业	449125	58332	419590	112900	137971	77971

表 7—7 续表 4

指 标	主营业务收入	主营业务税金及附加	利税总额	盈亏相抵后利润总额	从业人员平均人数（人）
总 计	513884489	5511755	65615599	45527041	281915
一、按轻重工业分组：					
轻工业	140975450	496043	16577684	11418436	91160
重工业	372909039	5015712	49037915	34108605	190755
二、按企业规模分组：					
大型企业	223549972	1437897	17396508	24020798	133735
中型企业	141187490	445683	8040898	12174711	83657
小微企业	149147027	3628175	20089635	29420090	64523
三、按行业分组：					
采矿业					
煤炭开采和洗选业					
石油和天然气开采业					
黑色金属矿采选业					
有色金属矿采选业					
非金属矿采选业					
开采辅助活动					
其他采矿业					
制造业	503059641	5457134	63476575	43922832	277770
农副食品加工业	5836837	5083	153506	109942	1526
食品制造业	5981198	24575	1252204	925195	8098
酒、饮料和精制茶制造业	5057007	116402	819791	458178	5055
烟草制品业					
纺织业	5121631	27726	458170	306256	6355
纺织服装、服饰业	12127349	43682	1120710	589021	20261
皮革、毛皮、羽毛及其制品和制鞋业	4824407	6387	553195	277356	3516
木材加工和木、竹、藤、棕、草制品业	366231	1958	48376	29310	262

表7—7 续表5

指 标	主营业务收入	主营业务税金及附加	利税总额	盈亏相抵后利润总额	从业人员平均人数（人）
家具制造业	699541	4444	100468	62834	1394
造纸和纸制品业	1815752	943	176931	116897	1191
印刷和记录媒介复制业	979035	3583	139460	116862	1284
文教、工美、体育和娱乐用品制造业	3231245	19135	429440	251255	6660
石油加工、炼焦和核燃料加工业	35880	247	3247	1683	27
化学原料和化学制品制造业	67122528	238674	4158003	2153018	13769
医药制造业	11108538	108573	3048268	1863569	6066
化学纤维制造业	2366227	11124	-44260	-95129	2886
橡胶和塑料制品业	4748111	18939	339887	195038	5614
非金属矿物制品业	3905234	26010	503395	338694	4371
黑色金属冶炼和压延加工业	1640656	10223	189365	130098	965
有色金属冶炼和压延加工业	18351809	7037	501712	244313	1846
金属制品业	3314847	14531	205631	119393	4921
通用设备制造业	16542553	97876	1644693	927343	19322
专用设备制造业	5752933	35320	738531	563856	7198
汽车制造业	88665755	4318403	28128121	18994844	25176
铁路、船舶、航空航天和其他运输设备制造业	7611815	21560	565500	387131	5764
电气机械和器材制造业	28558773	102025	3244888	1411337	20466
计算机、通信和其他电子设备制造业	190109246	146940	13838246	12481262	95065
仪器仪表制造业	7140922	45717	1151341	957696	8612
其他制造业					
废弃资源综合利用业	43581	17	7756	5580	100
金属制品、机械和设备修理业					
电力、燃气及水的生产和供应业	10824848	54621	2139024	1604209	4145
电力、热力生产和供应业	5199634	40696	1553673	1172895	1238
燃气生产和供应业	5482703	12070	531124	394375	2804
水的生产和供应业	142511	1855	54227	36939	103

表 7—8　规模以上大中型工业企业主要经济指标（2014 年）

计量单位：千元

指　标	企业单位数（个）	#亏损企业	工业总产值
总　计	541	65	920080588
一、按登记注册类型分组			
内资企业	339	32	549215185
国有企业	13	2	19635141
集体企业	5	0	2763021
股份合作企业	0	0	0
联营企业	1	0	380039
有限责任公司	115	15	219005366
股份有限公司	43	4	214535858
私营企业	161	11	92313581
其他企业	1	0	582179
港、澳、台商投资企业	58	8	56092268
外商投资企业	144	25	314773135
二、按轻重工业分组：			
轻工业	210	23	202233775
重工业	331	42	717846813
三、按企业规模分组：			
大型企业	97	10	625063154
中型企业	444	55	295017434
四、按行业分祖：			
采矿业	3	1	1273384
煤炭开采和洗选业			
石油和天然气开采业			
黑色金属矿采选业	1	1	343833
有色金属矿采选业	1	0	239238
非金属矿采选业	1	0	690313
开采辅助活动			
其他采矿业			
制造业	524	63	896999830
农副食品加工业	6	2	4590538
食品制造业	10	1	7148473
酒、饮料和精制茶制造业	4	0	4024685
烟草制品业	1	0	19398570

表7—8 续表1

指 标	企业单位数（个）	#亏损企业	工业总产值
纺织业	16	4	6029566
纺织服装、服饰业	69	3	31433162
皮革、毛皮、羽毛及其制品和制鞋业	9	3	2080300
木材加工和木、竹、藤、棕、草制品业			
家具制造业	4	1	1642294
造纸和纸制品业	2	0	463294
印刷和记录媒介复制业	4	1	1577390
文教、工美、体育和娱乐用品制造业	19	0	8010803
石油加工、炼焦和核燃料加工业	4	0	93760808
化学原料和化学制品制造业	38	7	147275517
医药制造业	21	3	20191030
化学纤维制造业	3	1	4132288
橡胶和塑料制品业	12	0	7351254
非金属矿物制品业	16	3	12135811
黑色金属冶炼和压延加工业	7	1	62271506
有色金属冶炼和压延加工业	4	1	4786757
金属制品业	21	3	19715075
通用设备制造业	44	8	24197432
专用设备制造业	29	2	11304256
汽车制造业	37	6	72235427
铁路、船舶、航空航天和其他运输设备制造业	21	1	28158294
电气机械和器材制造业	46	6	58523698
计算机、通信和其他电子设备制造业	56	6	219423437
仪器仪表制造业	19	0	23191442
其他制造业			
废弃资源综合利用业	2	0	1946723
金属制品、机械和设备修理业			
电力、燃气及水的生产和供应业	14	1	21807374
电力、热力生产和供应业	7	0	15976471
燃气生产和供应业	4	0	4432653
水的生产和供应业	3	1	1398250

表7—8 续表2

指 标	资产总计	流动资产	固定资产原价	累计折旧	负债	流动负债
总 计	770667197	402640525	424500244	179770593	456136241	380355480
一、按登记注册类型分组						
内资企业	551211903	287597196	284909327	121322024	332043305	275677959
国有企业	52066034	27008643	19747661	6551747	28990019	20521666
集体企业	672251	496196	242167	94144	373293	363253
股份合作企业	0	0	0	0	0	0
联营企业	104814	63346	56257	21260	82500	82500
有限责任公司	281053984	148694333	128315570	50959253	175341163	134490478
股份有限公司	154873823	73957017	112058842	54897459	91505551	88924329
私营企业	62336750	37301840	24445089	8779255	35731297	31276251
其他企业	104247	75821	43741	18906	19482	19482
港、澳、台商投资企业	44920474	24900996	23880991	9106514	22702227	20179972
外商投资企业	174534820	90142333	115709926	49342055	101390709	84497549
二、按轻重工业分组：						
轻工业	134576677	75858194	55353599	22497608	60301358	52602747
重工业	636090520	326782331	369146645	157272985	395834883	327752733
三、按企业规模分组：						
大型企业	532897196	271177301	306387127	138103228	321030596	271914606
中型企业	237770001	131463224	118113117	41667365	135105645	108440874
四、按行业分祖：						
采矿业	1260940	579316	596576	288528	650636	567352
煤炭开采和洗选业						
石油和天然气开采业						
黑色金属矿采选业	658321	261023	267110	140033	423533	393533
有色金属矿采选业	400621	209211	224645	136590	203045	149761
非金属矿采选业	201998	109082	104821	11905	24058	24058
开采辅助活动						
其他采矿业						
制造业	718509578	389815822	383568770	166853873	429150312	364715047
农副食品加工业	3942332	1274364	1343553	288374	2111347	1252498
食品制造业	7265216	3384500	2981424	1366162	2595372	2440069
酒、饮料和精制茶制造业	2018031	929399	1711982	809475	1283845	1283845
烟草制品业	18843691	14971387	3904395	2102502	1366176	1331660

表 7—8 续表 3

指 标	资产总计	流动资产	固定资产原价	累计折旧	负债	流动负债
纺织业	4603082	2449714	3261353	1303147	2022706	1417070
纺织服装、服饰业	14578243	8745285	8197313	4541724	6463118	5965153
皮革、毛皮、羽毛及其制品和制鞋业	1115203	581009	390966	121808	663834	544305
木材加工和木、竹、藤、棕、草制品业	0	0	0	0	0	0
家具制造业	1000110	300327	1277193	645788	288108	193758
造纸和纸制品业	491529	352764	287159	156520	121304	121304
印刷和记录媒介复制业	2155576	874012	886951	484517	855182	779084
文教、工美、体育和娱乐用品制造业	1998399	1073958	1183170	356605	710781	681143
石油加工、炼焦和核燃料加工业	20063002	5747780	20625864	10340330	11788022	11738003
化学原料和化学制品制造业	118520402	40605310	111668919	53235670	63303571	49053747
医药制造业	18763804	10901358	7369826	2956907	6358527	5717638
化学纤维制造业	6997854	2907154	4323913	1525474	5027697	4971723
橡胶和塑料制品业	6433405	3000177	5130245	2076431	3518216	2863322
非金属矿物制品业	18967442	11232792	8682882	3858949	12517573	9138222
黑色金属冶炼和压延加工业	75509710	20307892	71452266	27450813	53827348	46191692
有色金属冶炼和压延加工业	4451342	1895453	2305174	765011	2769632	2452183
金属制品业	12931683	8107420	6615296	2319509	7610391	7550108
通用设备制造业	41577612	28795840	14094679	5395430	24969967	22051020
专用设备制造业	15201362	11182054	3707063	1350921	9347267	8256284
汽车制造业	59845032	39196443	25050681	11995835	43485040	37208799
铁路、船舶、航空航天和其他运输设备制造业	40094684	23389468	8829330	3332623	28385979	18642930
电气机械和器材制造业	59958102	43419086	13691802	4729975	36174356	33925836
计算机、通信和其他电子设备制造业	122436159	75086187	49083151	20743524	80483045	69241617
仪器仪表制造业	38391820	28918173	4967312	2223176	20967990	19568116
其他制造业						
废弃资源综合利用业	354751	186516	544908	376673	133918	133918
金属制品、机械和设备修理业						
电力、燃气及水的生产和供应业	50896679	12245387	40334898	12628192	26335293	15073081
电力、热力生产和供应业	28459315	4944635	30089631	10719370	14092678	6466974
燃气生产和供应业	4182263	937329	3284818	785021	2285219	2248728
水的生产和供应业	18255101	6363423	6960449	1123801	9957396	6357379

表 7—8 续表 4

指 标	主营业务收入	主营业务税金及附加	利税总额	盈亏相抵后利润总额	从业人员平均人数（人）
总 计	940865054	30559752	119366843	52962121	533205
一、按登记注册类型分组					
内资企业	576127592	28676172	83171334	27524715	315813
国有企业	19640454	106634	2512435	1819746	18061
集体企业	4744089	23125	247721	111461	2223
股份合作企业					
联营企业	376239	1686	50518	30100	535
有限责任公司	235007652	12966395	36481173	15673112	144278
股份有限公司	224355163	15119453	31465312	1762017	61714
私营企业	91433558	456032	12330439	8075853	88157
其他企业	570437	2847	83736	52426	845
港、澳、台商投资企业	55848742	260080	8405802	5766283	47781
外商投资企业	308888720	1623500	27789707	19671123	169611
二、按轻重工业分组：					
轻工业	207968295	12280893	41249813	19441064	160029
重工业	732896759	18278859	78117030	33521057	373176
三、按企业规模分组：					
大型企业	645794352	29310075	86701929	31445698	301145
中型企业	295070702	1249677	32664914	21516423	232060
四、按行业分祖：					
采矿业	1186175	29827	172856	52914	3100
煤炭开采和洗选业					
石油和天然气开采业					
黑色金属矿采选业	234287	5660	-17020	-48769	926
有色金属矿采选业	261575	10671	94642	50130	776
非金属矿采选业	690313	13496	95234	51553	1398
开采辅助活动					
其他采矿业					
制造业	918054777	30369991	113926588	49035931	519423
农副食品加工业	4505193	29433	723786	494491	3068
食品制造业	7644650	27125	1263315	894452	10659
酒、饮料和精制茶制造业	3885219	82433	631563	332460	3883
烟草制品业	22183798	11488692	17535489	3477170	2024

表7—8 续表5

指　标	主营业务收入	主营业务税金及附加	利税总额	盈亏相抵后利润总额	从业人员平均人数（人）
纺织业	6244561	28508	529297	309065	8623
纺织服装、服饰业	31373930	137472	3897356	2303113	45898
皮革、毛皮、羽毛及其制品和制鞋业	2047200	16375	216829	128789	5155
木材加工和木、竹、藤、棕、草制品业					
家具制造业	1630738	8179	160655	80314	1605
造纸和纸制品业	461785	537	31994	21107	604
印刷和记录媒介复制业	1345718	7801	90660	48944	3057
文教、工美、体育和娱乐用品制造业	9851691	55435	928859	500226	10559
石油加工、炼焦和核燃料加工业	96244066	10906604	23071120	423710	6364
化学原料和化学制品制造业	150984828	4133775	8237590	1164290	45475
医药制造业	21019992	180124	5085081	3308168	17503
化学纤维制造业	3349117	17594	7550	-72739	5971
橡胶和塑料制品业	7338184	31278	699855	431392	9341
非金属矿物制品业	11445676	50144	1285609	757172	13480
黑色金属冶炼和压延加工业	63637930	188672	2172946	908839	19462
有色金属冶炼和压延加工业	4820710	27573	230312	-681	3623
金属制品业	19815546	82435	3347938	2609516	12953
通用设备制造业	23707766	142642	2407639	1329033	30505
专用设备制造业	11554796	97098	1923658	1383985	14241
汽车制造业	80275288	1873282	7554447	3333793	41477
铁路、船舶、航空航天和其他运输设备制造业	28810443	128931	2546076	1713270	28645
电气机械和器材制造业	56085304	261410	8206503	4992125	38128
计算机、通信和其他电子设备制造业	221707617	202796	16339128	14609459	117113
仪器仪表制造业	24217908	154642	4563899	3416047	18233
其他制造业					
废弃资源综合利用业	1865123	9001	237434	138421	1774
金属制品、机械和设备修理业					
电力、燃气及水的生产和供应业	21624102	159934	5267399	3873276	10682
电力、热力生产和供应业	16215628	126400	4579737	3390287	4387
燃气生产和供应业	3899796	11269	464020	337860	2628
水的生产和供应业	1508678	22265	223642	145129	3667

表 7—9　规模以上工业企业能源购进、消费及库存（2014 年）

项　目	购进量		消费量合计	#工业生产消费	年末库存
	实物量	金额（万元）			
原煤（吨）	27442172.69	1584228.74	27489185.62	27482329.19	1264757.63
洗精煤（吨）	6108752.00	489432.40	6150257.00	6150257.00	199623.00
其他洗煤（吨）	2439.00	177.20	2439.00	1950.00	
焦炭（吨）	2504921.01	295740.05	6553091.88	6553091.96	48687.20
焦炉煤气（万立方米）	37.06	74.10	105177.50	105177.50	
高炉煤气（万立方米）	12999.47	1939.00	2022962.52	2022962.52	
转炉煤气（万立方米）			112438.78	108583.78	
发生炉煤气（万立方米）					
天然气（气态）（万立方米）	230027.14	600861.68	229043.14	228759.91	
原油（吨）	25141448.00	10893607.80	25021154.00	25021154.00	868065.00
汽油（吨）	30794.78	25926.59	30953.30	18869.97	138.86
煤油（吨）	176.59	153.15	202.24	200.32	9.66
柴油（吨）	75201.37	55500.31	76142.09	65771.60	2409.34
燃料油（吨）	7090.44	3134.98	36865.80	35532.93	701.39
液化石油气（吨）	68038.34	46133.28	198627.67	198557.18	924.49
炼厂干气（吨）	46543.59	11472.14	895576.59	895576.59	
石脑油（吨）	2405051.00	1368543.60	2403606.00	2403606.00	46462.00
润滑油（吨）	1979.00	4153.86	1979.84	1785.70	49.23
石蜡（吨）	16.00	1.60	16.00	16.00	
溶剂油（吨）	4029.14	2342.34	4570.14	4570.14	188.30
其他石油制品（吨）	2972359.07	2014313.81	11009164.01	11009164.01	34145.06
热力（百万千焦）	43224569.38	300578.95	74453025.42	73457735.55	
电力（万千瓦时）	2259300.83	1708198.53	2941597.87	2912996.05	

注：本表口径为年主营业务收入在2000万元及以上的工业企业。

表 7—10　规模以上工业企业能源产品生产销售与库存（2014 年）

产品名称	年初库存	本年生产	本年销售	年末库存
原油加工量（吨）		25010156		
汽油（吨）	17769	5109220	5100063	26840
煤油（吨）	10141	2896616	2870784	35947
柴油（吨）	34073	6029164	6019557	43372
燃料油（吨）	6250	80193	56256	565
石脑油（吨）		3114513	3114512	5105
溶剂油（吨）	1176	20392	20296	1266
液化石油气（吨）	8756	1410841	1230918	5463
石油焦（吨）	8108	1739982	1734060	5269
石油沥青（吨）		1043227	1043224	
焦炭（吨）	8882	4242850		3335
其中：机焦（吨）	8882	4242850		3335
发电量（万千瓦时）		4984990.51	4135422.85	
其中：火力发电量（万千瓦时）		4984990.51	4135422.85	
煤气生产量（万立方米）		2739189	619230	

注：本表口径为年主营业务收入在2000万元及以上的工业企业。

表 7—11　主要能源品种按工业行业分组消费量（2014 年）

行业分类	原煤（吨）	洗精煤（吨）	其他洗煤（吨）	煤制品（吨）
总　计	27489185.62	6150257.00	2439.00	14895.59
黑色金属矿采选业	116.00			
有色金属矿采选业				
非金属矿采选业				
农副食品加工业	1167.00		2439.00	
食品制造业	11509.63			
酒、饮料和精制茶制造业	8647.82			
烟草制品业				
纺织业	582.50			
纺织服装、服饰业	3417.26			
皮革、毛皮、羽毛及其制品和制鞋业	470.00			
木材加工及木、竹、藤、棕、草制品业				
家具制造业				
造纸及纸制品业	2332.76			14895.59
印刷业和记录媒介复制业				
文教、工美、体育和娱乐用品制造业	8.00			
石油加工、炼焦及核燃料加工业	1818471.00			
化学原料及化学制品制造业	2669715.09			
医药制造业	482.59			
化学纤维制造业	195102.00			
橡胶和塑料制品业	3740.55			
非金属矿物制品业	1283361.35	1460.00		
黑色金属冶炼及压延加工业	2437550.70	6148797.00		
有色金属冶炼及压延加工业	5022.49			
金属制品业	7459.62			
通用设备制造业	251.03			
专用设备制造业	162.00			
汽车制造业	19860.50			
铁路、船舶、航空航天和其他运输设备制造业	770.04			
电气机械及器材制造业	1166.66			
计算机、通信和其他电子设备制造业	264.00			
仪器仪表制造业				
其他制造业				
废弃资源综合利用业	314.50			
金属制品、机械和设备修理业				
电力、热力的生产和供应业	19017240.53			
燃气生产和供应业				
水的生产和供应业				

注：本表口径为年主营业务收入在2000万元及以上的工业企业。

表7—11　续表1

行业分类	焦炭（吨）	其它焦化产品（吨）	焦炉煤气（万立方米）	高炉煤气（万立方米）
总　计	6553091.88	5820.00	105177.50	2022962.52
黑色金属矿采选业				
有色金属矿采选业				
非金属矿采选业				
农副食品加工业	99.00			
食品制造业				
酒、饮料和精制茶制造业				
烟草制品业				
纺织业				
纺织服装、服饰业	533.00			
皮革、毛皮、羽毛及其制品和制鞋业				
木材加工及木、竹、藤、棕、草制品业				
家具制造业				
造纸及纸制品业				
印刷业和记录媒介复制业				
文教、工美、体育和娱乐用品制造业				
石油加工、炼焦及核燃料加工业			0.51	
化学原料及化学制品制造业	407.70			
医药制造业		5820.00		
化学纤维制造业				
橡胶和塑料制品业				
非金属矿物制品业	97.00		36.55	12999.47
黑色金属冶炼及压延加工业	6545948.26		105140.44	2009963.05
有色金属冶炼及压延加工业	634.80			
金属制品业	4810.57			
通用设备制造业	385.55			
专用设备制造业	176.00			
汽车制造业				
铁路、船舶、航空航天和其他运输设备制造业				
电气机械及器材制造业				
计算机、通信和其他电子设备制造业				
仪器仪表制造业				
其他制造业				
废弃资源综合利用业				
金属制品、机械和设备修理业				
电力、热力的生产和供应业				
燃气生产和供应业				
水的生产和供应业				

注：本表口径为年主营业务收入在2000万元及以上的工业企业。

表 7—11 续表 2

行业分类	转炉煤气（万立方米）	发生炉煤气（万立方米）	天然气（气态）（万立方米）	液化天然气（液态）（吨）
总 计	112438.78		229043.14	1277.39
黑色金属矿采选业				
有色金属矿采选业				
非金属矿采选业				
农副食品加工业			210.89	
食品制造业			426.67	
酒、饮料和精制茶制造业				
烟草制品业			445.80	
纺织业			722.83	
纺织服装、服饰业			155.16	671.00
皮革、毛皮、羽毛及其制品和制鞋业				
木材加工及木、竹、藤、棕、草制品业				
家具制造业			1.13	
造纸及纸制品业			105.08	
印刷业和记录媒介复制业			45.57	
文教、工美、体育和娱乐用品制造业				
石油加工、炼焦及核燃料加工业			8969.00	
化学原料及化学制品制造业			132168.97	
医药制造业			232.01	
化学纤维制造业			1020.04	
橡胶和塑料制品业			1202.48	
非金属矿物制品业			4640.71	
黑色金属冶炼及压延加工业	112438.78		444.80	
有色金属冶炼及压延加工业			3057.76	
金属制品业			104.11	
通用设备制造业			416.06	38.74
专用设备制造业			302.40	
汽车制造业			2975.94	342.15
铁路、船舶、航空航天和其他运输设备制造业			193.01	204.72
电气机械及器材制造业			735.61	20.78
计算机、通信和其他电子设备制造业			588.66	
仪器仪表制造业			27.11	
其他制造业				
废弃资源综合利用业				
金属制品、机械和设备修理业				
电力、热力的生产和供应业			69851.34	
燃气生产和供应业				0.00
水的生产和供应业				

注：本表口径为年主营业务收入在2000万元及以上的工业企业。

表 7—11 续表 3

行业分类	煤层气（煤田）（万立方米）	原油（吨）	汽油（吨）	煤油（吨）
总 计		25021154.00	30953.30	202.24
黑色金属矿采选业				
有色金属矿采选业				
非金属矿采选业			16.40	
农副食品加工业			209.35	
食品制造业			265.27	
酒、饮料和精制茶制造业			29.12	
烟草制品业				
纺织业			182.20	
纺织服装、服饰业			394.97	
皮革、毛皮、羽毛及其制品和制鞋业			91.43	
木材加工及木、竹、藤、棕、草制品业			51.94	
家具制造业			65.40	
造纸及纸制品业			89.71	
印刷业和记录媒介复制业			256.32	
文教、工美、体育和娱乐用品制造业			287.81	
石油加工、炼焦及核燃料加工业		16819745.00	60.56	4.00
化学原料及化学制品制造业		8201409.00	5826.94	31.12
医药制造业			653.33	
化学纤维制造业			48.37	
橡胶和塑料制品业			464.56	
非金属矿物制品业			1568.38	53.72
黑色金属冶炼及压延加工业			1183.83	29.00
有色金属冶炼及压延加工业			253.74	4.50
金属制品业			603.05	1.00
通用设备制造业			4879.78	34.80
专用设备制造业			964.09	2.91
汽车制造业			5561.32	12.80
铁路、船舶、航空航天和其他运输设备制造业			783.47	4.24
电气机械及器材制造业			3441.40	22.18
计算机、通信和其他电子设备制造业			1149.06	1.40
仪器仪表制造业			1044.68	0.57
其他制造业				
废弃资源综合利用业			7.50	
金属制品、机械和设备修理业			2.40	
电力、热力的生产和供应业			23.00	
燃气生产和供应业			242.60	
水的生产和供应业			251.32	

注：本表口径为年主营业务收入在2000万元及以上的工业企业。

表 7—11　续表 4

行业分类	柴油（吨）	燃料油（吨）	液化石油气（吨）	炼厂干气（吨）
总　计	76142.09	36865.80	198627.67	895576.59
黑色金属矿采选业	730.00			
有色金属矿采选业				
非金属矿采选业	202.66			
农副食品加工业	1223.73	202.00	35.70	
食品制造业	1073.10	50.00	59.80	
酒、饮料和精制茶制造业	145.42			
烟草制品业	347.97			
纺织业	1409.54	583.94		
纺织服装、服饰业	434.45			
皮革、毛皮、羽毛及其制品和制鞋业	19.06		505.90	
木材加工及木、竹、藤、棕、草制品业	143.05			
家具制造业	42.56			
造纸及纸制品业	605.53	272.38		
印刷业和记录媒介复制业	165.54		9.40	
文教、工美、体育和娱乐用品制造业	325.07	6.28		
石油加工、炼焦及核燃料加工业	304.82	2509.00	4144.00	604303.99
化学原料及化学制品制造业	5349.73	28173.00	182457.00	287458.60
医药制造业	1780.17			
化学纤维制造业	233.79		123.26	
橡胶和塑料制品业	389.65	8.91		
非金属矿物制品业	36122.74	2555.60	1241.65	3814.00
黑色金属冶炼及压延加工业	5928.52	365.34	2880.28	
有色金属冶炼及压延加工业	367.82	553.00		
金属制品业	2030.92	7.48	76.62	
通用设备制造业	2618.15		506.14	
专用设备制造业	1162.63	13.32	1.25	
汽车制造业	3614.30		5876.02	
铁路、船舶、航空航天和其他运输设备制造业	4120.84	1319.55	419.00	
电气机械及器材制造业	1647.92		113.45	
计算机、通信和其他电子设备制造业	812.83		178.20	
仪器仪表制造业	158.35			
其他制造业				
废弃资源综合利用业	1389.83			
金属制品、机械和设备修理业	7.20			
电力、热力的生产和供应业	790.11	246.00		
燃气生产和供应业	360.94			
水的生产和供应业	83.15			

注：本表口径为年主营业务收入在2000万元及以上的工业企业。

表 7—11　续表 5

行业分类	石脑油（吨）	润滑油（吨）	石蜡（吨）	溶剂油（吨）
总　计	2403606.00	1979.84	16.00	4570.14
黑色金属矿采选业				
有色金属矿采选业				
非金属矿采选业				
农副食品加工业				
食品制造业				
酒、饮料和精制茶制造业				
烟草制品业				
纺织业				
纺织服装、服饰业				
皮革、毛皮、羽毛及其制品和制鞋业				
木材加工及木、竹、藤、棕、草制品业				
家具制造业				
造纸及纸制品业				456.00
印刷业和记录媒介复制业				
文教、工美、体育和娱乐用品制造业				
石油加工、炼焦及核燃料加工业	1.00			6.00
化学原料及化学制品制造业	2403605.00	12.52		4101.00
医药制造业				
化学纤维制造业				
橡胶和塑料制品业				
非金属矿物制品业		65.05		
黑色金属冶炼及压延加工业		424.00	16.00	
有色金属冶炼及压延加工业				
金属制品业		30.00		
通用设备制造业		1137.14		7.14
专用设备制造业		40.02		
汽车制造业		246.06		
铁路、船舶、航空航天和其他运输设备制造业		25.05		
电气机械及器材制造业				
计算机、通信和其他电子设备制造业				
仪器仪表制造业				
其他制造业				
废弃资源综合利用业				
金属制品、机械和设备修理业				
电力、热力的生产和供应业				
燃气生产和供应业				
水的生产和供应业				

注：本表口径为年主营业务收入在2000万元及以上的工业企业。

表 7—11　续表 6

行业分类	其它石油制品（吨）	热力（百万千焦）	电力（万千瓦时）
总　计	11009164.01	74453025.42	2941597.87
黑色金属矿采选业			3786.50
有色金属矿采选业			4306.43
非金属矿采选业			4260.38
农副食品加工业		602840.32	14483.96
食品制造业		844081.63	14374.30
酒、饮料和精制茶制造业		468440.54	12517.57
烟草制品业			2845.99
纺织业		606894.54	29809.34
纺织服装、服饰业		57743.48	22926.62
皮革、毛皮、羽毛及其制品和制鞋业			4194.51
木材加工及木、竹、藤、棕、草制品业			1219.64
家具制造业			1581.98
造纸及纸制品业		44891.00	11241.79
印刷业和记录媒介复制业		22001.59	11264.40
文教、工美、体育和娱乐用品制造业			6770.17
石油加工、炼焦及核燃料加工业	6461420.00	9269763.89	169674.21
化学原料及化学制品制造业	4540227.00	42782718.28	869903.47
医药制造业		501933.02	16577.00
化学纤维制造业		2679620.23	35384.31
橡胶和塑料制品业		106727.62	43368.04
非金属矿物制品业	9.01	86825.89	109893.75
黑色金属冶炼及压延加工业	3849.00	13785472.66	729731.67
有色金属冶炼及压延加工业		28001.58	23570.32
金属制品业		110800.00	46989.05
通用设备制造业	590.00	11289.60	73153.30
专用设备制造业	156.00	136274.10	24934.30
汽车制造业		456997.20	103288.99
铁路、船舶、航空航天和其他运输设备制造业		13489.53	33619.18
电气机械及器材制造业		138653.48	66027.34
计算机、通信和其他电子设备制造业		992099.00	155075.75
仪器仪表制造业		8947.24	18721.49
其他制造业			
废弃资源综合利用业			2850.01
金属制品、机械和设备修理业			256.93
电力、热力的生产和供应业	2913.00	696519.00	239488.88
燃气生产和供应业			1986.34
水的生产和供应业			31519.96

注：本表口径为年主营业务收入在2000万元及以上的工业企业。

表7—12　工业行业综合能耗汇总表（2014年）

行业分类	综合能源消费量（吨标准煤）	工业总产值（万元）	产值能耗（吨标准煤/万元）	增幅（%）		
				综合能源消费量	工业总产值	产值能耗
全部工业企业	36237282.48	132397291.5	0.2737	3.03	5.19	-2.06
黑色金属矿采选业	5121.74	39861.7	0.1285	-34.56	11.15	-41.12
有色金属矿采选业	5292.6	30720.66	0.1723	12.55	-14.92	32.29
非金属矿采选业	4704.41	187757.6	0.0251	-45.95	-9.26	-40.44
农副食品加工业	44565.46	1571417.74	0.0284	-12.15	-6.97	-5.57
食品制造业	63060.17	1128414.49	0.0559	-7.03	-2.39	-4.75
酒、饮料和精制茶制造业	40753.81	627670.5	0.0649	-11.94	6.77	-17.52
烟草制品业	8497.82	1939857	0.0044	1.23	7.94	-6.22
纺织业	74895.96	945853.91	0.0792	-2.82	-0.17	-2.65
纺织服装、服饰业	36985.87	4173611.52	0.0089	0.73	13.89	-11.56
皮革、毛皮、羽毛及其制品和制鞋业	6366.59	752868.2	0.0085	-7.92	9.02	-15.54
木材加工及木、竹、藤、棕、草制品业	1763.24	152214.4	0.0116	-5.96	14.01	-17.51
家具制造业	2072.47	210910.43	0.0098	0.44	15.19	-12.8
造纸及纸制品业	29168.76	409712.38	0.0712	3.06	25.69	-18.01
印刷业和记录媒介复制业	16278.85	472928.8	0.0344	8.11	8.8	-0.63
文教、工美、体育和娱乐用品制造业	10214.15	1237325.24	0.0083	7.88	8.53	-0.6
石油加工、炼焦及核燃料加工业	3041165.07	9865337.22	0.3083	-0.77	-8.93	8.95
化学原料及化学制品制造业	13496170.49	18645213.31	0.7238	4.07	4.55	-0.45
医药制造业	47746.63	2327929.19	0.0205	-1.98	8.2	-9.41
化学纤维制造业	169510.88	447481.7	0.3788	12.09	-8.57	22.59
橡胶和塑料制品业	74336.02	1796882.48	0.0414	-1.79	5.86	-7.22
非金属矿物制品业	1189098.57	3585433.37	0.3316	-8.46	4.84	-12.69
黑色金属冶炼及压延加工业	9363506.89	7757280.44	1.2071	12.89	-0.42	13.37
有色金属冶炼及压延加工业	76553.94	3187534.6	0.024	-4.46	-1.13	-3.37
金属制品业	76139.68	4209098.39	0.0181	-5.61	9.2	-13.57
通用设备制造业	106609.96	4255179.74	0.0251	10.97	8.45	2.33
专用设备制造业	42352.68	2664381.61	0.0159	-0.01	-1.54	1.55
汽车制造业	202700.03	17336624.65	0.0117	-11.39	8.59	-18.39
铁路、船舶、航空航天和其他运输设备制造业	50470.86	3983720.28	0.0127	-7.89	19.09	-22.66
电气机械及器材制造业	99540.29	8590043.37	0.0116	20.8	11.34	8.49
计算机、通信和其他电子设备制造业	227756.1	23480513.47	0.0097	8.73	7.37	1.26
仪器仪表制造业	24178.32	3187375	0.0076	21.79	11.21	9.51
其他制造业						
废弃资源综合利用业	5763.47	318930.3	0.0181	-5.48	-7.16	1.81
金属制品、机械和设备修理业	329.8	71999.3	0.0046	-16.74	16.34	-28.43
电力、热力的生产和供应业	7552299.26	1906138.7	3.9621	-5.08	-2.21	-2.93
燃气生产和供应业	2568.06	702816.3	0.0037	3.79	17.35	-11.56
水的生产和供应业	38743.58	196253.5	0.1974	1.82	1.59	0.22

注：本表口径为年主营业务收入在2000万元及以上的工业企业。

表 7—13　规模以上工业企业主要单位产品能源消耗（2014 年）

指标名称	计量单位	本期	上年同期	比上年增减%
吨粘胶纤维综合能耗（长丝）	千克标准煤 / 吨	2688.33	2193.34	22.57
吨粘胶纤维用电量（长丝）	千瓦时 / 吨	6445.15	6044.15	6.63
炼焦工序单位能耗	千克标准煤 / 吨	94.76	90.55	4.66
原油加工单位耗电	千瓦时 / 吨	55.23	51.77	6.69
原油加工单位综合能耗	千克标准油 / 吨	61.33	57.29	7.05
单位烧碱生产综合能耗（离子膜法 30%）	千克标准煤 / 吨	329	309.57	6.28
单位烧碱生产耗交流电（离子膜法 30%）	千瓦时 / 吨	2027.2	2203.37	-8
单位乙烯生产综合能耗	千克标准煤 / 吨	829.46	854.04	-2.88
单位乙烯生产耗电	千瓦时 / 吨	125.31	132.3	-5.29
单位合成氨生产综合能耗	千克标准煤 / 吨	1675.35	1534.44	9.18
单位合成氨耗电	千瓦时 / 吨	334.21	295.76	13
单位合成氨耗原料煤	千克标煤 / 吨	1136.73	1090.01	4.29
吨水泥熟料综合能耗	千克标准煤 / 吨	112.79	114.11	-1.16
吨水泥熟料综合电耗	千瓦时 / 吨	56.46	54.83	2.97
吨水泥熟料烧成标准煤耗	千克标准煤 / 吨	100.76	104.23	-3.32
吨水泥综合能耗	千克标准煤 / 吨	88.57	92.5	-4.25
吨水泥综合电耗	千瓦时 / 吨	71.18	71.88	-0.98
吨水泥标准煤耗	千克标准煤 / 吨	76.9	81.17	-5.25
每重量箱平板玻璃综合能耗	千克标准煤 / 重量箱		13.6	
每重量箱平板玻璃耗电	千瓦时 / 重量箱		7.45	
每重量箱平板玻璃耗燃油	千克 / 重量箱		9.24	
吨钢综合能耗	千克标准煤 / 吨	607.2	619.18	-1.93
吨钢耗电	千瓦时 / 吨	459.67	459.08	0.13
吨钢可比能耗	千克标准煤 / 吨	540.13	541.11	-0.18
炼铁工序单位能耗	千克标准煤 / 吨	391.47	394.25	-0.7
铁矿烧结工序单位能耗	千克标准煤 / 吨	51.21	52.03	-1.57
转炉炼钢综合工序单位能耗	千克标准煤 / 吨	-10.36	-8.25	
电炉炼钢综合工序单位能耗	千克标准煤 / 吨	53.33	57.87	-7.85
电炉炼钢综合电力消耗	千瓦时 / 吨	231.15	236.99	-2.46
轧钢工序单位能耗	千克标准煤 / 吨	59.49	60.71	-2
轧钢工序单位电力消耗	千瓦时 / 吨	109.53	116.58	-6.05
吨钢耗新水	吨 / 吨	3.49	3.51	-0.47
电厂火力发电标准煤耗	克标准煤 / 千瓦时	285.96	286.21	-0.09
电厂火力供电标准煤耗	克标准煤 / 千瓦时	299	299.29	-0.1
发电厂用电率	%	4.27	4.29	-0.44

注：1、本表口径为年耗能万吨及以上工业企业。
　　2、本表中的本同期指标值为按国家目录统计的生产每单位产品的能源消耗量。

表 7—14 规模以上工业企业取水总量按行业分类（2014 年）

计量单位：万立方米

行业分类	工业取水总量				重复用水总量
	合 计	#自来水	地表水	地下水	
总 计	150722.01	21160.07	127408.70	111.15	698146.58
黑色金属矿采选业	66.03	0.01	66.02		21.83
有色金属矿采选业	103.87	26.49		77.38	156.59
非金属矿采选业	9.33	2.64	6.43		85.00
农副食品加工业	168.41	167.57	0.36	0.43	0.50
食品制造业	378.68	378.08	0.60		2.12
酒、饮料和精制茶制造业	389.37	389.37			288.88
烟草制品业	33.31	29.79			342.25
纺织业	399.27	318.94	22.14		17.50
纺织服装、服饰业	269.89	266.48	3.11	0.30	1.55
皮革、毛皮、羽毛及其制品和制鞋业	51.88	51.88			
木材加工及木、竹、藤、棕、草制品业	10.60	10.60			
家具制造业	9.90	9.60		0.05	0.25
造纸及纸制品业	142.44	136.37	6.06		
印刷业和记录媒介复制业	78.54	73.22	4.80	0.51	7.84
文教、工美、体育和娱乐用品制造业	52.42	51.69	0.56	0.18	1.43
石油加工、炼焦及核燃料加工业	2578.54	152.36	2426.19		1380.79
化学原料及化学制品制造业	15460.49	9610.35	5770.30	0.19	402280.94
医药制造业	445.02	429.58			338.04
化学纤维制造业	1576.91	871.72	705.16		387.84
橡胶和塑料制品业	207.83	207.22	0.62		624.72
非金属矿物制品业	1695.70	741.04	927.87	21.70	1383.37
黑色金属冶炼及压延加工业	6212.03	111.42	6098.90	1.12	259720.30
有色金属冶炼及压延加工业	152.82	146.04		6.78	119.42
金属制品业	356.72	355.68	1.03	0.02	11.54
通用设备制造业	451.82	450.58	0.18	0.96	148.23
专用设备制造业	274.60	235.27	0.01	1.00	38.73
汽车制造业	984.53	983.23	0.07	0.13	1039.95
铁路、船舶、航空航天和其他运输设备制造业	347.77	347.77			445.71
电气机械及器材制造业	647.20	646.80		0.40	11.25
计算机、通信和其他电子设备制造业	2097.59	2097.59			171.25
仪器仪表制造业	128.18	128.19			9.37
其他制造业					
废弃资源综合利用业	86.05	13.51	62.96		72.54
金属制品、机械和设备修理业	1.93	1.28			
电力、热力的生产和供应业	13015.86	168.64	11053.52		29036.85
燃气生产和供应业	23.71	23.71			
水的生产和供应业	101812.77	1525.36	100251.81		

注：本表口径为年主营业务收入在2000万元及以上的工业企业。

表 7—15　主要年份工业总产值

计量单位：万元

年　份	全部工业总产值（不变价）	#国有工业	全部工业总产值（现行价）	#国有工业
1949	4545	1407		
1952	28887	14678		
1957	84484	69886		
1962	120146	102393		
1965	221733	188043		
1970	420409	359978		
1975	604664	475537		
1978	845115	649434		
1979	942842	717360		
1980	1050111	747636		
1985	1773545	1187474		
1990	3089759	1990637		
1995	8798479	4137823	10381596	5307304
1997	12756605	4931719	13831951	5762074
1998	13147188	5996638	14112659	6437752
1999	13697772	5845505	15455462	6928660
2000	16869869	8317084	18430481	9036654
2004	—	—	34285905	12080749
2005	—	—	43828843	16767938
2007	—	—	63016700	21337481
2008	—	—	69858400	22088550
2009	—	—	71824500	23046627
2010	—	—	90198900	30524263
2011	—	—	109255852	35991523
2012	—	—	120592300	39576980
2013	—	—	131157281	43394322
2014	—	—	139090314	43871965

注：1995年以后的产值数按新规定计算；1998年以后国有工业产值数为国有控股数。

表 7—16　主要年份规模以上工业企业职工人数、主营业务收入和利税总额

年　份	职工人数（万人）	主营业务收入（万元）	利税总额（万元）
1978	—	479852	124043
1979	55.26	567621	136507
1980	58.66	616995	93441
1981	62.90	610863	85509
1982	65.58	668852	87733
1983	70.87	752944	127087
1984	71.41	876503	165675
1985	78.50	1120919	260540
1986	81.32	1151405	241801
1987	85.18	1508476	254047
1988	86.52	1845851	284969
1989	85.66	2202471	324272
1990	86.26	2477840	310481
1992	89.50	4081394	451528
1993	87.95	5642341	495640
1994	90.74	6608363	681163
1995	92.17	8645998	723396
1996	86.92	9197414	693749
1997	81.97	10077056	851273
1998	75.04	11624513	975555
1999	68.13	12534665	1200216
2000	62.04	15402200	1423719
2004	55.24	30914407	3442973
2005	56.27	40273019	3650834
2007	59.29	58189978	6172559
2008	70.96	66355400	4703237
2009	73.39	67309878	7388915
2010	80.59	86253519	10799554
2011	78.11	104723129	11925432
2012	79.71	112832558	13727842
2013	79.71	124252054	17891738
2014	80.64	130038382	17248720

主要统计指标解释

工业　指从事自然资源的开采，对采掘品和农产品进行加工和再加工的物质生产部门。具体包括：（1）对自然资源的开采，如采矿、晒盐、森林采伐等（但不包括禽兽捕猎和水产捕捞）；（2）对农副产品的加工、再加工，如粮油加工、食品加工、轧花、缫丝、纺织、制革等；（3）对采掘品的加工、再加工，如炼铁、炼钢、化工生产、石油加工、机器制造、木材加工等，以及电力、自来水、煤气的生产和供应等；（4）对工业品的修理、翻新，如机器设备的修理、交通运输工具（包括小卧车）的修理等。

1984 年以前农村的村及村以下办工业归属农业，1984 年以后划归工业。

国有及国有控股企业　指国有企业加上国有控股企业。国有企业是指企业全部资产归国家所有，并按《中华人民共和国企业法人登记管理条例》规定登记注册的非公司制的经济组织。1957 年以前的公私合营和私营工业，后均改造为国营工业，1992 年改为国有工业，这部分工业的资料不单独分列时，均包括在国有企业内。国有控股企业是对混合所有制经济的企业进行的“国有控股”分类。它是指这些企业的全部资产中国有资产（股份）相对其他所有者中的任何一个所有者占资（股）最多的企业。该分组反映了国有经济控股情况。

集体企业　指企业资产归集体所有，并按《中华人民共和国企业法人登记管理条例》规定登记注册的经济组织。是社会主义公有制经济的组成部分。包括城乡所有使用集体投资举办的企业，以及部分个人通过集资自愿放弃所有权并依法经工商行政管理机关认定为集体所有制的企业。

股份合作企业　指以合作制为基础，由企业职工共同出资入股，吸收一定比例的社会资产投资组建，实行自主经营，自负盈亏，共同劳动，民主管理，按劳分配与按股分红相结合的一种集体经济组织。

联营企业　指两个及两个以上相同或不同所有制性质的企业法人或事业单位法人，按自愿、平等、互利的原则，共同投资组成的经济组织。联营企业包括：国有联营企业指国有企业与国有企业间的联营；集体联营企业指集体企业与集体企业间的联营；国有与集体联营企业指国有企业与集体企业间的联营。

有限责任公司　指根据《中华人民共和国公司登记管理条例》规定登记注册，由两个以上，五十个以下的股东共同出资，每个股东以其所认缴的出资额对公司承担有限责任，公司以其全部资产对其债务承担责任的经济组织。

有限责任公司包括国有独资公司以及其他有限责任公司。

股份有限公司　指根据《中华人民共和国企业法人登记管理条例》规定登记注册，其全部注册资本由等额股份构成并通过发行股票筹集资本，股东以其认购的股份对公司承担有限责任，公司以其全部资产对其债务承担责任的经济组织。

私营企业　指由自然人投资设立或由自然人控股，以雇佣劳动为基础的营利性经济组织。包括按照《公司法》、《合伙企业法》、《私营企业暂行条例》规定登记注册的私营有限责任公司、私营股份有限公司、私营合伙企业和私营独资企业。

港、澳、台商投资企业 指企业注册登记类型中的港、澳、台资合资、合作、独资经营企业和股份有限公司之和。

外商投资企业 指企业注册登记类型中的中外合资、合作经营企业、外资企业和外商投资股份有限公司之和。

“三资”企业 系指港、澳、台商投资企业和外资企业的简称。

轻工业 指主要提供生活消费品和制作手工工具的工业。按其所使用的原料不同，可分为两大类：(1)以农产品为原料的轻工业，是指直接或间接以农产品为基本原料的轻工业。主要包括食品制造、饮料制造、烟草加工、纺织、缝纫、皮革和毛皮制作、造纸以及印刷等工业；(2)以非农产品为原料的轻工业，是指以工业品为原料的轻工业。主要包括文教体育用品、化学药品制造、合成纤维制造、日用化学制品、日用玻璃制品、日用金属制品、手工工具制造、医疗器械制造、文化和办公用机械制造等工业。

重工业 是指为国民经济各部门提供物质技术基础的主要生产资料的工业。按其生产性质和产品用途，可以分为下列三类：(1)采掘(伐)工业，是指对自然资源的开采，包括石油开采、煤炭开采、金属矿开采、非金属矿开采和木材采伐等工业；(2)原材料工业，指向国民经济各部门提供基本材料、动力和燃料的工业。包括金属冶炼及加工、炼焦及焦炭、化学、化工原料、水泥、人造板以及电力、石油和煤炭加工等工业；(3)加工工业，是指对工业原材料进行再加工制造的工业。包括装备国民经济各部门的机械设备制造工业、金属结构、水泥制品等工业，以及为农业提供的生产资料如化肥、农药等工业。

根据上述划分原则，修理业中以重工业产品为修理作业对象的划为重工业，反之划为轻工业。

工业总产值 是以货币表现的工业企业在一定时期内生产的已出售或可供出售工业产品总量，它反映一定时间内工业生产的总规模和总水平。它包括：在本企业内不再进行加工，经检验、包装入库(规定不需包装的产品除外)的成品价值，对外加工费收入，自制半成品、在产品期末初差额价值。工业总产值采用“工厂法”计算，即以工业企业作为一个整体，按企业工业生产活动的最终成果来计算，企业内部不允许重复计算，不能把企业内部各个车间(分厂)生产的成果相加。但在企业之间、行业之间、地区之间存在着重复计算。

轻重工业总产值的划分是按“工厂法”计算的，即一个工业企业生产的主要产品性质属于轻工业，则该企业的全部总产值作为轻工业总产值；如它的主要产品性质属于重工业，则该企业的全部总产值作为重工业总产值。

实收资本 指企业实际收到的投资人投入的资本。按投资主体可分为国家资本、集体资本、法人资本、个人资本、港澳台资本和外商资本等。

资产合计　指企业拥有或控制的能以货币计量的经济资源。包括各种财产、债权和其他权利。资产按其流动性划分为流动资产、长期投资、固定资产、无形及递延资产和其他资产。

（1）流动资产　指企业可以在一年内或者超过一年的一个生产周期内变现或耗用的资产合计。包括现金及各种存款、短期投资、应收及预付款项、存货等。

（2）固定资产　指企业固定资产净值、固定资产清理、在建工程、待处理固定资产损失所占用的资金合计。

（3）无形资产　指企业长期使用而没有实物形态的资产。包括专利权、非专利技术、商标权、著作权、土地使用权、商誉等。

负债合计　指企业承担的能以货币计量，将以资产或劳务偿付的债务。负债一般按偿还期长短分为流动负债和长期负债、递延税项等。

（1）流动负债　指企业在一年内或者超过一年的一个营业周期内需要偿还的债务合计，其中包括短期借款、应付及预收款项、应付工资、应交税金和应交利润等。

（2）长期负债　指企业在一年以上或者超过一年的一个营业周期以上需要偿还的债务合计，其中包括长期借款、应付债务、长期应付款项等。

所有者权益　指企业投资人对企业净资产的所有权。企业净资产等于企业全部资产减去全部负债后的余额，其中包括投资者对企业的最初投入，以及资本公积金、盈余公积金和未分配利润，对股份制企业即为股东权益。

固定资产原价　指企业在建造、购置、安装、改建、扩建、技术改造某项固定资产时所支出的全部货币总额。它一般包括买价、包装费、运杂费和安装费等。

固定资产净值　是指固定资产原价减去历年已提折旧额后的净额。

流动资产　是指可以在一年或者超过一年的一个营业周期内变现或者耗用的资产，包括现金及各种存款、短期投资、应收及预付货款、存货等。

主营业务收入　指企业销售产品和提供劳务等主要经营业务取得的收入总额。

主营业务成本　指企业销售产品和提供劳务等主要经营业务的实际成本。

主营业务税金及附加　指企业销售产品和提供工业性劳务等主要经营业务应负担的城市维护建设税、消费税、资源税和教育费附加。

主营业务利润　指企业销售产品和提供工业性劳务等主要经营业务收入扣除其成本、费用、税金后的利润。

利润总额　指企业实现的利润。

应交增值税　指企业在报告期内应交纳的增值税额。

能源购进量　根据企业生产、经营性质划分，购进量分两种情况，一种是能源经销企业（批发、零售企业）

用于销售的能源购进数量，另一种是能源使用企业用于消费的能源购进数量，分别在不同表式中统计。

能源经销企业能源购进量，指能源经销企业在报告期内购入的、用于销售的各种一次能源和二次能源。能源经销企业能源购进量由能源经销企业（批发、零售企业）填报。

能源使用企业能源购进量，指能源使用单位在报告期内外购的、用于企业消费的各种一次能源和二次能源。能源使用企业能源购进量由能源使用企业填报。

购进量金额 指本单位在报告期实际购进的、已办理验收入库手续的各种一次能源和二次能源的金额。其金额以购货发票上的总金额（含增值税）计算，统计原则、范围与购进量相同。

能源消费量 指能源使用单位在报告期内实际消费的一次能源或二次能源的数量。

能源消费量统计的原则是：

（1）谁消费、谁统计。

（2）何时投入使用，何时计算消费量。

（3）消费量只能计算一次。

（4）耗能工质（如水、氧气、压缩空气等），不论是外购的还是自产自用的，均不统计在能源消费量中（计算单位产品能耗时除外）。

（5）企业自产的能源，凡作为企业生产另一种产品的原材料、燃料，又分别计算产量的，消费量要统计，

工业企业能源消费量 工业企业能源消费包括工业企业在生产过程中作为燃料、动力、原料、辅助材料使用的能源以及工艺用能、非生产用能；作为能源加工转换企业，还要包括能源加工转换的投入量.

工业生产能源消费 指工业企业为进行工业生产活动所使用的能源。

车辆用油 指在厂区内、外进行交通运输活动的车辆所消费的成品油。但是如果工业企业所属的车队是独立核算的企业，其消费的成品油既不能包括在“工业企业能源消费”中，亦不能包括在“车辆用油”中，它的消费应为交通运输业企业消费。

能源加工、转换消费 能源加工、转换是指为了特定的用途，将一种能源（一般为一次能源），经过一定的工艺，加工或转换成另外一种能源（二次能源）。

能源加工转换产出量 指各种能源经过加工转换后产出的各种二次能源产品（包括不作能源使用的其他副产品和联产品），比如火力发电产出的电力，热电联产同时产出的电力、蒸汽、热水，洗煤产出的洗精煤、洗中煤、煤泥等；炼焦产出的焦炭、焦炉煤气和其他焦化产品；炼油产出的汽油、煤油、柴油、燃料油、液化石油气、炼厂干气和其他石油制品（石脑油、各种原料油、溶剂油、石蜡、润滑油、石油沥青等）；制气产出的是焦炉煤气、其他煤气、焦炭和其他焦化产品（煤焦油、粗苯等）。

能源加工转换损失量 指在能源加工、转换过程中产生的各种损失量，即能源加工、转换过程中投入的能源数量和产出的能源数量之差。

能源用作原材料　指能源产品不作能源使用，即不作燃料、动力使用，而作为生产另外一种产品（非能源产品）的原料或作为辅助材料使用，作原料使用时通常构成这种产品的实体。

综合能源消费量　指报告期内企业实际消费的各种能源的总和。计算综合能源消费量时，需要先将使用的各种能源折算成标准燃料后再进行计算。

能源库存量　本制度中所涉及的能源库存量是指企业能源库存量，它是企业在报告期的某时间点所拥有的各种能源数量。根据企业的生产经营活动性质，企业库存量分为生产企业产成品库存、经销企业（批发、零售企业）用于经营销售的库存、使用企业用于消费的库存。

库存量的核算原则：（1）时点性原则；（2）实际数量原则。

工业取水总量　指工业企业从各种水源提取的，并用于工业生产活动的水量总和，包括自来水、地下水、地表水、海水、苦咸水、经城市污水处理厂处理后回用于工业的水量，以及企业从市场购得的其他水或水的产品（如纯净水、矿泉水、蒸汽、热水、地热水等）。工业取水总量包括主要工业生产用水、辅助生产（包括机修、运输、空压站等）用水和附属生产（包括厂内绿化、职工食堂、非营业的浴室及保健站、厕所等）用水；不包括非工业生产单位的用水，如厂内居民家庭用水和企业附属幼儿园、学校、对外营业的浴室、游泳池等的用水量。

（八）交通运输和邮电通讯业

CHAPTER 8 TRANSPORTATION, POST AND TELECOMMUNICATION SERVICES

表 8—1　铁路运输基本情况（南京市辖范围）

指　标	2014年	2013年
车站（个）	19	18
货物发送量（万吨）	554.26	802.34
旅客发送量（万人次）	4220.76	3613.95

表 8—2　航空运输情况

指　标	2014年	2013年
民用航空里程（公里）	149416	66615
# 国际航线（公里）	9716	5493
民用机场数（个）	1	1
飞机架数（架）	45	37
旅客吞吐量（万人）	1628.38	1501.18
# 旅客发出量	869.02	806.06
货邮吞吐量（吨）	304325	255789
# 货邮发出量	162582	140368
年末职工人数（人）	7861	5941

注：货邮吞吐量中不含行李重量；民用航空里程按不重复距离计算。

表 8—3 全社会客货运输（吞吐）量（2014 年）

指　标	客运量（万人）	旅客周转量（万人公里）	货运量（万吨）	货物周转量（万吨公里）	货物吞吐量（万吨）	集装箱（万标箱）
全社会	15268.56	3772538	31797.64	54527587	21031.42	276.50
公路运输	10596	1238040	12143	1778491		
#个体及联户			3319	294031		
水上运输	20	37	15056	52367755		
内河	20	37	3340	1632194		
沿海			6553	7919182		
远洋			5163	42816379		
港口					21001	276.50
铁路运输	3843.83	1474074	1522.56	86216.70		
民航运输	808.73	1060387.05	7.08	10324.31	30.42	
管道运输			3069	284800		

注：本表数据不含城市公共交通，管道运输包括输油管道运输和天然气管道运输；全社会货运量和货物周转量包含管道运输。（2014年对公路客运及货运的统计口径根据2013年交通部和国家统计局相关规定进行了调整）

表 8—4　公路基本情况

计量单位：公里

指　标	2014年	2013年
公路总里程	11354	11177
按等级分		
高速	612.97	585
一级	1001	903
二级	1453	1441
三级	1147	1024
四级	6186	6259
按行政等级分		
国道	636	636
省道	743	619
县道	1877	1902
乡道	5008	5009
村道	3008	3009
按路面标准分		
高级	10013	9812
次高级	55	60
其他	1286	1305

表 8—5 独立核算内河（沿海）港主要设备及吞吐量

指 标	2014年	2013年
码头长度（米）	33538	35172
泊位个数（个）	308	345
# 万吨级	58	59
仓库总面积（平方米）	308783	298780
容量（吨）	505201	794866
堆场总面积（平方米）	2589826	2581711
容量（吨）	11364741	11324741
货物吞吐量（千吨）	210010	211060
出口量	82200	81000
# 外贸	10340	10670
进口量（千吨）	127810	130050
# 外贸	9410	11370
箱数（标箱）	2764574	2669214
# 40 英尺	1015475	988734
重量（千吨）	25170	24680

表 8—6　全市民用车辆拥有量（2014 年）

计量单位：辆

指　标	总 计	#私　人
一、汽车	1721989	1485592
1、载客汽车	1614406	1434206
#大型	19472	230
轿车	1197374	1099298
2、载货汽车	97309	47928
#重型	37466	11521
中型	9423	4509
#普通载货	40016	24732
3、其他汽车	10274	3458
二、摩托车	314915	313299
1、普通	254941	253361
2、轻便	59974	59938
三、拖拉机	17723	17723
1、大型	3356	3356
2、小型	922	922
四、挂车	7655	564
五、其他类型车		

表 8—7　民用运输船舶拥有量（2014 年）

指　标	总 计	# 交通部门	# 私 人
一、机动船（艘）	1692	1686	6
载客量（客位）	2779	2779	
净载重量（吨位）	10008430	10008430	1473
总功率（千瓦）	2527312	2527312	
（一）客船（艘）	28	28	
载客量（客位）	2779	2779	
（二）货船（艘）	1622	1616	6
净载重量（吨位）	10001767	10000294	1473
（三）拖船（艘）	42	42	
功率（千瓦）	103577	103577	
二、驳船（艘）	109	109	
净载重量（吨位）	350415	350415	

表 8—8 邮政电信基本情况

指　标	2014年	2013年
一、局所及通信网络		
营业网点（所）	1572	1648
# 邮政	179	216
信筒信箱（个）	531	896
邮运汽车（辆）	355	742
邮路总长度（公里）	22695	16900
# 邮路	17581	15042.50
铁路邮路	5114	1162
农村投递线路总长度（公里）	10066	14690.70
二、通信业务		
邮电业务总量（亿元）	211.17	182.29
# 邮政业务总量	64.96	47.43
邮电业务收入（亿元）	175.07	163.51
# 邮政业务收入	54.87	39.77
函件（万件）	9820.43	10195.18
# 国际函件	685.80	444
汇票（万张）	88.11	103
# 国际汇票（张）	42	54
包裹（万件）	36.49	64.88
# 国际包裹	1.20	1.49
快递（万份）	28391.36	19728.88
# 国际快递	654.74	464.95
订销报纸累计份数（万份）	185475.5	18356.66

注：邮电业务总量为2010年不变价计算，2013年市邮政管理局成立，2014年邮政业务总量、邮政业务收入等指标口径进行了调整，2014年邮政业务总量、邮政业务收入由基本邮政业务调整为含快递业务。

表8—8 续表

指　标	2014年	2013年
订销杂志累计份数（万份）	1159.14	1162.21
邮政储蓄平均余额（亿元）	319.11	269.42
集邮业务（万枚）	2871.59	2392.32
固定电话年末用户（万户）	261.13	288.15
#城市电话用户	204	235.36
住宅电话年末用户（万户）	107.7	124.44
#农村住宅电话用户	43.82	52.80
公用电话（万户）	31.5	38.59
互联网接入用户（万户）	325.48	323.58
#宽带用户	325.48	323.18
移动电话用户（万户）	1097.00	1206.70
三、电信主要通信能力		
城乡电话交换机总容量（万门）	225	250.88
移动电话交换机容量（万户）	2875	2158.90
四、电话普及率（含移动及农话）（部／千人）	1653	1826

注：邮路总长度不含航空速递公司数据。

表 8—9　城市公共交通情况

指　　标	2014年	2013年
一、公共汽电车		
1、运营车数（辆）	8345	6946
# 天然气燃料车 CNG	2904	2337
2、标准运营车数（标台）	10455	8569
3、运营线路网长度（公里）	9148.8	8143.4
4、公交专用车道长度（公里）	91	81
5、客运总量（万人次）	106224.10	106434.10
二、出租汽车		
1、运营车辆（辆）	14136	11612
2、客运总量（万人次）	30964.70	29185.90
三、轨道交通		
1、运营车数（辆）	746	480
# 地铁	726	480
2、标准运营车数（标台）	1790	1200
3、运营线路长度（公里）	187	85
（1）地铁	179	85
（2）轻轨		
（3）有轨电车	7.8	
4、客运总量（万人次）	50317.40	45216.00
四、客运轮渡		
1、运营船数（艘）	15	13
2、客运总量（万人次）	509.00	630.10

表 8—10　主要年份旅客和货物运输量、邮电业务总量

年　份	旅客运输量（万人）	#公路	货物运输量（万吨）	#公路	#水运	邮电业务总量（万元）
1987	5230	3693	10455	4718	3366	5021
1988	5360	3680	10475	4253	3761	6521
1989	4943	3618	9552	3472	3733	7410
1990	4595	3211	9304	3756	3337	9339/19628
1991	4512	3099	9043	3406	3538	26633
1992	4625	3100	9555	3773	3696	37882
1993	4343	2823	9142	3366	3749	57924
1994	7918	6427	10365	4103	4287	89371
1995	10068	8765	12168	5666	4600	117843
1996	11098	9926	13632	7094	4644	155441
1997	13051	11795	12612	7249	3531	206193
1998	13784	12523	11941	6368	3703	271030
1999	14218	12838	12389	6285	4037	355474
2000	15294	13869	14102	7590	4275	515111
2001	16197	14778	15749	9156	4123	682007/307959
2004	19394	17641	16942	9741	6206	523906
2005	20537	18660	18083	10530	6483	717821
2007	24810	22212	19861	12686	6077	937675
2008	26641	23720	24118	13650	9485	1045995
2009	36071	32895	26014	14983	9561	1217155
2010	39104	36004	34225	17683	11292	1390704
2011	42289	39080	35737	19820	14090	1209088/1514472
2012	46255	42519	41999	22020	15090	1348100
2013	49407	45070	44052	23738	15556	1822877
2014	15269	10596	31798	12143	15056	2111700

注：邮电业务总量1990年以前为1980年不变价，1990年以后为1990年不变价；1990年当年有两个价格计算的数字。2000年以前为1990年不变价，2001年当年有1990年不变价和2000年不变价两个价格计算的数字，其中：682007万元为按1990年不变价计算，307959万元为2000年不变价计算。2011年为2010年不变价计算。根据2013年交通部和国家统计局开展交通运输经济专项调查的规定，2014年对公路客运及货运的统计口径进行了调整。

主要统计指标解释

（一）铁路运输

铁路运输 指有固定的运行轨道，以铁路机车、客、货车辆为运输工具，承担旅客、货物运送任务的一种运输方式。具有全天候、大批量、长距离、成本低、高效率的现代化运输特点，是我国综合运输体系中，起骨干力量的重要运输方式。我国铁路运输是由国家铁路、地方铁路、合资铁路和铁路专用线及专用铁道组成，主要承担大宗货物中长距离运输和中长途旅客运输。

铁路旅客周转量 指一定时期内使用铁路客车运送的旅客人数与运输距离的乘积之和。计算公式为：

旅客周转量（人公里）= ∑（实际运送的每一乘客 × 该旅客出发站与到达站间距离）

= 实际运送的旅客人数 × 旅客平均运程

铁路货物周转量 指一定时期内使用铁路货车完成的货物运量与运送距离的乘积之和。计算公式为：

货物周转量（吨公里）= ∑（每批货物重量 × 该批货物的运送距离）

= 实际运送货物吨数 × 货物平均运程

铁路运输总收入 指铁路运输企业在完成客货运输工作中，按照国家批准的运费标准收取的货币收入。包括货运收入，客运收入，行李、包裹收入，邮运收入，车站和列车补收的旅客客票收入，到站补收的货物和行包运费、货物行包变更手续费等。

（二）公路运输

公路运输 指以汽车为主在公路上运送旅客和货物的一种运输方式。具有线路网密度大、分布广、运输中转环节少等特点，适合承担短途旅客、货物运输及铁路、公路、航空港（站）的集散和接运任务。

公路里程 指在一定时期内实际达到《公路工程技术标准 JTG B01-2003》规定的技术等级的公路，并经公路主管部门正式验收交付使用的公路里程数。包括大、中城市的郊区公路，以及公路通过小城镇（指县城、集镇）街道的公路里程和公路桥梁长度、隧道长度、渡口的宽度以及分期修建的公路已验收交付使用的里程，不包括大中城市的街道、厂矿、林区生产用道和农业生产用道的里程。两条或多条公路共同经由同一路段，只计算一次，不得重复计算里程长度。按公路技术等级分为等级公路和等外公路，其中等级公路分为高速公路、一级公路、二级公路、三级公路和四级公路。

民用汽车拥有量 指报告期末，在公安交通管理部门按照《机动车注册登记工作规范》，已注册登记领有民用车辆牌照的全部汽车数量。汽车拥有量统计的主要分类：根据汽车结构分为载客汽车、载货汽车、其他汽车；根据汽车所有者不同分为个人（私人）汽车、单位汽车；根据汽车的使用性质分为营运汽车、非营运汽车；根据汽车大小规格不同，载客汽车分为大型、中型、小型和微型，载货汽车分为重型、中型、轻型和微型。

其他类型车 指除民用汽车、摩托车及拖拉机以外的其他民用机动车辆，如简易机动车、电瓶车等。

载货挂车 指自身没有动力，需依靠机动牵引车拖带的公路载货用挂车。

机动车驾驶员 指持有正式驾驶执照的各类机动车驾驶人员。

公路运输汽车 指在公路运输管理部门注册登记的从事公路运输的营业性及非营业性运输工具。

公路营运汽车拥有量 指报告期末公路运输管理部门注册登记的未办理报废、销、转出手续从事公路运输的营业性客货汽车数量。不包括出租汽车、公共汽车。

普通载货汽车 指具有一般构造的栏板式、平板式及厢式货运汽车，包括自卸车、半挂车、厢式车等。

专用载货汽车 指具有特殊构造及附属设备从事专门用途的货运汽车，包括集装箱车、大件运输车、商品汽车运输车、冷藏保温车、罐车和其他货车。

公路货运量 指一定时期内由各种公路运输工具实际运送到目的地并卸完的货物数量。反映公路货运量的指标有发送货物吨数、到达货物吨数和运送货物吨数。

公路货物周转量 指一定时期内由各种公路运输工具实际完成的货物运量与相应的运送距离的乘积之和。计算公式为：

货物周转量（吨公里）=∑（每批货物重量 × 该批货物的运送距离）

公路客运量 指公路运输企业及由其组织的其他单位在一定时期内实际运送的旅客人数。公路客运量的计算方法：不论乘车路程远近和票价的多少，以客票为依据，“人”为计量单位；不足购票年龄的免票儿童不计算客运量。

公路旅客周转量 指一定时期内由各种公路运输工具实际运送的旅客人数与相应的运送距离的乘积之和。计算公式为：

旅客周转量（人公里）=∑（实际运送的每一旅客 × 该旅客出发站与到达站间距离）

（三）水路运输

水路运输 指利用船舶、排筏和其他浮运工具，在江、河、湖泊、水库、人工水道和海上运送旅客和货物的一种运输方式。在水运运输中，远洋及江海水运干线具有成本低、运量大的特点，适合于大宗货物的运送；支流小河运输线星罗密布，深入小港小巷，沟通城乡货物运输和人员出入。

内河航道通航里程 指在一定时期内，能通航运输船舶及排筏的天然河流、湖泊水库、运河及通航渠道的长度。包括全年季节性通航累计三个月以上的航道，不包括仅供零散流放竹、木排的河道。两省以河为界的航道里程，双方均按一半计算，以免重复。该指标可以反映内河水运网的规模、水平和发展情况。

民用运输船舶拥有量 指报告期末在水路运输管理部门注册登记的从事水上客、货运输活动的我国企业或私人拥有的营业性运输船舶（含我国企业或私人拥有的悬挂外国旗的船舶）数量。不包括非运输船舶及农业、渔业生产船舶。

机动船 又称自航船，指装有各种发动机推进装置，以机械动力行驶的船舶。

驳船 指本身无动力装置，或只设简易动力装置，依靠拖船或推船带动的平底船。

拖船 指专门拖带其他船舶、船队、木排的船舶。

船舶净载重量 指报告期末所拥有船舶的总载重量减去燃（物）料、淡水、粮食及供应品、人员及其行李等的重量及船舶常数后，能够装载货物的实际重量。

水路货运量 指在一定时期内由各种水运工具实际运送的货物数量，包括内河、江海、远洋货运量。

水路货物周转量 指一定时期内由各种水路运输工具实际完成的货物运量与相应的运送距离的乘积之和。

水路客运量 指水运企业及由其组织的其他单位在一定时期内实际运送的旅客人数。

水路旅客周转量 指水运企业和由其组织的其他单位在一定时期内实际运送的旅客人数与相应的运送距离的乘积之和。

自有和租用船舶数量 指该企业自己所有的和租用外单位的从事营业性水路运输的船舶数量，包括悬挂外国旗的船舶，不包括非运输船舶、驳船及农业、渔业生产船舶。

挂靠船舶数量 指挂靠到该企业的从事营业性水路运输的船舶数量，不包括非运输船舶、驳船及农业、渔业生产船舶。

柴油消费量 指该企业从事生产运输和行政管理等全部的柴油消费总量，包括企业租用和挂靠到该企业的从事营业性水路运输的船舶的柴油消费量。

（四）港口

港口 指位于江河湖海或水库沿岸，具有一定的设施和条件（如装卸机械、仓库堆场、码头泊位、客运设备等），供船舶停靠、旅客上下、货物装卸、生活物料供应或其他专门业务的地方。包括港内水域及紧接水域的陆地。按港口所处的水域分为海港、河港、湖港等；按港口是否对外国船舶开放分为对外开放港口和不对外开放港口。

港口码头长度 指报告期末港口用于靠泊船舶，进行装卸货物和上下旅客地段的实际长度，包括固定的、浮动的各种形式码头的长度。固定式码头，指顺水域自码头的一端至另一端的全部长度。浮动式码头，只计算其本身可靠泊船舶的正面长度，不包括浮动码头两端及其靠岸边的内档长度。

港口码头泊位个数 指设有系靠船舶装置、同时可供靠泊船舶的泊位数量，包括码头泊位、浮筒泊位以及供船舶锚泊的锚地泊位、水路过驳的平台泊位等。供停泊一艘船舶所备的位置，称为一个泊位。按泊位的使用性质可分为生产用泊位和非生产用泊位，按靠泊能力可分为万吨级泊位。

港口货物吞吐量 指经由水路进、出港区范围，并经过装卸的货物数量。按货物流向分为进港吞吐量和出港吞吐量,按货物的贸易性质分为内贸和外贸吞吐量。按货物的类别分,可根据现行的交通行业标准《运输货物分类和代码》分类。

港口旅客吞吐量 指由水路乘船进、出港区范围的旅客人数，不包括免票儿童、船舶船员人数、轮渡和港区内短途客运的旅客人数。按旅客流向分为旅客发送量和旅客到达量。

柴油消费量 指该港口从事装卸生产、辅助生产和行政管理等全部的柴油消费总量。

（五）民用航空运输

民用航空运输 指利用飞机和空中航线运送旅客和货邮的一种运输方式，具有速度快和不受地形限制的特点。航空运输成本高、运量小，适合对时间要求高的运输事务。

航线条数 指定期航班营运的航线条数。按国内航线（其中：港澳航线）、国际航线分类统计。

国际航线 指航线中任一航段的起讫点（技术经停点除外）在外国领土上的航线。

国内航线 指航线中各航段的起讫点（技术经停点除外）都在国内的航线。

地区航线 指航线中任一航段的起讫点在香港、澳门或台湾的航线（经香港、澳门、台湾飞往外国的航线统计为国际航线）。

定期航班航线长度 指定期航班营运里程的总长度，以万公里为计算单位。航线里程的统计分为按重复距离计算和按不重复距离计算两种形式。“按重复距离计算”是指不同航线的相同航段距离可以重复累加；“按不重复距离计算”则不同航线相同航段只统计一次。

定期航班通航机场 指有定期航班执飞的机场。

民用飞机期末架数 指报告期末实有的、持有有效适航证书的飞机数量。

运输飞机 指从事公共航空运输的民用飞机。分为大中型飞机和小型飞机，大中型飞机指 100 座及以上的运输飞机，小型飞机指 100 座以下的运输飞机。

民用航空飞机平均在册架数 指报告期平均每天在册的飞机架数。计算公式为：

民用航空飞机平均在册架数 = 报告期在册飞机总架 / 报告期日历天数

民用航空飞机班次 指飞机自始发到终点航站的一次飞行，去回程各按一个班次统计。专、包机飞行，按任务和架次统计。一项任务和一项包机，是由一架飞机完成的，按一架次统计；由两架飞机或由一架飞机两次完成的，按两架次统计。

民用航空客运量 指公共航空运输飞行所载运的旅客人数。成人和儿童各按一人计算，婴儿不计人数。每一特定航班的每一旅客只计算一次。唯一例外的是,乘坐定期航班既经过国内航段又经过国际航段的旅客,同时计算一个国内旅客和一个国际旅客。不定期航班运送的旅客每一特定航班（同一航班）只计算一次。

民用航空旅客周转量 反映旅客在空中实现位移的综合性生产指标，体现航空运输企业所完成的旅客运输工作量。计算单位为人公里（或称“客公里”）。计算公式为：

旅客周转量（人公里）= ∑（航段旅客运输量 × 航段距离）

民用航空货邮运量 指公共航空运输飞行所载运的货物、邮件重量。每一特定航班的货邮只计算一次。唯一例外的是，定期航班既经过国内航段又经过国际航段运输的货邮，同时各计算一次国内货邮和一次国际货邮。不定期航班运输的货物每一特定航班（同一航班）只计算一次。

民用航空货邮周转量 指一定时期内，公共航空运输单位实际运送的货物、邮件的重量与相应的货邮运输距离乘积之和。计算公式为：

货邮周转量（吨公里）= ∑（每批货邮重量 × 该批货邮运送距离）

民用航空总周转量 指反映旅客、货邮在空中运载工具的作用下发生位移的综合性指标，体现航空运输过程的生产效果。计算公式为：

民用航空总周转量 = 旅客周转量 + 邮件周转量 + 货物周转量

旅客的重量换算：成人 90 公斤，儿童 45 公斤，婴儿 9 公斤。

通用航空 指用民用航空器从事公共航空运输以外的民用航空活动，包括从事工业、农业、林业、渔业和建筑业的作业飞行以及医疗卫生、抢险救灾、气象探测、海洋监测、科学实验、教育训练、文化体育等方面的飞行活动。

飞行小时 指从飞机滑动前撤除轮档起至飞机着陆停稳后安放轮档止的全部时间。为方便操作，可以计为飞机靠自身动力开始滑行起至飞行航段结束至停机位置的全部时间，即飞机地面滑行时间和空中飞行时间之和。

（六）管道运输

管道运输 指以管道输送的方式将原油、天然气、成品油、其他气体等输送到用户的一种运输形式。包括油气田企业直接通向炼油厂、化工厂、电站等用户及装车站、油码头的管道，炼油厂通向用户（包括商业石油公司油库）的成品油、气管道，管道运输企业通向用户及装车（站）栈桥、油码头的管道；不包括油气田、炼油厂内的集输管线和工艺管线，油气井口输送到集气站或经集气站到净化处理装置的管线。

输油（气）能力 指在油气产量及设备正常的条件下，在年度有效工作时间内，最大可能的输油（气）量。一般按设计能力填报，当实际条件发生很大变化时，则按上级批准的查定能力计算。在计算输油气管道的输送能力时，对于一条输油气管道的输送能力只能根据干线的输送能力来确定，可以不考虑干线与支线的能力平衡。在几条输油气管线连网时，该管网的输油气能力则应根据各输油气管网的运行情况由有关部门综合确定，而不是把各条管道的能力简单相加。

输油（气）量 指输油气管道实际输送的油气数量。计算一条管线的管输量指首站和各进油点的输出量之和。一个单位管几条输油气管线，在计算输油气量时，应分别列出每条管线的输油气量。天然气按一千立方米折一吨原油计算。

输油（气）周转量 指在一定时期内输油气管道输送油气数量与输送距离的乘积。计算公式为：

输油气周转量 = 输油气量 × 输油气里程 - 自用量 × 输油气里程

（七）城市公共交通

城市公共交通 指城市中供公众乘用的、经济方便的各种交通方式的总称。包括公共汽车、电车、轨道交通（地铁、轻轨、有轨电车、索道、缆车）、出租汽车、公共轮渡等客运交通设施。

运营线路总长度 指全部运营线路长度之和。计算公式为：

运营线路长度 = ∑各条运营线路长度

= ∑〔1/2（上行起点至终点里程 + 下行起点至终点里程 + 上下行终点掉头里程〕

单向行驶的环行线路长度等于起点至终点里程与终点下客站至起点里程之和的一半，不包括折返、试车、联络线等非运营线路。

公交专用车道 指为了调整公共交通车辆与其他社会车辆的路权使用分配关系，提高公共交通车辆运营速度和道路资源利用率，而科学、合理设置的公共交通优先车道、专用车道（路）、路口专用线（道）、专用街道、单向优先专用线（道）等。

运营车数 指城市中用于公共交通运营业务的全部车辆数。地铁和轻轨在统计时一自然节为一辆。出租汽车指已经领取出租汽车专用牌照的运营车辆，包括技术完好的、在修的、长期行驶的以及拟报废尚未经上级机关批准的车辆。

轮渡运营船数 指用于城市客渡运营业务的全部船舶数。不含旅游客轮（长途旅游，市内供游人游览江、河、湖泊的船只）。

城市公共交通客运总量 指报告期内城市公共交通各种运输方式运送乘客的总人次。

（八）邮电通信

邮路 指各邮政局所、代办所之间及邮政局所、代办所与车站、码头、机场、转运站、报刊社之间，由自编或委代办人员按固定班期规定路线交换邮件、报刊的路线。包括农村地区运邮为主兼投递邮件、报刊的路线。不包括城市、农村地区纯投递（邮件报刊所走的）路线。邮路按级别分为：国际及港澳邮路、一级邮路、二级邮路、市内邮路、农村邮路；按运输工具分为：航空邮路、铁道邮路、汽车邮路、水运邮路、其他邮路。

农村投递线路 指农村邮政支局所自编或委办人员按固定班期、规定路线至农村乡（镇）、行政村等收件单位投递邮件、报刊所走的路线。

通信设备 指通信企业为社会提供传递信息或其他邮电服务的设备。包括本地电话、长途电信、移动电话、卫星通信、数据通信等主要设备。

邮电业务总量（又称通信业务总量） 指以价值量形式表现的邮电通信企业为社会提供各类邮电通信服

务的总数量。邮电业务量按专业分类包括函件、包件、汇票、报刊发行、邮政快件、特快专递、邮政储蓄、集邮、传真、长途电话、出租电路、移动电话、分组交换数据通信、出租代维等。计算方法为各类产品乘以相应的平均单价（不变价）之和，再加上出租电路和设备、代用户维护电话交换机和线路等的服务收入。该指标综合反映了一定时期邮电业务发展的总成果，是研究邮电业务量构成和发展趋势的重要指标。计算公式为：

邮电业务总量 = ∑（各类邮电业务量 × 不变单价）+ 出租代维及其他业务收入

= 邮政业务总量 + 电信业务总量

移动短信业务量　指移动电话用户通过移动通信网络短信平台使用短信业务的通信量。

移动电话用户　指通过移动电话交换机进入移动电话网、占用移动电话号码的电话用户。用户数量以报告期末在移动电话营业部门实际办理登记手续进入移动电话网的户数进行计算，一部移动电话统计为一户。

固定电话用户　指在电信运营企业营业网点办理开户登记手续并已接入固定电话网上的全部电话用户。包括普通电话用户、公用电话用户、窄带综合业务数字网（N—ISDN）用户、智能网专用接入终端用户等。按行政区划分为城市电话用户和农村电话用户。1997 年以前，“市内电话用户”是指接入县城及县以上城市电话网的电话用户；“农村电话用户”是指接入县邮电局农话台及县以下农村电话交换点，以县城为中心（除市话用户外）联通县、乡（镇）、行政村、村民小组的用户。从 1997 年起，电话用户数分组调整为以用户所在区域划分为“城市电话用户”和“乡村电话用户”，与过去的按市内电话和农村电话划分方法不同。而电话用户总数、电话机总部数统计范围不变。

城市电话用户　指直辖市、省辖市、地级市、县级市的市区、市郊区及县城（包括县人民政府所在地的县城关区或行政建制相当于县人民政府所在地的镇）范围内接入局用交换机的电话用户数，包括分布在农村地区的独立工矿区、林区、驻军等接入局用交换机的电话用户数。

农村电话用户　指县城关区以下的集镇和农村接入局用交换机的电话用户数。

住宅电话用户　指安装在居民住宅或农民家里并按照住宅电话用户登记注册和收费的电话用户。包括私人付费、单位付费和按规定免费安装的住宅电话用户。

局用交换机容量　指安装在本地电信运营商内用于接续本地固定电话的电话交换机容量，有倍增设备按倍增后的数量计数。包括现用和备用的人工或自动交换机的全部容量。计量单位：门。

移动电话交换机容量　指移动电话交换机根据一定话务模型和交换机处理能力计算出来的最大同时服务用户的数量。

互联网宽带接入端口　指用于接入互联网用户的各类实际安装运行的宽带接入端口的数量，包括 xDSL 用户接入端口、LAN 接入端口以及其他类型的宽带用户接入端口等，不包括窄带拨号接入端口。

营业网点服务面积 指报告期行政区域平均每一营业网点服务的面积。计算公式：

$$每一营业网点服务面积=\frac{行政区域土地面积（平方公里）}{营业网点总数（处）}$$

营业网点服务人口 指报告期行政区域平均每一营业网点服务的人口数。计算公式：

$$每一营业网点服务面积=\frac{行政区域总人口数（万人）}{营业网点总数（处）}$$

电话普及率 指报告期行政区域总人口中，平均每百人拥有的话机数。计算公式：

$$电话普及率=\frac{电话机总数（部）}{行政区域总人口数（人）}\times 100$$

(九)
固定资产投资和建筑业

CHAPTER 9
INVESTMENT IN FIXED ASSETS AND CONSTRUCTION

表 9—1　全社会固定资产投资

计量单位：亿元

指　标	2014年	2013年	2014年为上年%
全市投资总额	5460.03	5265.55	103.7
按产业分			
第一产业	34.87	23.55	148.1
第二产业	2180.71	2518.53	86.6
#工业	2152.36	2509.4	85.8
第三产业	3244.45	2723.47	119.1
#房地产开发投资	1125.49	1120.18	100.5
按经济类型分			
国有经济	2195.6	2070.89	106.0
非国有经济	3264.43	3194.66	102.2
# 外资	453.82	412.36	110.1
私营、个体经济	1430.13	1581.93	90.4
本年新增固定资产	3820.43	3014.42	126.7

表 9—2　全社会房屋建筑面积（2014 年）

计量单位：万平方米

指　标	施工面积		竣工面积	
		#住 宅		#住 宅
全　　市	11570.14	4560.46	2750.25	528.71
一、城乡投资	5104.85	241.56	2072.87	22.64
二、房地产开发投资	6465.29	4318.90	677.38	506.07

表9—3　项目固定资产投资（2014年）

计量单位：万元

指　标	施工项目个数（个）	#本年新开工	本年投产项目个数（个）	计划总投资	#本年新开工	累计完成投资
总 计	5644	4575	4531	101895242	40241855	75826165
一、按登记注册类型						
内资	5412	4379	4339	97751751	37539942	72446136
国有	1261	735	665	57153362	15666384	39431229
集体	425	381	384	4053224	2181698	3153372
股份合作	2	2	2	5005	5005	5005
联营企业	6	6	5	29805	29805	18040
国有联营	4	4	4	9170	9170	9405
集体联营						
国有与集体联营	1	1	1	2635	2635	2635
其他联营	1	1	0	18000	18000	6000
有限责任公司	978	840	801	15471691	8237592	11684938
国有独资公司	18	13	8	482821	96821	413437
其他有限责任公司	960	827	793	14988870	8140771	11271501
股份有限公司	144	101	114	4242431	1176162	3536428
私营	2492	2217	2270	16061564	9888986	13889703
其他	38	21	26	1430435	121801	817514
港澳台商投资	104	97	98	734669	354310	727421
合资经营	55	44	44	694773	400489	582897
合作经营	25	19	21	241157	141788	209229
独资						
股份有限	26	21	20	425049	230134	347244
其他港澳台商投资企业	2	2	1	9117	9117	6974
外商投资	2	2	2	19450	19450	19450
合资经营	172	147	143	3301954	2289044	2649540
合作经营	57	49	46	1309234	1072851	1110955
独资	3	3	3	22492	22492	22492
股份有限	108	93	90	1909358	1190831	1453599
其他外商投资企业	4	2	4	60870	2870	62494
个体经营						
个体户	5	5	5	146764	12380	147592
个人合伙	5	5	5	146764	12380	147592
二、按国民经济行业						
农、林、牧、渔业	129	127	123	722724	670860	488535
采矿业	10	9	9	38696	33901	37320

9—3 续表1

指 标	施工项目个数（个）	#本年新开工	本年投产项目个数（个）	计划总投资	#本年新开工	累计完成投资
制造业	3086	2686	2748	35526621	16822388	30389350
电力、燃气及水的生产和供应业	108	61	59	2009153	574050	1632564
建筑业	43	39	34	327960	247358	311090
批发和零售业	170	149	139	2167675	865127	1608508
交通运输、仓储和邮政业	165	120	120	16961855	3870360	13133756
住宿和餐饮业	51	45	46	433804	205906	382932
信息传输、计算机服务和软件业	165	133	124	2918810	1287592	2045124
金融业	18	9	7	1463034	43155	976259
房地产业	108	80	47	5489850	3767980	2257824
租赁和商务服务业	123	89	91	3539985	827591	2257812
科学研究、技术服务和地质勘查业	177	145	128	5911050	3584374	2746870
水利、环境和公共设施管理业	815	541	518	16524035	4520310	12196527
居民服务和其他服务业	29	28	27	115581	93002	104058
教育	144	85	92	1782947	763795	1288313
卫生、社会保障和社会福利业	37	25	14	1344166	560947	798548
文化、体育和娱乐业	85	59	53	2818923	730085	1867306
公共管理和社会组织	181	145	152	1798373	773074	1303469
国际组织						
三、按隶属关系						
中央	203	123	98	11804108	4320921	6570755
省	101	48	54	4588286	708306	3708471
市	385	155	147	26440764	5744405	20734197
区	624	426	400	15018103	5312229	8944465
其他	4331	3823	3832	44043981	24155994	35868277
四、按建设性质						
新建	1831	1376	1303	59792653	22908175	40439104
扩建	2370	1907	1922	31714423	11457249	25978925
改建	1394	1270	1275	8906080	5644949	8227165

表 9—3 续表 2

指 标	施工项目个数（个）	#本年新开工	本年投产项目个数（个）	计划总投资	#本年新开工	累计完成投资
单纯建造生活设施	27	10	18	105683	42074	98515
迁建	21	11	12	459332	186015	236098
恢复	1	1	1	3393	3393	3393
单纯购置				913678		842965
五、按控股情况						
国有控股	1417	815	761	63770485	16652813	44550955
集体控股	459	408	408	4659847	2317841	3755103
私人控股	3406	3043	3058	27062361	16943926	22872528
港澳台商控股	58	47	47	734872	440588	631306
外商控股	146	126	122	2732969	1901350	2088878
六、按期末项目建设状态						
在建	1116	702	4	62942627	21808551	36078842
全部投产	4526	3872	4526	38890515	18413304	39693103
全部停缓建	2	1	1	62100	20000	54220
七、按投资规模						
100 万元以下						
100-500 万元	33	30	27	16500	15000	15153
500-1000 万元	185	163	161	167892	137184	161406
1000-3000 万元	2586	2408	2400	7053713	6227640	7046023
3000-5000 万元	696	590	584	3030349	2498115	2889514
5000 万元 -1 亿元	1211	1004	979	10011017	8282847	10085577
1-5 亿元	625	286	298	16974976	7657137	13164105
5-10 亿元	136	51	43	10158646	3655051	7369225
10 亿元以上	172	43	39	54482149	11768881	35095162

表9—3 续表3

指 标	本年完成投资	#本年新开工	#住 宅	本年新增固定资产
总 计	43345431	1811978	287677	32417861
一、按登记注册类型				
内资	40663869	1809178	287607	30608460
国有	17537492	178347	232980	10845423
集体	2136576	1082	31030	2000400
股份合作	5005			5005
联营企业	18040			12040
国有联营	9405			9405
集体联营				
国有与集体联营	2635			2635
其他联营	6000			
有限责任公司	7910771	1401905	6305	6327811
国有独资公司	160876		6200	82614
其他有限责任公司	7749895	1401905	105	6245197
股份有限公司	1617456			1412225
私营	11019727	217944	17262	9614760
其他	418802	9900	30	390796
港澳台商投资	355155			278677
合资经营	139867			126745
合作经营				
独资	188864			132529
股份有限	6974			4650
其他港澳台商投资企业	19450			14753
外商投资	2178815	2800		1443592
合资经营	957533	2800		558996
合作经营	22492			20754
独资	1176250			805348
股份有限	22540			58494
其他外商投资企业				
个体经营	147592		70	87132
个体户	147592		70	87132
个体合伙				
二、按国民经济行业				
农、林、牧、渔业	460325	24982	65	398156
采矿业	36370	1		36370

表9—3　续表4

指　标	本年完成投资	#本年新开工	#住　宅	本年新增固定资产
制造业	20818787	1608647	1407	16002213
电力、燃气及水的生产和供应业	700114	1969	0	628222
建筑业	283431		195	252776
批发和零售业	919917		216	548992
交通运输、仓储和邮政业	5726476		145	5344637
住宿和餐饮业	187224			305199
信息传输、计算机服务和软件业	1250337			884547
金融业	293531			30791
房地产业	1696734	102000	274899	597752
租赁和商务服务业	1066854		45	547567
科学研究、技术服务和地质勘查业	1842061		116	1039873
水利、环境和公共设施管理业	5107980	67000	1880	3789921
居民服务和其他服务业	95608			90883
教育	607442	691		614289
卫生、社会保障和社会福利业	396196	653		141368
文化、体育和娱乐业	992644		218	435225
公共管理和社会组织	863400	6035	8491	729080
国际组织				
三、按隶属关系				
中央	3853318		24250	963162
省	1415021			1302808
市	7307222			6843915
区	4915107	1082	223859	2381184
其他	25854763	1810896	39568	20926792
四、按建设性质				
新建	21818732	1046966	256093	13839834
扩建	14501548	654189	24520	12448993
改建	6070195	110823	836	5443626

表 9—3　续表 5

指　标	本年完成投资	#本年新开工	#住　宅	本年新增固定资产
单纯建造生活设施	54790		6200	52400
迁建	107177		28	64628
恢复	3393			3393
单纯购置	789596			564987
五、按控股情况				
国有控股	19414669	178347	239230	12476385
集体控股	2346300	1082	31085	2314344
私人控股	18100755	1632549	17362	15170471
港澳台商控股	403564			327086
外商控股	1734902			1097050
六、按期末项目建设状态				
在建	17566208	349902	238489	487493
全部投产	25755119	1462076	49188	31915348
全部停缓建	24104			15020
七、按投资规模				
100 万元以下				
100-500 万元	14243	500		12756
500-1000 万元	149289	3082		145030
1000-3000 万元	6746536	451830	13208	6316616
3000-5000 万元	2632224	19823	4700	2485731
5000 万元 -1 亿元	8761648	374227	19121	7878241
1-5 亿元	7730667	494039	70031	5994014
5-10 亿元	3368932	41000	79597	1778587
10 亿元以上	13941892	427477	101020	7806886

表9—3 续表6

指 标	资金来源						
	合 计	上年末结余资金	本年资金来源				
			小 计	国家预算内资金	国内贷款	利用外资	#外商直接投资
总 计	46771442	1172679	45598763	656032	7782856	275993	164755
一、按登记注册类型							
内资	43702147	1160679	42541468	576748	7358411	15286	14290
国有	19310936	653160	18657776	563322	5098304	13090	13090
集体	2430119	4319	2425800	8402	613188		
股份合作	5005	0	5005				
联营企业	18040	0	18040				
国有联营	9405	0	9405				
集体联营							
国有与集体联营	2635	0	2635				
其他联营	6000	0	6000				
有限责任公司	8448074	306875	8141199		789589		
国有独资公司	184987	30000	154987		48000		
其他有限责任公司	8263087	276875	7986212		741589		
股份有限公司	1797648	96766	1700882		111360		
私营	11216399	99559	11116840	5024	720620	2196	1200
其他	475926	0	475926		25350	0	0
港澳台商投资	394313	10000	384313		11840	9642	9642
合资经营	158953	10000	148953		3300	4983	4983
合作经营							
独资	208936		208936		7540	4659	4659
股份有限	6974		6974		1000		
其他港澳台商投资	19450		19450				
外商投资	2527390	2000	2525390	79284	401605	251065	140823
合资经营	1197831		1197831	79284	338505	136175	60000
合作经营	22492		22492				
独资	1283473	2000	1281473		62780	114890	80823
股份有限	23594		23594		320		
其他外商投资企业							
个体经营	147592		147592		11000		
个体户	147592		147592		11000		
个人合伙							
二、按国民经济行业							
农、林、牧、渔业	464226		464226	312	40000		
采矿业	37843		37843				

表9—3 续表7

指标	资金来源						
	合计	上年末结余资金	本年资金来源				
			小计	国家预算内资金	国内贷款	利用外资	#外商直接投资
制造业	21596430	218037	21378393	80284	1499545	229118	118876
电力、燃气及水的生产和供应业	891130	5430	885700		228950		
建筑业	280918	2331	278587		15691		
批发和零售业	968359	20601	947758		183410		
交通运输、仓储和邮政业	5880450	252041	5628409	318088	2724893		
住宿和餐饮业	179066	0	179066		15265	12789	12789
信息传输、计算机服务和软件业	1434310	36254	1398056		143392	20000	20000
金融业	334843	95157	239686		156540		
房地产业	2113756	22496	2091260		200486		
租赁和商务服务业	1120970	15660	1105310		271193	996	
科学研究、技术服务和地质勘查业	2082307	135143	1947164		373332		
水利、环境和公共设施管理业	6125557	279446	5846111	85573	1293343	13090	13090
居民服务和其他服务业	96298	50	96248		25156		
教育	695386	3565	691821	83631	43367		
卫生、社会保障和社会福利业	452149	3180	448969	11010	109884		
文化、体育和娱乐业	1134317	47396	1086921	56434	424279		
公共管理和社会组织	883127	35892	847235	20700	34130		
国际组织							
三、按隶属关系							
中央	4242311	7469	4234842	56690	320974		
省	1665724	160807	1504917	21618	217114		
市	7723780	553236	7170544	401338	3747292	60000	60000
区	5834229	165914	5668315	83725	633687		
其他	27305398	285253	27020145	92661	2863789	215993	104755
四、按建设性质							
新建	23546188	463863	23082325	498096	5088937	130277	33289
扩建	15947608	675347	15272261	155714	2165467	144220	130966
改建	6294258	31389	6262869	1000	443787		

表9—3　续表8

指　标	资金来源						
	合计	上年末结余资金	本年资金来源				
			小计	国家预算内资金	国内贷款	利用外资	#外商直接投资
单纯建造生活设施	57032	0	57032				
迁建	131774	2080	129694	0	8610	500	500
恢复	3393	0	3393				
单纯购置	791189	0	791189	1222	76055	996	0
五、按控股情况							
国有控股	21538821	915267	20623554	563322	5200639	73090	73090
集体控股	2642699	10388	2632311	8402	635728		
私人控股	18578450	228247	18350203	5024	1422144	2196	1200
港澳台商控股	442768	10000	432768	0	13300	9642	9642
外商控股	2052149	2000	2050149	79284	360145	191065	80823
六、按期末项目建设状态							
在建	20874636	842204	20032432	464749	4391411	236621	126379
全部投产	25866805	330475	25536330	191283	3384445	39372	38376
全部停缓建	30001		30001		7000		
七、按投资规模							
100万元以下							
100-500万元	14609		14609	2000	1502		
500-1000万元	152187	240	151947	7730	12570	1496	500
1000-3000万元	6764520	11220	6753300	12022	452225	2300	2300
3000-5000万元	2700546	3005	2697541	10255	229040	16576	15576
5000万元-1亿元	9034400	14325	9020075	29795	1104734	13090	13090
1-5亿元	9124655	312900	8811755	144489	843977	146356	113289
5-10亿元	3979806	229300	3750506	58000	740022	20000	20000
10亿元以上	15000719	601689	14399030	391741	4398786	76175	0

表 9—3　续表 9

指　标	本年资金来源		
	自筹资金		其他资金来源
	小　计	#企事业单位自筹	
总　计	36228571	17127493	511311
一、按登记注册类型			
内资	33955758	16431124	491265
国有	12681479	5479001	157581
集体	1595024	678234	209186
股份合作	5005	2305	
联营企业	18040		
国有联营	9405		
集体联营			
国有与集体联营	2635		
其他联营	6000		
有限责任公司	7303120	3153967	48490
国有独资公司	106987	68723	
其他有限责任公司	7196133	3085244	48490
股份有限公司	1559122	541746	30400
私营	10351472	6502876	37528
其他	442496	72995	8080
港澳台商投资	355353	152404	7478
合资经营	140670	37000	
合作经营			
独资	190409	113080	6328
股份有限	4824	2324	1150
其他港澳台商投资企业	19450		
外商投资	1791636	479098	1800
合资经营	643867	273898	
合作经营	22492	2992	
独资	1102003	180188	1800
股份有限	23274	22020	
其他外商投资企业			
个体经营	125824	64867	10768
个体户	125824	64867	10768
个人合伙			
二、按国民经济行业			
农、林、牧、渔业	416939	191016	6975
采矿业	37843	28288	

表9—3 续表10

指 标	本年资金来源		
	自筹资金		其他资金来源
	小计	#企事业单位自筹	
制造业	19475099	9390081	94347
电力、燃气及水的生产和供应业	627150	149654	29600
建筑业	262896	172081	0
批发和零售业	759748	462569	4600
交通运输、仓储和邮政业	2314754	880694	126674
住宿和餐饮业	150512	124980	500
信息传输、计算机服务和软件业	1234264	747314	400
金融业	83146	19756	
房地产业	1871942	1021256	18832
租赁和商务服务业	828043	359415	5078
科学研究、技术服务和地质勘查业	1498832	420245	75000
水利、环境和公共设施管理业	4410297	2124891	43808
居民服务和其他服务业	71092	51440	
教育	539172	320679	25651
卫生、社会保障和社会福利业	287203	218862	40872
文化、体育和娱乐业	606208	284905	
公共管理和社会组织	753431	159367	38974
国际组织			
三、按隶属关系			
中央	3827578	1125155	29600
省	1119185	876897	3000
市	2854714	1261925	107200
区	4762142	1993823	188761
其他	23664952	11869693	182750
四、按建设性质			
新建	16972542	5922610	392473
扩建	12586693	6666455	76167
改建	5796392	4076975	21690

表 9—3　续表 11

指　标	本年资金来源		
	自筹资金		其他资金来源
	小　计	#企事业单位自筹	
单纯建造生活设施	47919	22084	9113
迁建	120584	31085	
恢复	3393	0	
单纯购置	701048	408284	11868
五、按控股情况			
国有控股	14455322	6194078	187181
集体控股	1778995	796453	209186
私人控股	16855803	9596709	65036
港澳台商控股	402348	149749	7478
外商控股	1417855	255716	1800
六、按期末项目建设状态			
在建	14727753	5771734	211898
全部投产	21477817	11355759	299413
全部停缓建	23001	0	0
七、按投资规模			
100 万元以下			
100-500 万元	10607	6278	500
500-1000 万元	129841	39253	310
1000-3000 万元	6238863	3689076	47890
3000-5000 万元	2384655	1497158	57015
5000 万元 -1 亿元	7783397	3480992	89059
1-5 亿元	7605196	3724398	71737
5-10 亿元	2902484	1350228	30000
10 亿元以上	9173528	3340110	214800

表 9—4 全社会工业投资（2014 年）

计量单位：万元

指 标	施工项目个数（个）	#本年新开工	本年投产项目个数（个）	计 划总投资	#本年新开工	累计完成投 资
总 计	3198	2750	2810	37543365	17402079	32027617
一、按登记注册类型						
内资	2993	2573	2639	34160147	14904549	29248522
国有	199	110	109	10990148	1136490	7947169
集体	31	24	29	574352	136141	569999
股份合作	2	2	2	5005	5005	5005
联营企业	2	2	2	5435	5435	5488
国有联营	1	1	1	2800	2800	2853
集体联营						
国有与集体联营	1	1	1	2635	2635	2635
其他联营						
有限责任公司	640	574	556	7839825	4969851	7002951
国有独资公司	9	8	5	111776	41776	122363
其他有限责任公司	631	566	551	7728049	4928075	6880588
股份有限公司	115	88	98	2795627	900091	2552272
私营	1987	1761	1828	11466295	7627556	10685093
其他	17	12	15	483460	123980	480545
港澳台商投资	48	39	38	579215	376651	470416
合资经营	20	15	17	188989	122600	157656
合作经营						
独资	25	21	19	366309	230134	290986
股份有限	1	1	0	4467	4467	2324
其他港澳台商投资	2	2	2	19450	19450	19450
外商投资	156	137	132	2801703	2118579	2306379
合资经营	50	42	40	1221729	985346	1029248
合作经营	3	3	3	22492	22492	22492
独资	99	90	85	1496612	1107871	1192145
股份有限	4	2	4	60870	2870	62494
其他外商投资企业						
个体经营	1	1	1	2300	2300	2300
个体户	1	1	1	2300	2300	2300
个人合伙						

表 9—4 续表 1

指 标	施工项目个数（个）	#本年新开工	本年投产项目个数（个）	计 划总投资	#本年新开工	累计完成投 资
二、按国民经济行业						
采矿业	8	7	7	25196	20401	23811
煤炭开采和洗选业						
石油和天然气开采业						
黑色金属矿采选业	4	3	3	13595	10695	12155
有色金属矿采选业						
非金属矿采选业	4	4	4	11601	9706	11656
开采辅助活动						
其他采矿业						
制造业	3082	2682	2744	35509016	16807628	30371242
农副食品加工业	59	51	53	748040	352222	679333
食品制造业	45	37	38	365813	315330	336848
饮料制造业	16	14	16	97029	71794	97729
烟草制品业	1	0	0	183017	0	222105
纺织业	44	41	43	121062	112672	124552
纺织服装、鞋、帽制造业	213	198	207	716593	623583	717847
皮革、毛皮、羽毛（绒）及其制品业	24	23	23	72757	70387	70033
木材加工及木、竹、藤、棕、草制品业	26	23	24	97642	89902	96660
家具制造业	32	30	29	125248	119648	115252
造纸及纸制品业	39	34	37	164011	131846	166283
印刷业和记录媒介的复制业	43	40	41	162738	156188	168810
文教体育用品制造业	61	54	56	245437	183992	222918
石油加工、炼焦及核燃料加工业	2	2	1	20022	20022	22172
化学原料及化学制品制造业	269	244	249	4736997	2483968	4456271
医药制造业	88	71	73	1223614	788721	1031622
化学纤维制造业	10	9	10	51019	48029	52441
橡胶和塑料制品业	127	112	116	631919	472327	576628

表9—4 续表2

指 标	施工项目个数（个）	#本年新开工	本年投产项目个数（个）	计划总投资	#本年新开工	累计完成投资
非金属矿物制品业	179	160	162	1100030	927906	1044986
黑色金属冶炼及压延加工业	43	42	37	141363	109777	127355
有色金属冶炼及压延加工业	22	22	19	95465	92480	87448
金属制品业	255	242	233	1248686	1179783	1198687
通用设备制造业	379	327	342	2848679	1755435	2455797
专用设备制造业	301	266	266	3063785	1688374	2718842
汽车制造业	140	113	113	2097943	1025921	1894840
铁路船舶航空航天制造业	76	60	60	1769678	712249	1627143
电气机械及器材制造业	243	195	210	4802608	1133948	3736286
通信设备、计算机及其他电子设备制造业	202	153	169	6471588	1208720	4571206
仪器仪表及文化、办公用机械制造业	94	79	77	1132569	647569	798969
工艺品及其他制造业	42	33	35	916706	227877	901817
废弃资源和废旧材料回收加工业	7	7	5	56958	56958	50362
金属制品、机械和设备修理业						
电力、燃气及水的生产和供应业	108	61	59	2009153	574050	1632564
电力、热力的生产和供应业	57	35	20	1087992	436314	872691
燃气生产和供应业	5	4	4	27721	17937	25792
水的生产和供应业	46	22	35	893440	119799	734081
三、按隶属关系						
中央	131	90	69	7116265	1058747	4872538
省	6	1	1	320110	1500	322502
市	69	27	37	1569390	320967	1189251
区	71	60	58	1460982	270089	900102
其他	2921	2572	2645	27076618	15750776	24743224
四、按建设性质						
新建	732	558	552	19234775	6399838	14822887
扩建	1170	1009	1066	10037013	5747899	9633563
改建	1285	1176	1185	7703493	5082077	7240646

表 9—4 续表 3

指 标	施工项目个数（个）	#本年新开工	本年投产项目个数（个）	计 划总投资	#本年新开工	累计完成投资
单纯建造生活设施						
迁建	11	7	7	364585	172265	158671
恢复						
单纯购置				203499	0	171850
五、按控股情况						
国有控股	277	156	160	13825010	1749686	10372861
集体控股	51	41	42	1067275	232084	1057572
私人控股	2626	2345	2401	18513113	12581591	17134346
港澳台商控股	51	42	41	619314	416750	518825
外商控股	131	117	112	2256466	1754633	1774214
六、按期末项目建设状态						
在建	391	286	3	17704598	5028494	11409032
全部投产	2806	2463	2806	19818767	12353585	20603565
全部停缓建	1	1	1	20000	20000	15020
七、按投资规模						
100 万元以下						
100-500 万元	3	3	3	1500	1500	1517
500-1000 万元	52	49	51	44553	41169	45098
1000-3000 万元	1687	1568	1596	4572356	4146001	4604838
3000-5000 万元	387	342	344	1642922	1449203	1583600
5000 万元 -1 亿元	707	625	620	5991530	5296432	6008364
1-5 亿元	270	140	157	7105506	3792684	5837763
5-10 亿元	37	11	19	2843109	703819	2505407
10 亿元以上	55	12	20	15341889	1971271	11441030

表9—4 续表4

指标	本年完成投资	#本年新开工	#住宅	本年新增固定资产
总计	21523654	1610616	1407	16635188
一、按登记注册类型				
内资	19258102	1607816	1337	15046709
国有	3722852	1968	0	1256760
集体	194027			393037
股份合作	5005			5005
联营企业	5488			5488
国有联营	2853			2853
集体联营				
国有与集体联营	2635			2635
其他联营				
有限责任公司	5302708	1401905		4373655
国有独资公司	53461			47664
其他有限责任公司	5249247	1401905		4325991
股份有限公司	1232474			1116347
私营	8619572	203943	1337	7745877
其他	175976			150540
港澳台商投资	313556			222730
合资经营	114494			105448
合作经营				
独资	177288			102529
股份有限	2324			
其他港澳台商投资企业	19450			14753
外商投资	1949696	2800		1363449
合资经营	875826	2800		497213
合作经营	22492			20754
独资	1028838			786988
股份有限	22540			58494
其他外商投资企业				
个体经营	2300		70	2300
个体户	2300		70	2300
个人合伙				

表 9—4 续表 5

指 标	本年完成投 资	#本年新开工	#住 宅	本年新增固定资产
二、按国民经济行业				
采矿业	22861			22861
煤炭开采和洗选业				
石油和天然气开采业				
黑色金属矿采选业	11205			11205
有色金属矿采选业				
非金属矿采选业	11656			11656
开采辅助活动				
其他采矿业				
制造业	20800679	1608647	1407	15984105
农副食品加工业	474615	27488	36	345330
食品制造业	311763	68003		275294
饮料制造业	74567	4051		72479
烟草制品业	37847			
纺织业	119984	11052	106	118090
纺织服装、鞋、帽制造业	671412	11851	85	684804
皮革、毛皮、羽毛（绒）及其制品业	67808	5685	0	62618
木材加工及木、竹、藤、棕、草制品业	91852	1	30	88052
家具制造业	110682	1		104254
造纸及纸制品业	152223	9201		146585
印刷业和记录媒介的复制业	164905	22295		154307
文教体育用品制造业	199592	2104	329	174752
石油加工、炼焦及核燃料加工业	22172			11843
化学原料及化学制品制造业	2745059	29751	30	2360681
医药制造业	749898	40481		655578
化学纤维制造业	49841	23751		52441
橡胶和塑料制品业	483829	27858	118	451424

表9—4 续表6

指　标	本年完成投　资	#本年新开工	#住　宅	本年新增固定资产
非金属矿物制品业	966315	191058	78	767389
黑色金属冶炼及压延加工业	117124	4706	55	100930
有色金属冶炼及压延加工业	87448	5404	0	74190
金属制品业	1159268	42182	110	896489
通用设备制造业	1811832	81893	115	1541884
专用设备制造业	1829340	245807	222	1533149
汽车制造业	1383757	351788		838860
铁路船舶航空航天制造业	927308	28868		835762
电气机械及器材制造业	2152857	148382	20	1607094
通信设备、计算机及其他电子设备制造业	2946818	125633	73	1416331
仪器仪表及文化、办公用机械制造业	495124	70936		370227
工艺品及其他制造业	345077	28417		226442
废弃资源和废旧材料回收加工业	50362	0		16826
金属制品、机械和设备修理业				
电力、燃气及水的生产和供应业	700114	1969		628222
电力、热力的生产和供应业	451573	1		198783
燃气生产和供应业	16747	0		22108
水的生产和供应业	231794	1968		407331
三、按隶属关系				
中央	2704546			652001
省	68358			1470
市	377891			507151
区	524727			279815
其他	17848132	1610616	1407	15194751
四、按建设性质				
新建	9253828	1016555	50	5607214
扩建	6676976	483239	884	5970210
改建	5397528	110822	445	4927738

表9—4 续表7

指 标	本年完成投 资	#本年新开工	#住 宅	本年新增固定资产
单纯建造生活设施				
迁建	71797		28	50015
恢复				
单纯购置	123525			80011
五、按控股情况				
国有控股	4707522	1968		2054574
集体控股	347461	0		609632
私人控股	13842062	1608648	1407	12106713
港澳台商控股	361965			271139
外商控股	1534280			1028907
六、按期末项目建设状态				
在建	6327491	268378	0	279645
全部投产	15181143	1342238	1407	16340523
全部停缓建	15020			15020
七、按投资规模				
100 万元以下				
100-500 万元	1517			1517
500-1000 万元	42922	1000	0	44012
1000-3000 万元	4385466	405401	1407	4155555
3000-5000 万元	1470834	19823		1444578
5000 万元 -1 亿元	5528449	358076		5266837
1-5 亿元	3861846	433839		3151886
5-10 亿元	1311955	0		888073
10 亿元以上	4920665	392477		1682730

表9—4 续表8

指标名称	资金来源合计	上年末结余资金	本年资金来源合计				
			小计	国家预算内资金	国内贷款	利用外资	#外商直接投资
总计	22494216	223467	22270749	80284	1724495	229118	118876
一、按登记注册类型							
内资	19900722	213467	19687255	1000	1354050	1200	1200
国有	3847164	78191	3768973	1000	344197		
集体	196038	2092	193946		62266		
股份合作	5005		5005				
联营企业	5488		5488				
国有联营	2853		2853				
集体联营							
国有与集体联营	2635		2635				
其他联营							
有限责任公司	5466479	64970	5401509		225910		
国有独资公司	62607	0	62607		0		
其他有限责任公司	5403872	64970	5338902		225910		
股份有限公司	1398418	8000	1390418		88860		
私营	8747700	60214	8687486		609317	1200	1200
其他	234430	0	234430		23500		
港澳台商投资	350436	10000	340436		10840	9642	9642
合资经营	133406	10000	123406		3300	4983	4983
合作经营							
独资	195256		195256		7540	4659	4659
股份有限	2324		2324				
其他港澳台商投资企业	19450		19450				
外商投资	2240758		2240758	79284	359605	218276	108034
合资经营	1114548		1114548	79284	338505	136175	60000
合作经营	22492		22492				
独资	1080124		1080124		20780	82101	48034
股份有限	23594		23594		320		
其他外商投资企业							
个体经营	2300		2300				
个体户	2300		2300				
个人合伙							

表 9—4 续表 9

指标名称	资金来源合计	上年末结余资金	本年资金来源合计				
			小计	国家预算内资金	国内贷款	利用外资	#外商直接投资
二、按国民经济行业							
采矿业	24334		24334				
煤炭开采和洗选业							
石油和天然气开采业							
黑色金属矿采选业	12678		12678				
有色金属矿采选业							
非金属矿采选业	11656		11656				
开采辅助活动							
其他采矿业							
制造业	21578752	218037	21360715	80284	1495545	229118	118876
农副食品加工业	485928		485928		15350		
食品制造业	316308		316308		4370		
饮料制造业	74580		74580		2640		
烟草制品业	40000	24734	15266		0		
纺织业	118197	300	117897		3600		
纺织服装、鞋、帽制造业	670532	400	670132		37095		
皮革、毛皮、羽毛（绒）及其制品业	67398		67398		8055		
木材加工及木、竹、藤、棕、草制品业	88323		88323		6650	1200	1200
家具制造业	110508		110508		4520		
造纸及纸制品业	152923		152923		5867		
印刷业和记录媒介的复制业	162264		162264		10830		
文教体育用品制造业	199816	800	199016		4400		
石油加工、炼焦及核燃料加工业	23277	0	23277		0		
化学原料及化学制品制造业	3087688	10300	3077388	79284	437031	109242	0
医药制造业	845434	3840	841594		25990		
化学纤维制造业	44842		44842		0		
橡胶和塑料制品业	497790		497790		38311		

表9—4 续表10

指标名称	资金来源合计	上年末结余资金	本年资金来源合计				
			小计	国家预算内资金	国内贷款	利用外资	#外商直接投资
非金属矿物制品业	972493	6372	966121		52260		
黑色金属冶炼及压延加工业	112769		112769		18930		
有色金属冶炼及压延加工业	86780		86780		6850		
金属制品业	1183735		1183735		144866		
通用设备制造业	1866464	13300	1853164		124705	1100	1100
专用设备制造业	1900920	31445	1869475		200872	25983	24983
汽车制造业	1345298	0	1345298		16010	5934	5934
铁路、船舶航空航天制造业	901659	32000	869659		9570		
电气机械及器材制造业	2243300	65894	2177406		107470	4659	4659
通信设备、计算机及其他电子设备制品业	3029170	25891	3003279		42360	81000	81000
仪器仪表及文化、办公用机械制造业	542046	2761	539285	1000	19438		
工艺品及其他制造业	350017	0	350017		115125		
废弃资源和废旧材料回收加工业	58293	0	58293		32380		
金属制造品、机械和设备修理业							
电力、燃气及水的生产和供应业	891130	5430	885700		228950		
电力、热力的生产和供应业	644040	500	643540		211750		
燃气生产和供应业	15794	0	15794		0		
水的生产和供应业	231296	4930	226366		17200		
三、按隶属关系							
中央	2872384	200	2872184		266850		
省	74961	27495	47466		3000		
市	457306	4500	452806	1000	17200	60000	60000
区	537863	730	537133	0	6000		
其他	18551702	190542	18361160	79284	1431445	169118	58876
四、按建设性质							
新建	9986198	185063	9801135	79284	785007	97988	1000
扩建	6803343	8170	6795173	0	493701	131130	117876
改建	5486774	30234	5456540	1000	436577	0	0

表9—4　续表11

指标名称	资金来源合计	上年末结余资金	本年资金来源				
			小计	国家预算内资金	国内贷款	利用外资	#外商直接投资
单纯建造生活设施							
迁建	93759		93759	0	8610		
恢复							
单纯购置	124142		124142	0	600		
五、按控股情况							
国有控股	5042544	102925	4939619	1000	376497	60000	60000
集体控股	350396	8161	342235		73206	0	0
私人控股	14021893	102381	13919512		849447	1200	1200
港澳台商控股	398891	10000	388891		12300	9642	9642
外商控股	1794017	0	1794017	79284	318145	158276	48034
六、按期末项目建设状态							
在建	7315951	128327	7187624	80284	813808	211242	101000
全部投产	15158264	95140	15063124		903687	17876	17876
全部停缓建	20001		20001		7000		
七、按投资规模							
100万元以下							
100-500万元	1517		1517				
500-1000万元	42253	240	42013		1000		
1000-3000万元	4375323	5990	4369333		349502	2300	2300
3000-5000万元	1507410	0	1507410		83043	16576	15576
5000万元-1亿元	5659583	5150	5654433		381128		
1-5亿元	4231522	79192	4152330	1000	325155	134067	101000
5-10亿元	1357070	0	1357070	0	136112		
10亿元以上	5319538	132895	5186643	79284	448555	76175	0

表9—4 续表12

指 标	本年资金来源		
	自筹资金		其他资金来源
	小计	#企事业单位自筹	
总 计	20112905	9549401	123947
一、按登记注册类型			
内资	18215186	8962439	115819
国有	3423776	938711	
集体	125251	61675	6429
股份合作	5005	2305	
联营企业	5488		
国有联营	2853		
集体联营			
国有与集体联营	2635		
其他联营			
有限责任公司	5129709	2248520	45890
国有独资公司	62607	24343	
其他有限责任公司	5067102	2224177	45890
股份有限公司	1271658	492123	29900
私营	8044869	5207875	32100
其他	209430	11230	1500
港澳台商投资	313626	146364	6328
合资经营	115123	30960	0
合作经营			
独资	176729	113080	6328
股份有限	2324	2324	
其他港澳台商投资企业	19450	0	
外商投资	1581793	440598	1800
合资经营	560584	240398	
合作经营	22492	2992	
独资	975443	175188	1800
股份有限	23274	22020	0
其他外商投资企业			
个体经营	2300		
个体户	2300		
个人合伙			

表9—4 续表13

指标	本年资金来源		
	自筹资金		其他资金来源
	小计	#企事业单位自筹	
二、按国民经济行业			
采矿业	24334	14779	
煤炭开采和洗选业			
石油和天然气开采业			
黑色金属矿采选业	12678	5893	
有色金属矿采选业			
非金属矿采选业	11656	8886	
开采辅助活动			
其他采矿业			
制造业	19461421	9384968	94347
农副食品加工业	470578	218281	
食品制造业	311938	155615	
饮料制造业	71940	44607	
烟草制品业	15266	15266	
纺织业	113447	65938	850
纺织服装、鞋、帽制造业	625087	385957	7950
皮革、毛皮、羽毛（绒）及其制品业	59343	38211	
木材加工及木、竹、藤、棕、草制品业	80473	55442	
家具制造业	105988	63513	
造纸及纸制品业	140627	101946	6429
印刷业和记录媒介的复制业	150934	93270	500
文教体育用品制造业	193466	90741	1150
石油加工、炼焦及核燃料加工业	23277	11434	0
化学原料及化学制品制造业	2421231	651584	30600
医药制造业	814604	327608	1000
化学纤维制造业	44842	41135	0
橡胶和塑料制品业	451651	243792	7828

表9—4 续表14

指标	本年资金来源		
	自筹资金		其他资金来源
	小计	#企事业单位自筹	
非金属矿物制品业	912161	601540	1700
黑色金属冶炼及压延加工业	93839	57513	0
有色金属冶炼及压延加工业	77570	59550	2360
金属制品业	1035539	615613	3330
通用设备制造业	1712959	851490	14400
专用设备制造业	1634720	931732	7900
汽车制造业	1323354	883810	0
船舶航空航天制造业	857889	426601	2200
电气机械及器材制造业	2064177	1047687	1100
通信设备、计算机及其他电子设备	2876469	794453	3450
仪器仪表及文化、办公用机械制造业	517247	325056	1600
工艺品及其他制造业	234892	173416	
废弃资源和废旧材料回收加工业	25913	12167	
金属制品、机械和设备修理业			
电力、燃气及水的生产和供应业	627150	149654	29600
电力、热力的生产和供应业	402190	90335	29600
燃气生产和供应业	15794	15794	
水的生产和供应业	209166	43525	
三、按隶属关系			
中央	2575734	467313	29600
省	44466	27966	
市	374606	252370	
区	531133	342487	
其他	16586966	8459265	94347
四、按建设性质			
新建	8773156	3481134	65700
扩建	6133285	2651573	37057
改建	4997773	3375196	21190

表 9—4　续表 15

指　标	本年资金来源		
	自筹资金		其他资金来源
	小计	#企事业单位自筹	
单纯建造生活设施			
迁建	85149	28885	
恢复			
单纯购置	123542	12613	
五、按控股情况			
国有控股	4472522	1428302	29600
集体控股	262600	174094	6429
私人控股	13023125	7540063	45740
港澳台商控股	360621	143709	6328
外商控股	1236512	245716	1800
六、按期末项目建设状态			
在建	6013242	1913224	69048
全部投产	14086662	7636177	54899
全部停缓建	13001		
七、按投资规模			
100 万元以下			
100-500 万元	1517	1017	
500-1000 万元	41013	4900	
1000-3000 万元	3984941	2486558	32590
3000-5000 万元	1390491	902147	17300
5000 万元 -1 亿元	5258848	2350333	14457
1-5 亿元	3692108	1631859	
5-10 亿元	1220958	641201	
10 亿元以上	4523029	1531386	59600

表 9—5　城乡投资新增主要生产能力或效益（2014 年）

能力名称	本年新增生产能力
石油加工：蒸馏设备能力（处理万吨/年）	1600
裂化设备能力（处理万吨/年）	530
生铁（万吨/年）	0.9
其中：电解镍（吨/年）	4000
铝加工（吨/年）	2000
其他发电（万千瓦）	23000
输电线路长度（110KV 及以上）	286.3
水泥（万吨/年）	12463
钾肥（吨/年）	2000
化学农药原药（吨/年）	50800
塑料树脂及共聚物（吨/年）	42750
合成橡胶（吨/年）	800
内燃机（台/年）	61200
内燃机（万千瓦/年）	528
轿车制造（辆/年）	88000
化学纤维（吨/年）	1500
新建公路（公里）	174.09
其中：高速公路（公里）	29.6
一级公路（公里）	47.89
二级公路（公里）	54.13
改建公路（公里）	454.93
二级公路（公里）	78.93
新建独立公路桥梁（延长米）	560
新建独立公路桥梁（座）	1
新（扩）建港口码头 年吞吐量：万吨	167
新（扩）建港口码头（个）	2
民航机场跑道（条）	1
民航机场跑道（米）	3600
候机楼（座）	1
候机楼（平方米）	260000

表 9—6　房地产开发投资、资金和土地情况（2014 年）

计量单位：万元

项 目	合计	内资				
		内资小计	国有	集体	股份合作	国有联营
计划总投资	70502173	56629810	8150976			
累计完成投资	46262249	37969547	6381814			
本年完成投资额	11254900	9250635	910382			
建筑工程	6579450	5477875	598995			
安装工程	284980	249360	16395			
设备工器具购置	305560	252337	9865			
其它费用	4084910	3271063	285127			
# 土地购置费	3458338	2725306	140264			
住宅	7962697	6651647	758639			
其中：90 平方米及以下	2888742	2681408	445550			
144 平方米以上	1521295	1152725	19276			
别墅、高档公寓	695396	545693	174398			
办公楼	719849	511353	48814			
商业营业用房	1468333	1217196	46871			
其他	1104021	870439	56058			
本年新增固定资产	5786386	4861913	180869			

表9—6 续表1

项 目	内资					
	国有与集体联营企业	其他联营企业	有限责任公司	国有独资公司	其他有限责任公司	股份有限公司
计划总投资				1115572	28176241	1471978
累计完成投资				873278	18123992	1032076
本年完成投资额				331778	4619004	255482
建筑工程				301440	2533530	205702
安装工程				8289	107270	9493
设备工器具购置				13106	129924	16136
其它费用				8943	1848280	24151
# 土地购置费				1549	1633691	15689
住宅				223982	3115488	225683
其中：90平方米及以下				145596	1139250	142499
144平方米以上				5539	595898	19491
别墅、高档公寓				4236	134423	13737
办公楼				32902	330233	2650
商业营业用房				30043	709831	23696
其他				44851	463452	3453
本年新增固定资产				234416	1692982	96646

表9—6　续表2

项 目	内资					
	私营企业小计	私营独资	私营合伙	私营有限责任公司	私营股份有限公司	其他企业
计划总投资	17715043	1378486		16058153	278404	
累计完成投资	11558387	540986		10811461	205940	
本年完成投资额	3133989	205760		2889379	38850	
建筑工程	1838208	106101		1701707	30400	
安装工程	107913	10302		96666	945	
设备工器具购置	83306	1891		79791	1624	
其它费用	1104562	87466		1011215	5881	
# 土地购置费	934113	76407		855707	1999	
住宅	2327855	174787		2131658	21410	
其中：90平方米及以下	808513	14465		793118	930	
144平方米以上	512521	72353		436756	3412	
别墅、高档公寓	218899	28663		190236	0	
办公楼	96754	4767		86840	5147	
商业营业用房	406755	9654		389800	7301	
其他	302625	16552		281081	4992	
本年新增固定资产	2657000	42451		2610478	4071	

表9—6 续表3

项 目	小计	港澳台商投资		
		与港澳台商合资经营	港澳台商独资	港澳台商股份
计划总投资	8524522	3383020	4747440	119062
累计完成投资	5227564	2188406	2868633	113735
本年完成投资额	1419615	460244	894391	8190
建筑工程	714421	241227	463602	8190
安装工程	27979	13539	14440	
设备工器具购置	33500	16415	17085	
其它费用	643715	189063	399264	
# 土地购置费	571087	175655	340309	
住宅	823713	189369	577554	
其中：90 平方米及以下	110856	22797	88059	
144 平方米以上	234383	53850	180533	
别墅、高档公寓	148772	634	91348	
办公楼	203566	110603	92963	
商业营业用房	225647	80291	137166	8190
其他	166689	79981	86708	
本年新增固定资产	656346	371133	284583	630

表9—6　续表4

项 目	小 计	外商投资			
		中外合资经营	中外合作经营	外资企业	外商投资股份有限公司
计划总投资	5347841	1652161	141000	3554680	
累计完成投资	3065138	1004449	151520	1909169	
本年完成投资额	584650	209545	28216	346889	
建筑工程	387154	97390	27164	262600	
安装工程	7641	279		7362	
设备工器具购置	19723	2220		17503	
其它费用	170132	109656	1052	59424	
# 土地购置费	161945	107875	1052	53018	
住宅	487337	174125	26326	286886	
其中：90 平方米及以下	96478	38442	20840	37196	
144 平方米以上	134187	28510	5	105672	
别墅、高档公寓	931			931	
办公楼	4930	2077		2853	
商业营业用房	25490	4262	10	21218	
其他	66893	29081	1880	35932	
本年新增固定资产	268127	15	67146	200966	

表9—6 续表5

项 目	合计	内 资				
		内资小计	国 有	集 体	股份合作	国有联营
本年资金来源合计	27849187	22555239	1856388			
1. 上年末结余资金	6369653	5019817	455445			
2. 本年资金来源小计	21479534	17535422	1400943			
（1）国内贷款	5330131	4679728	766520			
其中：银行贷款	4660656	4015253	486520			
非银行金融机构贷款	669475	664475	280000			
（2）利用外资	123481	200				
其中：外商直接投资	123281					
（3）自筹资金	5802129	4954301	358055			
其中：自有资金	2732949	2351353	279850			
（4）其他资金来源	10223793	7901193	276368			
其中：定金及预收款	5962646	4672070	167987			
个人按揭贷款	3868751	2952201	74654			
本年各项应付款合计	2054374	1776181	217906			
其中：工程款	1320801	1152498	161136			

表 9—6　续表 6

项　目	内　资					
	国有集体联营企业	其他联营企业	有限责任公司	国有独资公司	其他有限责任公司	股份有限公司
本年资金来源合计				789356	11634469	573736
1. 上年末结余资金				276973	2496947	55861
2. 本年资金来源小计				512383	9137522	517875
（1）国内贷款				248800	2577492	62218
其中：银行贷款				248800	2449635	12000
非银行金融机构贷款					127857	50218
（2）利用外资						
其中：外商直接投资						
（3）自筹资金				106244	2332114	170324
其中：自有资金				17454	1434411	18952
（4）其他资金来源				157339	4227916	285333
其中：定金及预收款				132664	2483979	169037
个人按揭贷款				7109	1572026	114496
本年各项应付款合计				20641	883772	15372
其中：工程款				20341	536617	15372

表9—6　续表7

项目	内资					
	私营企业小计	私营独资企业	私营合伙企业	私营有限责任公司	私营股份有限公司	其他企业
本年资金来源合计	7701290	704347		6802315	194628	
1. 上年末结余资金	1734591	90789		1598280	45522	
2. 本年资金来源小计	5966699	613558		5204035	149106	
（1）国内贷款	1024698	60700		956998	7000	
其中：银行贷款	818298	60700		750598	7000	
非银行金融机构贷款	206400			206400		
（2）利用外资	200			200		
其中：外商直接投资						
（3）自筹资金	1987564	410630		1475452	101482	
其中：自有资金	600686	37800		562886	0	
（4）其他资金来源	2954237	142228		2771385	40624	
其中：定金及预收款	1718403	77449		1613617	27337	
个人按揭贷款	1183916	55470		1115862	12584	
本年各项应付款合计	638490	22938		605264	10288	
其中：工程款	419032	13149		395980	9903	

表9—6　续表8

项　目	小计	港澳台商投资		
		与港澳台商合资经营	港澳台商独资	港澳台商股份
本年资金来源合计	3425667	1271932	2080371	16864
1. 上年末结余资金	853399	486208	359988	6203
2. 本年资金来源小计	2572268	785724	1720383	10661
（1）国内贷款	362903	44604	318299	
其中：银行贷款	357903	39604	318299	
非银行金融机构贷款	5000	5000		
（2）利用外资	107968		107968	
其中：外商直接投资	107968		107968	
（3）自筹资金	620646	125714	439432	
其中：自有资金	282221	52220	228501	
（4）其他资金来源	1480751	615406	854684	10661
其中：定金及预收款	904134	351514	543761	8859
个人按揭贷款	576617	263892	310923	1802
本年各项应付款合计	151443	74892	58865	17350
其中：工程款	69482	32828	27001	9317

表9—6 续表9

项 目	小计	外商投资			
		中外合资经营	中外合作经营	外资企业	外商投资股份有限公司
本年资金来源合计	1868281	667506	59974	1140801	
1. 上年末结余资金	496437	130782	3685	361970	
2. 本年资金来源小计	1371844	536724	56289	778831	
（1）国内贷款	287500	43000		244500	
其中：银行贷款	287500	43000		244500	
非银行金融机构贷款					
（2）利用外资	15313			15313	
其中：外商直接投资	15313			15313	
（3）自筹资金	227182	104003		123179	
其中：自有资金	99375	94375		5000	
（4）其他资金来源	841849	389721	56289	395839	
其中：定金及预收款	386442	153346	26005	207091	
个人按揭贷款	339933	126175	30284	183474	
本年各项应付款合计	126750	75482	300	50968	
其中：工程款	98821	71411	300	27110	

表9—7　房地产开发施工、竣工和销售按用途分组（2014年）

项　目	计量单位	合计数	住宅	其中		
				90平方米及以下	144平方米以上	别墅、高档公寓
房屋施工面积	平方米	65402311	44010647	18029944	7316119	2911733
其中：新开工面积	平方米	12173435	9064233	3482073	819637	861629
房屋竣工面积	平方米	9674028	7222911	3008252	1033352	178319
其中：不可销售面积	平方米	859144	212466	100972	23690	561
商品住宅竣工套数	套	0	71471	39266	5138	1119
竣工房屋价值	万元	3095520	2388608	947762	437518	50300
出租房屋面积	平方米	68808	18741	530	0	0
商品房销售面积	平方米	12075786	11247311	5328639	1679210	577939
其中：现房销售面积	平方米	3313068	3087029	2530185	197750	108376
期房销售面积	平方米	8762718	8160282	2798454	1481460	469563
商品房销售额	万元	13521953	12332035	4040693	3058716	1108497
其中：现房销售额	万元	2232624	1984733	1396085	365026	177026
期房销售额	万元	11289329	10347302	2644608	2693690	931471
商品住宅销售套数	套		112978	67076	8274	3385
其中：现房销售套数	套		36366	32539	690	512
期房销售套数	套		76612	34537	7584	2873

表9—7 续表

项 目	计量单位	办公楼	商业营业用房	其他
房屋施工面积	平方米	3904529	7196897	10290238
其中：新开工面积	平方米	493289	1046022	1569891
房屋竣工面积	平方米	250393	636630	1564094
其中：不可销售面积	平方米	10000	135413	501265
商品住宅竣工套数	套			
竣工房屋价值	万元	131922	183885	391105
出租房屋面积	平方米	2000	47927	140
商品房销售面积	平方米	246771	423461	158243
其中：现房销售面积	平方米	40869	74318	110852
期房销售面积	平方米	205902	349143	47391
商品房销售额	万元	374000	711979	103939
其中：现房销售额	万元	62411	133037	52443
期房销售额	万元	311589	578942	51496
商品住宅销售套数	套			
其中：现房销售套数	套			
期房销售套数	套			

表 9—8 房地产企业财务状况（2014 年）

项 目	计量单位	合 计	内资				
			内资小计	国有	集体	股份合作	国有联营
企业个数	个	606	529	26			
流动资产合计	千元	658836654	549543155	80465280			
其中：存货		363065125	305144877	33290309			
固定资产原价	千元	20502850	15604421	323786			
累计折旧	千元	4371283	3485276	86449			
其中：本年折旧		1007002	786545	11176			
资产总计	千元	787005239	651361896	89934154			
负债合计	千元	605902274	527752952	69130163			
所有者权益合计	千元	181815250	124321229	20556191			
营业收入	千元	153238678	127752202	5227211			
营业成本	千元	107978333	92627173	3520478			
营业税金及附加	千元	13479689	10465815	476542			
营业利润	千元	24414498	19560290	885167			
其他业务利润	千元	304108	196882	12702			
投资收益	千元	5039847	5264450	137965			
补贴收入	千元	40122	41409	6543			
营业外收入	千元	873800	856029	619014			
营业外支出	千元	575295	506312	12376			
利润总额	千元	24778454	19902347	1491370			
应交所得税	千元	5160773	3953489	199851			
应付职工薪酬（本年贷方累计发生数）	千元	2718008	2193502	130736			

表 9—8 续表 1

项 目	计量单位	内资					
		国有与集体联营企业	其他联营企业	有限责任公司	国有独资公司	其他有限责任公司	股份有限公司
企业个数	个				13	240	23
流动资产合计	千元				10427794	288155815	14976445
其中：存货					6133806	164350192	6454125
固定资产原价	千元				90127	10022624	1320576
累计折旧	千元				22468	1978323	307417
其中：本年折旧					5536	359009	78514
资产总计	千元				24178627	344453275	19501057
负债合计	千元				19999128	283637375	15716156
所有者权益合计	千元				3523821	62551050	3784901
营业收入	千元				3034211	69010176	5758937
营业成本	千元				2485257	51197378	4228518
营业税金及附加	千元				212685	5173164	348411
营业利润	千元				377512	12491874	850694
其他业务利润	千元				1198	156058	9878
投资收益	千元				159630	4889136	23392
补贴收入	千元				0	6379	100
营业外收入	千元				26635	90378	23830
营业外支出	千元				2811	266474	109986
利润总额	千元				401336	12308553	764538
应交所得税	千元				86350	2799030	49266
应付职工薪酬（本年贷方累计发生数）	千元				53915	1269570	84603

表9—8　续表2

项　目	计量单位	内资					
		私营企业小计	私营独资企业	私营合伙企业	私营有限责任公司	私营股份有限公司	其他企业
企业个数	个	227	9		206	12	
流动资产合计	千元	155517821	9686763		143606324	2224734	
其中：存货		94916445	6297293		87478337	1140815	
固定资产原价	千元	3847308	10216		3565701	271391	
累计折旧	千元	1090619	5145		1061677	23797	
其中：本年折旧		332310	952		324420	6938	
资产总计	千元	173294783	9954635		160371921	2968227	
负债合计	千元	139270130	7807993		129145591	2316546	
所有者权益合计	千元	33905266	2146642		31106943	651681	
营业收入	千元	44721667	2993033		40449024	1279610	
营业成本	千元	31195542	2207680		28221603	766259	
营业税金及附加	千元	4255013	368539		3800975	85499	
营业利润	千元	4955043	277314		4311587	366142	
其他业务利润	千元	17046	0		16267	779	
投资收益	千元	54327	152		54073	102	
补贴收入	千元	28387	2400		25987	0	
营业外收入	千元	96172	2633		93384	155	
营业外支出	千元	114665	3025		110655	985	
利润总额	千元	4936550	276922		4294316	365312	
应交所得税	千元	818992	7670		807237	4085	
应付职工薪酬（本年贷方累计发生数）	千元	654678	78897		564568	11213	

表9—8 续表3

项 目	计量单位	小 计	港澳台商投资		
			与港澳台商合资经营	港澳台商独资经营	港澳台商投资股份
企业个数	个	54	23	28	1
流动资产合计	千元	74352439	27652311	44875728	89790
其中：存货		42181394	13717710	26694480	44260
固定资产原价	千元	3570076	1276663	2291242	2171
累计折旧	千元	544828	196560	346521	1747
其中：本年折旧		158535	36832	119956	1747
资产总计	千元				
负债合计	千元	54093781	22173709	31804970	89504
所有者权益合计	千元	40356041	14668714	23570397	407917
营业收入	千元	14739943	8362992	6197666	179285
营业成本	千元	8815793	4982600	3733950	99243
营业税金及附加	千元	1771208	1132360	587611	51237
营业利润	千元	2360351	1720432	615774	24327
其他业务利润	千元	87347	62924	24423	
投资收益	千元	-276965	24529	-301494	
补贴收入	千元	-1287		-1287	
营业外收入	千元	14045	6399	7607	32
营业外支出	千元	37133	19160	17948	25
利润总额	千元	2337263	1707671	605433	24334
应交所得税	千元	672951	453659	213205	6087
应付职工薪酬（本年贷方累计发生数）	千元	323876	114273	208933	378

表9—8　续表4

项　目	计量单位	小 计	外商投资			
			中外合资经营	中外合作经营	外资企业	外商投资股份有限公司
企业个数	个	23	8	2	13	
流动资产合计	千元	34941060	10414845	1804370	22721845	
其中：存货		15738854	3812162	727246	11199446	
固定资产原价	千元	1328353	41826	417230	869297	
累计折旧	千元	341179	23603	64014	253562	
其中：本年折旧		61922	2893	19823	39206	
资产总计	千元					
负债合计	千元	24055541	8567795	1710001	13777745	
所有者权益合计	千元	17137980	2950679	452810	13734491	
营业收入	千元	10746533	1440410	707192	8598931	
营业成本	千元	6535367	822187	487674	5225506	
营业税金及附加	千元	1242666	119117	80253	1043296	
营业利润	千元	2493857	408821	90337	1994699	
其他业务利润	千元	19879	126	16769	2984	
投资收益	千元	52362	52318	44		
补贴收入	千元					
营业外收入	千元	3726	1953	278	1495	
营业外支出	千元	31850	868	14830	16152	
利润总额	千元	2538844	462224	75785	2000835	
应交所得税	千元	534333	38972	0	495361	
应付职工薪酬（本年贷方累计发生数）	千元	200630	16296	5373	178961	

表 9—9 全市建筑业企业基本情况（2014 年）

（总承包、专业承包及劳务分包）

指标名称	计量单位	合计	总承包及专业承包	劳务分包
企业个数	个	1729	1487	242
建筑业总产值	千元	326643492	321779957	4863535
固定资产原价	千元	28735705	28581646	154059
#本年折旧	千元	1971948	1950175	21773
资产合计	千元	312577558	310734864	1842694
负债合计	千元	210859774	209895551	964223
实收资本	千元	44702555	44180602	521953
营业收入	千元	326199057	321136997	5062060
#主营业务收入	千元	320090451	315092151	4998300
营业成本	千元	288686262	283634838	5051424
#主营业务成本	千元	282707946	278129411	4578535
营业税金及附加	千元	10098710	9928145	170565
#主营业务税金及附加	千元	10025906	9857574	168332
销售费用	千元	977316	963082	14234
管理费用	千元	9790826	9618872	171954
财务费用	千元	3063834	3054103	9731
利润总额	千元	14299312	14237679	61633
应付职工薪酬（本年贷方累计发生额）	千元	46094060	42896287	68331

表9—10　全市建筑业企业生产情况

（总承包及专业承包）

指　标	2014年	2013年	2014年为上年%
建筑合同额（千元）	549796260	492138801	111.7
上年结转建筑合同额	250972898	202211997	124.1
本年新签建筑合同额	298823362	289926804	103.1
建筑业总产值（千元）	321779957	311248264	103.4
建筑工程产值	293099951	282760736	103.7
安装工程产值	24618848	25469188	96.7
其他产值	4061158	3018340	134.5
竣工产值（千元）	234235396	213918807	109.5
房屋施工面积（万平方米）	19565.64	18114.76	108.0
房屋竣工面积（万平方米）	6315.87	6096.80	103.6
# 住宅	4117.06	4101.80	100.4
建筑业全员劳动生产率（元/人）	293118	266198	110.1

表 9—11　按行业分建筑业企业生产情况（2014 年）

（总承包及专业承包）

指　　标	房屋建筑业	土木工程建筑业
企业个数（个）	421	340
建筑合同额（千元）	336740721	127894426
上年结转建筑合同额	169991386	51318913
本年新签建筑合同额	166749335	76575513
建筑业总产值（千元）	195692471	69028332
建筑工程产值	191160971	65789332
安装工程产值	1224631	2706774
其他产值	3306869	532226
竣工产值（千元）	151627288	42146027
房屋施工面积（万平方米）	18389.55	822.26
房屋竣工面积（万平方米）	6018.45	168.1
# 住宅	3919.17	103.73
全员劳动生产率（元 / 人）	288841	332617

表 9—11　续表

指　　标	建筑安装业	建筑装饰和其他建筑业
企业个数（个）	356	370
建筑合同额（千元）	58676842	26484271
上年结转建筑合同额	23955470	5707129
本年新签建筑合同额	34721372	20777142
建筑业总产值（千元）	33223045	23836109
建筑工程产值	13088125	23061523
安装工程产值	20005399	682044
其他产值	129521	92542
竣工产值（千元）	21406703	19055378
房屋施工面积（万平方米）	328.74	25.09
房屋竣工面积（万平方米）	107.69	21.63
# 住宅	74.33	19.83
全员劳动生产率（元 / 人）	302901	231286

表 9—12　按经济类型分建筑业企业生产情况（2014 年）

（总承包及专业承包）

指　标	总　计	国有经济	集体经济	其他经济
企业个数（个）	1487	21	15	1451
建筑合同额（千元）	549796260	12838936	554739	536402585
上年结转建筑合同额	250972898	4343411	149877	246479610
本年新签建筑合同额	298823362	8495525	404862	289922975
建筑业总产值（千元）	321779957	6500718	539548	314739691
建筑工程产值	293099951	6432688	510418	286156845
安装工程产值	24618848	68030	24005	24526813
其他产值	4061158		5125	4056033
竣工产值（千元）	234235396	4695708	579566	228960122
房屋施工面积（万平方米）	19565.64	81.42	27.79	19456.43
房屋竣工面积（万平方米）	6315.87	14.6	14.2	6287.07
# 住宅	4117.06	2.79	3.65	4110.62
全员劳动生产率（元 / 人）	293118	489070	168188	291080

表9—13　全市建筑业企业财务情况（2014年）

（总承包及专业承包）

计量单位：千元

指　标	总　计	国有经济	集体经济	其他经济
资产合计	310734864	14490786	609313	295634765
流动资产合计	243135332	11625425	453357	231056550
#存　货	56710135	1785907	104628	54819600
固定资产合计	19565476	564606	79830	18921040
固定资产原价	28581646	1080798	121314	27379534
累计折旧	12810136	657118	54375	12098643
#本年折旧	1950175	78705	9063	1862407
负债合计	209895551	10028968	253785	199612798
所有者权益合计	100839313	4461818	355528	96021967
营业收入	321136997	11578196	470992	309087809
#主营业务收入	315092151	11482315	467191	303142645
营业成本	283634838	10612927	385214	272636697
#主营业务成本	278129411	10537019	379008	267213384
营业税金及附加	9928145	217077	17309	9693759
#主营业务税金及附加	9857574	198855	17106	9641613
销售费用	963082	10241	867	951974
管理费用	9618872	404658	40844	9173370
财务费用	3054103	23951	2689	3027463
利润总额	14237679	338933	20208	13878538
应付职工薪酬（本年贷方累计发生额）	42896287	1015268	103958	41777061

表 9—14　主要年份全社会固定资产投资完成额

计量单位：亿元

年　份	全社会固定资产投资完成额	#城镇固定资产投资	#房地产开发投资
1949	0.02	0.02	
1952	0.26	0.26	
1957	1.18	1.18	
1962	0.76	0.76	
1965	1.44	1.44	
1970	1.53	1.53	
1975	2.96	2.96	
1978	6.63	6.35	
1979	7.01	6.86	
1980	7.82	7.56	
1985	27.65	24.28	
1990	42.65	36.80	
1991	49.71	40.91	2.58
1995	233.86	133.63	59.45
1997	351.66	223.79	72.89
1998	376.60	217.96	101.06
1999	373.01	211.94	97.91
2000	412.20	241.95	99.34
2004	1201.88	703.92	292.88
2005	1402.72	820.30	296.14
2007	1867.96	1041.95	445.97
2008	2154.17	1226.16	508.17
2009	2668.03	1572.08	595.68
2010	3306.05	2029.87	754.76
2011	4010.03	2563.86	896.73
2012	4683.45	3122.05	1015.76
2013	5265.55	4620.72	1120.18
2014	5460.03	—	1125.49

注：城镇固定资产投资包括以前年度基本建设、更新改造、城镇集体和其他投资，2005年起不再细分。

主要统计指标解释

全社会固定资产投资 固定资产投资是社会固定资产再生产的主要手段。固定资产投资额是以货币表现的建造和购置固定资产活动的工作量，它是反映固定资产投资规模、速度、比例关系和使用方向的综合性指标。全社会固定资产投资包括城镇固定资产投资、房地产开发投资、农村非农户投资。

房地产开发投资 指房地产开发公司、商品房建设公司及其他房地产开发法人单位和附属于其他法人单位实际从事房地产开发或经营的活动单位统一开发的包括统代建、拆迁还建的住宅、厂房、仓库、饭店、宾馆、度假村、写字楼、办公楼等房屋建筑物和配套的服务设施，土地开发工程（如道路、给水、排水、供电、供热、通讯、平整场地等基础设施工程）的投资；不包括单纯的土地交易活动。

固定资产投资按国民经济行业分 建设项目归哪个行业，按其建成投产后的主要产品或主要用途及社会经济活动性质来确定。基本建设按建设项目划分国民经济行业，更新改造、国有单位其他固定资产投资及城镇集体投资根据整个企业、事业单位所属的行业来划分。一般情况下，一个建设项目或一个企业、事业单位只能属于一种国民经济行业。

固定资产投资按建设性质分 建设项目的性质一般分为新建、扩建、改建、迁建、恢复。基本建设按建设项目划分建设性质，更新改造、国有单位其他固定资产投资、城镇集体投资及农村投资等按整个企业、事业单位的建设情况确定建设性质。

（1）新建：一般是指从无到有、“平地起家”新开始建设的单位。有的单位原有的基础很小，经过建设后其新增加的固定资产价值超过原有固定资产价值（原值）三倍以上的也算新建。

（2）扩建：一般是指为扩大原有产品的生产能力，在厂内或其他地点增建主要生产车间（或主要工程）、独立的生产线或分厂的企业；事业单位和行政单位在原单位增建业务用房（如学校增建教学用房、医院增建门诊部或病床用房、行政机关增建办公楼等）也作为扩建。

（3）改建：一般是指现有企业、事业单位为了技术进步，提高产品质量，增加花色品种，促进产品升级换代，降低消耗和成本，加强资源综合利用和三废治理、劳保安全等，采用新技术、新工艺、新设备、新材料等对现有设施、工艺条件进行技术改造或更新（包括相应配套的辅助性生产、生活福利设施）。有的企业为充分发挥现有生产能力，进行填平补齐而增建不增加本单位主要产品生产能力的车间等，也属于改建。

固定资产投资按构成分 固定资产投资活动按其工作内容和实现方式分为建筑安装工程，设备、工具、器具购置，其他费用三个部分。

（1）建筑安装工程（建筑安装工作量）：指各种房屋、建筑物的建造工程和各种设备、装置的安装工程。包括各种房屋建造工程，各种用途设备基础和各种工业窑炉的砌筑工程；为施工而进行的各种准备工作和临时工程以及完工后的清理工作等；铁路、道路的铺设，矿井的开凿及石油管道的架设等；水利工程；防空地下建筑等特殊工程；以及各种机械设备的安装工程；为测定安装工程质量，对设备进行的试运工作。在安装工程中，不包括被安装设备本身的价值。

（2）设备、工具、器具购置：指购置或自制达到固定资产标准的设备、工具、器具的价值，固定资产的标准按财务部门规定。新建单位、扩建单位的新建车间按照设计和计划要求购置或自制的全部设备、工具、器具，不论是否达到固定资产标准均计入“设备、工具、器具购置”中。

（3）其他费用：指在固定资产建造和购置过程中发生的，除建筑安装工程和设备、工具、器具购置以外的各种应摊入固定资产的费用。

固定资产投资的资金来源 根据固定资产投资的资金来源不同，分为国家预算内资金、国内贷款、利用外资、自筹资金和其他资金来源。

（1）国家预算内资金：指中央财政和地方财政中由国家统筹安排的基本建设拨款和更新改造拨款，以及中央财政安排的专项拨款中用于基本建设的资金和基本建设拨款改贷款的资金等。

（2）国内贷款：指报告期内企、事业单位向银行及非银行金融机构借入的用于固定资产投资的各种国内借款。包括银行利用自有资金及吸收的存款发放的贷款、上级主管部门拨入的国内贷款、国家专项贷款（包括煤代油贷款、劳改煤矿专项贷款等）、地方财政专项资金安排的贷款、国内储备贷款、周转贷款等。

（3）利用外资：指报告期内收到的用于固定资产投资的国外资金，包括统借统还、自借自还的国外贷款，中外合资项目中的外资，以及对外发行债券和股票等。国家统借统还的外资指由我国政府出面同外国政府、团体或金融组织签订贷款协议、并负责偿还本息的国外贷款。

（4）自筹资金：指建设单位报告期内收到的，用于进行固定资产投资的上级主管部门、地方和企、事业单位自筹资金。

（5）其他资金来源：指报告期内收到的除以上各种拨款、借款、自筹资金以外其他用于固定资产投资的资金。

施工项目 指报告期内曾进行建筑或安装工程施工活动的建设项目，包括报告期内新开工项目、报告期以前年度开工跨入报告期继续施工的项目以及报告期施过工并在报告期内全部建成投产或停缓建的项目。

全部建成投产项目 工业项目是指设计文件规定形成生产能力的主体工程及其相应配套的辅助设施全部建成，经负荷试运转，证明具备生产设计规定合格产品的条件，并经过验收鉴定合格或达到竣工验收标准，与生产性工程配套的生活福利设施可以满足近期正常生产的需要，正式移交生产的建设项目。非工业项目是指设计文件规定的主体工程和相应的配套工程全部建成，能够发挥设计规定的全部效益，经验收鉴定合格或达到竣工验收标准，正式移交使用的建设项目。

新增生产能力 指通过固定资产投资活动而增加的设计能力或工程效益，它是用实物形态表示的固定资产投资的成果。新增生产能力的计算，是以能独立发挥生产能力或工程效益的单项工程（或项目）为对象。当单项工程（或项目）建成，经有关部门鉴定合格，正式移交投入生产，即可计算新增生产能力。

新增生产能力或工程效益有以下几种表现形式：

（1）以建设项目或单项工程建成后的年产能力表示，如煤炭开采、石油开采等。

（2）以建设项目或单项工程建成后处理原料的能力表示，如选矿工程的年处理矿石能力、洗煤厂年洗原煤能力等。

（3）以新增的主要设备数量或容量表示，如棉纺锭锭数、发电机组容量等。

（4）以建筑物容积、容量、面积或长度表示，如水库容量、铁路公路里程等。

新增生产能力的数量一般按设计能力计算。设计能力是指设计文件中规定的在正常情况下能够达到的生产能力，而不论投产后的实际产量如何。以设备数量、建筑物容积、面积、长度等表示的新增生产能力或工程效益，则按建成的实际数量计算。

房屋建筑面积 指从房屋外墙线算起的各层平面面积的总和，包括可供使用的有效面积和房屋结构（如柱、墙）占用的面积。多层建筑按各层（包括地下室）面积总和计算。

住宅建筑面积 指施工和竣工房屋建筑面积中供居住用的施工和竣工房屋建筑面积。

施工面积 指报告期内施工的全部房屋建筑面积。包括本期新开工的面积、上期跨入本期继续施工的房屋面积、上期停缓建在本期恢复施工的房屋面积、本期竣工的房屋面积及本期施工后又停缓建的房屋面积。

竣工面积 指在报告期内房屋建筑按照设计要求已全部完工，达到住人和使用条件，经验收鉴定合格，正式移交使用单位的建筑面积。

房屋建筑面积竣工率 指一定时期内房屋竣工面积占同期房屋施工面积的比率。它是从房屋建筑施工速度的角度反映投资效果和建筑业经济效益的指标。

新增固定资产 指通过投资活动所形成的新的固定资产价值，包括已经建成投入生产或交付使用的工程价值和达到固定资产标准的设备、工具、器具的价值及有关应摊入的费用。它是以价值形式表示的固定资产投资成果的综合性指标，可以综合反映不同时期、不同部门、不同地区的固定资产投资成果。

建设项目投产率 指一定时期内全部建成投入生产项目个数与同期正式施工项目个数的比率。它是从项目建设速度的角度反映投资效果的指标。

建设周期 是指报告期（年）所有正式施工项目全部建成平均需要的时间。它是从宏观角度反映建设速度的指标。建设周期的计算方法有两种。

（1）按建设项目计算：建设周期 = 报告期正式施工项目个数 / 报告期全部建成投产项目个数。

（2）按投资额计算：建设周期 = 报告期正式施工项目计划总投资之和 / 报告期正式施工项目完成投资之和。

建筑业统计单位 指从事房屋、构筑物建造、装饰装修、设备安装活动和工程准备、提供施工设备服务等其他建筑活动的法人企业。建筑业法人企业应同时具备的条件是：①依法成立，有自己的名称、组织机构和场所，能够承担民事责任；②独立拥有和使用资产，承担负债，有权与其他单位签订合同；③独立核算盈亏，能够编制资产负债表。

建筑业总产值（即自行完成施工产值）是以货币表现的建筑业企业在一定时期内生产的建筑业产品和服务的总和。建筑业总产值包括：

（1）建筑工程产值：指列入建筑工程预算内的各种工程价值。

（2）安装工程产值：指设备安装工程价值，不包括被安装设备本身价值。

（3）其他产值：指建筑业总产值中除建筑工程、安装工程以外的产值。包括房屋、构筑物修理所完成的产值（不包括被修理的房屋、构筑物本身的价值）、非标准设备制造产值、总包企业向分包企业收取的管理费和不能明确划分的施工活动所完成的产值。

建筑业增加值 指建筑业企业在报告期内以货币表现的建筑业生产经营活动的最终成果。目前建筑业增加值采用分配法（收入法）计算，即从收入的角度出发，根据生产要素在生产过程中应得的收入份额计算。具体计算公式为：

建筑业增加值＝本年提取的固定资产折旧＋本年应付工资总额＋本年应付福利费总额＋管理费用中的劳动待业保险费、税金＋工程结算税金及附加＋营业利润

房屋建筑施工面积 指在报告期内施过工的全部房屋建筑面积，包括本期新开工的房屋面积、上期跨入本期继续施工的房屋面积、上期停缓建在本期恢复施工的房屋面积、本期竣工的房屋面积及本期施工后又停缓建的房屋面积。

房屋建筑竣工面积 指在报告期内房屋建筑按照设计要求全部完工，达到了住人和使用条件，经检查验收鉴定合格的房屋建筑面积。

自有机械设备年末总台数 指归本企业（或单位）所有，属于本企业（或单位）固定资产的生产性机械设备年末总台数。包括施工机械、生产设备、运输设备以及其他设备。

自有机械设备年末总功率 指本企业（或单位）自有施工机械、生产设备、运输设备以及其他设备等列为固定资产的生产性机械设备年末总功率，按设定能力或查定能力计算。包括机械本身的动力和为该机械服务的单独动力设备，如电动机等。计算单位用千瓦，动力换算可按 1 马力＝ 0.735 千瓦折合成千瓦数。电焊机、变压器、锅炉不计算动力。

工程结算收入 指企业承包工程实现的工程价款结算收入，以及向发包单位收取的除工程价款以外按规定列作营业收入的各种款项，如临时设施费、劳动保险费、施工机械调迁费等以及向发包单位收取的各种索赔款。

工程结算利润　指已结算工程实现的利润，如亏损以“–”号表示。

计算公式为：工程结算利润＝工程结算收入–工程结算成本–工程结算税金及附加

企业总收入　指与企业生产经营直接有关的各项收入，包括工程结算收入和其他业务收入。

计算公式为：：企业总收入＝工程结算收入＋其他业务收入

计算建筑业劳动生产率的平均人数　指建筑业企业（或单位）报告期实际拥有的、与建筑施工活动有关的人员的平均人数，包括参加本企业（或单位）建筑施工活动的非本企业（或单位）人员，但不包括企业内部社会服务性机构的人员以及由本企业支付工资但所从事的工作与本企业生产基本无关的人员。

（十）批发和零售业、住宿和餐饮业

CHAPTER 10 WHOLESALE AND RETAIL TRADE, ACCOMMODATIONS AND CATERING

表 10—1　社会消费品零售总额（2014 年）

计量单位：亿元

指　标	2014年	2014年为上年%
社会消费品零售总额	4167.19	113.0
一、按销售单位所在地分		
城镇	4022.49	111.9
其中：城区	3826.20	113.4
乡村	144.71	152.8
二、按行业分		
（一）批发和零售业小计	3785.81	114.2
限额以上	2691.19	112.1
限额以下	1094.62	119.7
（二）住宿和餐饮业小计	381.38	100.2
限额以上	132.04	98.7
限额以下	249.34	101.0

表 10—2　限额以上批发和零售业、住宿和餐饮业基本情况（2014 年）

指　标	法人企业（个）	所属全部批零住餐活动单位（个）	其他行业所属批零住餐产业活动单位（个）	年末营业面积（平方米）	年末从业人员（个）
总计	3205	6941	147	7741538	363507
一、批发和零售业小计	2585	5777	83	6371462	264815
（一）批发业	1406	1731	29	776944	108314
其中：国有控股	135	295	5	387443	26674
1、按登记注册类型分组					
内资	1372	1667	13	761017	88824
国有	24	44	4	337234	2659
集体	5	12		10575	242
股份合作	9	9		8780	285
联营企业			1	100	447
有限责任公司	348	548		118683	33115
股份有限公司	44	46	5	22567	15109
私营企业	861	927	2	150603	29250
其他内资	81	81	1	112475	7717
港澳台投资企业	18	41	5	10257	1921
外商投资企业	16	23	11	5670	17569
2、按国民经济行业分组					
农、林、牧产品批发	73	112		373979	6402
食品、饮料及烟草制品批发	170	254	6	139977	15869
纺织、服装及家庭用品批发	131	158	9	39661	33135
文化、体育用品及器材批发	57	67		13841	5609
医药及医疗器材批发	67	67		32771	5389
矿产品、建材及化工产品批发	588	724	10	137760	20720
机械设备、五金产品及电子产品批发	276	303	4	34725	19493
贸易经纪与代理	12	13		206	402
其他批发业	32	33		4024	1295
3、按经营方式分组					
独立门店	593	663	14	468802	38132
连锁总店（总部）	9	91		18973	5094
连锁门店	6	6	1	10080	666
其他	798	971	14	279089	64422

表 10—2　续表 1

指　标	法人企业（个）	所属全部批零住餐活动单位（个）	其他行业所属批零住餐产业活动单位（个）	年末营业面积（平方米）	年末从业人员（个）
（二）零售业	1179	4046	54	5594518	156501
其中：国有控股	84	414	4	818554	11063
1、按经济注册类型分组					
内资	1136	3216	26	3165200	90197
国有	20	29	4	38186	1200
集体	13	42	1	21828	913
股份合作	4	4		5280	185
联营企业	2	2		6200	126
有限责任公司	287	1419	6	1160900	32391
股份有限公司	28	244	5	779531	10471
私营企业	600	1276	9	1005203	35378
其他内资	182	200	1	148072	9533
港澳台投资企业	24	71	11	575042	27553
外商投资企业	19	759	17	1854276	38751
2、按国民经济行业分组					
综合零售	71	772	8	2607869	54921
百货零售	40	78	3	1051128	20012
超级市场零售	28	691	4	1551125	34744
其他综合零售	3	3	1	5616	165
食品、饮料及烟草制品专门零售	314	1507	9	313836	20045
纺织、服装及日用品专门零售	77	115	16	302840	22384
文化、体育用品及器材专门零售	111	156	7	117199	8731
医药及医疗器材专门零售	86	556	1	119115	8980
汽车、摩托车、燃料及零配件专门零售	273	482	3	1335235	17908
家用电器及电子产品专门零售	119	300	6	578177	14611
五金、家具及室内装饰材料专门零售	79	92	3	173332	3636
货摊、无店铺及其他零售业	49	66	1	46915	5285

表10—2 续表2

指 标	法人企业（个）	所属全部批零住餐活动单位（个）	其他行业所属批零住餐产业活动单位（个）	年末营业面积（平方米）	年末从业人员（个）
3、按经营方式分组					
独立门店	777	1437	27	2848688	65662
连锁总店（总部）	31	2050		2020896	47112
连锁门店	32	125	7	369107	8330
其他	339	434	20	355827	35397
4、按零售业态分组					
有店铺零售	1132	3999	54	5575442	151429
食杂店	8	8	1	7940	742
便利店	3	8	1	1149	80
折扣店	2	2		9537	118
超市	19	31	1	17007	1994
大型超市	18	669	5	1667661	35522
仓储会员店					
百货店	53	95	5	983711	27409
专业店	526	2189	16	1710193	42402
专卖店	318	806	17	665233	25744
家具建材商店	32	33	1	100408	1071
购物中心	15	20	2	213360	8597
厂家直销中心	138	138	5	199243	7750
无店铺零售	47	47		19076	5072
电视购物	4	4		223	1221
邮购	2	2		550	543
网上商店	14	14		10195	2585
自动售货亭					
电话购物	10	10		1131	346

表10—2　续表3

指　标	法人企业（个）	所属全部批零住餐活动单位（个）	其他行业所属批零住餐产业活动单位（个）	年末营业面积（平方米）	年末从业人员（个）
二、住宿和餐饮业小计	620	1164	64	1370076	98692
（一）住宿业	206	210	31	428296	29595
其中：国有控股	64	64		135789	11523
1、按登记注册类型分组					
内资	197	199	20	389013	26610
国有	33	33	4	63284	5249
集体	4	4		1550	287
股份合作					
联营企业	1	1		2000	79
有限责任公司	76	76	4	137750	11334
股份有限公司	10	10	1	28444	2760
私营企业	69	71	11	150685	6569
其他内资	4	4		5300	332
港澳台投资企业	4	4	2	12282	1667
外商投资企业	5	7	9	27001	1318
2、按国民经济行业分组					
旅游饭店	126	127	22	341386	25130
一般旅馆	67	70	9	84015	3732
其他住宿服务	13	13		2895	733
3、按星级等级分组					
一星			1	3096	262
二星	9	9	1	13110	526
三星	38	38	4	64505	4313
四星	25	25	2	85977	5844
五星	14	14	6	59392	7359
其他	120	124	17	202216	11291
4、按经营方式分组					
独立门店	174	176	24	367929	26052
连锁总店（总部）	2	3	1	41456	777
连锁门店	15	15	4	3514	908
其他	15	16	2	15397	1858

表10—2 续表4

指　标	法人企业（个）	所属全部批零住餐活动单位（个）	其他行业所属批零住餐产业活动单位（个）	年末营业面积（平方米）	年末从业人员（个）
（二）餐饮业	414	954	33	941780	69097
其中：国有控股	25	25		52367	2838
1、按登记注册类型分组					
内资	389	435	21	735193	30109
国有	11	11	3	30552	1518
集体					
股份合作			1	2000	560
联营企业	1	1	1	956	100
有限责任公司	96	106	4	196966	8339
股份有限公司	1	1	4	37320	176
私营企业	276	312	8	456442	18089
其他内资	4	4		10957	1327
港澳台投资企业	12	120	3	26255	4900
外商投资企业	13	399	9	180332	34088
2、按国民经济行业分组					
正餐服务	379	416	24	706168	29412
快餐服务	23	518	4	218243	35451
饮料及冷饮服务	2	6	5	4159	299
其他餐饮业	10	14		13210	3935
3、按经营方式分组					
独立门店	361	386	23	627970	28611
连锁总店（总部）	12	505		199528	35166
连锁门店	17	36	5	42621	2642
其他	24	27	5	71661	2678

表 10—2　续表 5

指　标	法人企业（个）	所属全部批零住餐活动单位（个）	其他行业所属批零住餐产业活动单位（个）	年末营业面积（平方米）	年末从业人员（个）
补充资料：					
批发业 其他有限责任公司	332	503		104702	27116
其中：1、国有控股	73	182		28280	11471
2、集体控股	25	26		9790	982
股份有限公司	44	46	5	22567	15109
其中：1、国有控股	22	24	1	8148	6178
2、集体控股	2	2			1316
零售业 其他有限责任公司	282	1414	5	1148684	31845
其中：1、国有控股	46	155		241802	5805
2、集体控股	16	196		31747	1994
股份有限公司	28	244	5	779531	10471
其中：1、国有控股	10	205	1	519193	3346
2、集体控股	5	6		66600	1079
住宿业 其他有限责任公司	72	72	4	129130	9726
其中：1、国有控股	18	18		46011	2854
2、集体控股	6	6		9019	1323
股份有限公司	10	10	1	28444	2760
其中：1、国有控股	5	5		16934	1944
2、集体控股					
餐饮业 其他有限责任公司	93	103	4	192181	8116
其中：1、国有控股	10	10		24671	1369
2、集体控股	4	4		10683	480
股份有限公司	1	1	4	37320	176
其中：1、国有控股					
2、集体控股					

表 10—3　限额以上批发和零售业商品购进、库存总额（2014 年）

计量单位：万元

指　　标	购进总额	#进口	年末库存总额
总　计	94592058	9123900	7996845
（一）批发业	74311324	8432331	6087876
# 国有控股	31593406	7530205	1893064
1、按登记注册类型分组			
内资企业	71698505	8274555	5736706
国有	3732730	20779	162223
集体	130829		6616
股份合作	18214		1876
联营企业	309326		
有限责任公司	27730928	7006912	1725696
股份有限公司	21926174	715287	2617603
私营企业	17576931	531578	1203361
其他内资	273375		19331
港、澳、台商投资企业	630142	33703	44942
外商投资企业	1982677	124073	306228
2、按国民经济行业分组			
农、林、牧产品批发	825437	21393	149602
食品、饮料及烟草制品批发	3426997	92984	241490
纺织、服装及日用品批发	19770233	1456148	2627274
文化、体育用品及器材批发	1480265	39802	242456
医药及医疗器材批发	1562807	40233	105912
矿产品、建材及化工产品批发	36909628	4434602	1748225
机械、五金交电及电子产品批发	9239683	2232207	940728
贸易经纪与代理	325943	39491	13188
其他批发	770333	75473	19003
3、按经营方式分组			
独立门店	31421385	1037884	2954701
连锁总店（总部）	4607898		594709
连锁门店	123309		7025
其他	38158731	7394448	2531442

表10—3　续表1

指　标	购进总额	#进 口	年末库存总额
（二）零售业	20280735	691568	1908969
其中：国有控股	4504549	31983	288010
1、按经济注册类型分组			
内资企业	14910743	459565	1284415
国有企业	505974	52	68369
集体企业	198978		22486
股份合作企业	12637		303
联营企业	30290	29393	5348
有限责任公司	5470716	191741	547584
股份有限公司	3290712	1601	88481
私营企业	4991663	236771	540278
其他	409774	8	11567
港、澳、台商投资企业	1516334	199986	297727
外商投资企业	3853657	32017	326827
2、按国民经济行业分组			
综合零售	4411618	29502	306554
百货零售	1343655		55697
超级市场零售	2956401	29502	249871
其他综合零售	111562		986
食品、饮料及烟草制品零售	1186973	8751	100399
纺织、服装及日用品零售	1276077	10651	257229
文化、体育用品及器材零售	780957	52	179217
医药及医疗器材零售	2235067	3790	201811
汽车、摩托车、燃料及零配件零售	7118722	625711	596524
家用电器及电子产品零售	2125261	6563	214231
五金、家具及室内装修材料零售	529362	4864	30406
货摊、无店铺及其他零售业	616698	1685	22597
3、按经营方式分组			
独立门店	11748357	523638	992015
连锁总店（总部）	3912805	26432	375213
连锁门店	1200296	3042	89334
其他	3419276	138456	452407

表10—3 续表2

指 标	购进总额	#进 口	年末库存总额
4、按零售业态分组			
有店铺零售	19637508	674782	1878619
食杂店	34644		2074
便利店	4648		117
折扣店	14815		238
超市	144860	3042	20635
大型超市	2868701	26460	232818
仓储会员店			
百货店	1663994		191475
专业店	8427490	107422	726317
专卖店	5117149	529830	598572
家居建材店	212400	2919	16232
购物中心	593939		38283
厂家直销中心	554869	5108	51858
无店铺零售	643226	16787	30350
电视购物	124099		1897
邮购	14452		1652
网上商店	375390	12336	14929
自动售货亭			
电话购物	35358	4451	5976
补充资料：			
批发业：其他有限责任公司	24329621	4568601	1427883
其中：1、国有控股	12929321	4362307	577082
2、集体控股	1270665	50360	221959
股份有限公司	21926174	715287	2617603
其中：1、国有控股	11247436	708809	859705
2、集体控股	340016		151920
零售业：其他有限责任公司	5427102	191741	537878
其中：1、国有控股	1756029	2538	152108
2、集体控股	149639	3042	20321
股份有限公司	3290712	1601	88481
其中：1、国有控股	2167804		52231
2、集体控股	270931		1625

表 10—4　限额以上批发和零售业商品销售总额（2014 年）

计量单位：万元

指　标	商品销售总额	批发额	#出口	零售额
总　计	101924956	76431978	6301550	25492978
（一）批发业	78138010	73409249	6299233	4728761
# 国有控股	30516279	28188274	4242628	2328005
1、按登记注册类型分组				
内资企业	74351604	70005483	6279603	4346121
国有企业	4189643	4036861	55158	152782
集体企业	166462	149344		17117
股份合作企业	28182	20097		8085
联营企业	309326	200062		109264
有限责任公司	28532551	26358073	3743311	2174478
股份有限公司	21715305	21024946	1580886	690359
私营企业	19021636	17928715	900248	1092921
其他企业	388501	287385		101115
港、澳、台商投资企业	801047	722212	7891	78835
外商投资企业	2985359	2681554	11739	303805
2、按国民经济行业分组				
农畜产品批发	952618	868297	1723	84321
食品、饮料及烟草制品批发	4151753	3921411	97420	230342
纺织、服装及日用品批发	22493722	21738410	3016838	755312
文化、体育用品及器材批发	1695673	1498774	85549	196899
医药及医疗器材批发	1835100	1617271	153163	217829
矿产品、建材及化工产品批发	35940826	33107357	1536092	2833470
机械、五金及电子产品批发	9929466	9576725	1228068	352741
贸易经纪与代理	359509	359509	130657	
其他批发	779344	721496	49723	57848
再生物资回收与批发	363466	344456		19010
其他未列明的批发	415878	377040	49723	38838
3、按经营方式分组				
独立门店	34585688	33102588	1260949	1483100
连锁总店（总部）	2721828	2302983		418846
连锁门店	139101	134737		4364
其他	40691393	37868941	5038285	2822452

表10—4 续表1

指标名称	商品销售总额	批发额	#出口	零售额
(二)零售业	23786946	3022729	2317	20764218
其中:国有控股	5062437	970743	563	4091694
1、按经济注册类型分组				
内资企业	17502515	1900598	2317	15601917
国有企业	588682	67364		521317
集体企业	203193	27512		175681
股份合作企业	13989	2129		11860
联营企业	29800			29800
有限责任公司	6284106	533483	2317	5750623
股份有限公司	3837135	669836		3167299
私营企业	6063060	527243		5535817
其他	482551	73032		409519
港、澳、台商投资企业	1862546	63343		1799203
外商投资企业	4421885	1058788		3363097
2、按国民经济行业分组				
综合零售	5743943	1093666		4650277
百货零售	2425581	39209		2386372
超级市场零售	3179113	1054457		2124655
其他综合零售	139250			139250
食品、饮料及烟草制品零售	1487968	161783		1326186
纺织、服装及日用品零售	1590819	74949	410	1515870
文化、体育用品及器材零售	965640	172226		793414
医药及医疗器材零售	2418587	296806		2121781
汽车、摩托车、燃料及零配件零售	7605809	790447		6815362
家用电器及电子产品零售	2408397	343940		2064457
五金、家具及室内装修材料零售	710244	63472	563	646772
货摊、无店铺及其他零售业	855540	25440	1344	830100

表 10—4 续表 2

指标名称	商品销售总额	批发额	#出口	零售额
3、按经营方式分组				
独立门店	14229079	1108670	1754	13120409
连锁总店（总部）	4190833	1099829		3091003
连锁门店	1361021	225036		1135985
其他	4006013	589193	563	3416821
4、按零售业态分组				
有店铺零售	22864832	2945691	2317	19919142
食杂店	42451	10560		31890
便利店	4941	74		4867
折扣店	17020			17020
超市	153102	8390		144712
大型超市	3086499	1055432		2031067
仓储会员店				
百货店	2854172	53733		2800439
专业店	9453913	1278917	1344	8174997
专卖店	5567125	388435		5178691
家居建材店	278925	20414		258511
购物中心	726247	20741		705505
厂家直销中心	680437	108995	973	571442
无店铺零售	922114	77038		845076
电视购物	326029			326029
邮购	32450	100		32350
网上商店	413392	14107		399285
自动售货亭				
电话购物	46511	19390		27121
补充资料：				
批发业：其他有限责任公司	25019465	23024892	3004910	1994573
其中：1、国有控股	13197148	11916770	1885765	1280379
2、集体控股	1269944	1139649	184380	130295
股份有限公司	21715305	21024946	1580886	690359
其中：1、国有控股	9330152	8722282	1563303	607870
2、集体控股	337972	337972		
零售业：其他有限责任公司	6188828	533483	2317	5655345
其中：1、国有控股	1939036	243590	563	1695446
2、集体控股	161047	7515		153532
股份有限公司	3837135	669836		3167299
其中：1、国有控股	2426167	659789		1766378
2、集体控股	397022	203		396819

表10—5 限额以上批发和零售业法人企业主要财务状况（2014年）

计量单位：万元

指 标	资产总计	负债合计	所有者权益	#实收资本
总 计	51677591	37720299	14489465	7485935
一、批发业	37274874	27080328	10194546	4838145
其中：国有控股	15845312	9576483	6268829	2980751
1、按登记注册类型分组				
内资企业	35461922	25507284	9954638	4726379
国有企业	1434529	456160	978368	71354
集体企业	65545	39063	26482	4739
股份合作企业	30736	9078	21658	20455
联营企业				
有限责任公司	12422346	9718739	2703607	1229713
股份有限公司	14343881	9664913	4678968	2415041
私营企业	7044509	5587220	1457289	940456
其他企业	120377	32111	88265	44623
港、澳、台商投资企业	355339	288703	66637	53310
外商投资企业	1457613	1284341	173272	58457
2、按国民经济行业分组				
农、林、牧产品批发	592911	409673	183238	101896
食品、饮料及烟草制品批发	2279438	955243	1324195	222583
纺织、服装及日用品批发	12435724	10296686	2139038	367736
文化、体育用品及器材批发	2265974	1093025	1172949	402961
医药及医疗器材批发	1269254	850326	418929	233744
矿产品、建材及化工产品批发	11631207	8204595	3426612	2768128
机械、五金及电子产品批发	6251798	4868308	1383491	667447
贸易经纪与代理	255742	181835	73907	43270
其他批发	292827	220639	72188	30381
3、按经营方式分组				
独立门店	16752116	13014770	3737346	1128919
连锁总店（总部）	3509047	779572	2729475	2019269
连锁门店	34935	28289	6646	5706
其他	16978777	13257698	3721079	1684250

表10—5 续表1

指　　标	资产总计	负债合计	所有者权益	
				#实收资本
二、零售业	14402717	10639971	4294919	2647790
其中：国有控股	2122212	1912827	741558	395690
1、按登记注册类型分类				
内资企业	10788948	8336871	2984249	2032383
国有企业	375057	322145	52913	27107
集体企业	20666	12821	7845	2261
股份合作企业	4068	1957	2111	1296
联营企业	5544	4830	714	1200
有限责任公司	3512668	2647144	865524	646422
股份有限公司	4287461	3324240	1495394	924164
私营企业	2426456	1971589	454868	364408
其他企业	157027	52146	104881	65525
港、澳、台商投资企业	998123	598055	400068	233899
外商投资企业	2615646	1705045	910601	381508
2、按国民经济行业分组				
综合零售	4491257	3155081	1336176	593415
百货零售	3007479	1787675	1219803	432581
超级市场零售	1476252	1363398	112855	159234
其他综合零售	7526	4008	3518	1600
食品、饮料及烟草制品零售	696197	365376	330822	172790
纺织、服装及日用品零售	1078309	755668	322642	224752
文化、体育用品及器材零售	387541	258918	128623	69157
医药及医疗器材零售	1090695	885543	205152	184902
汽车、摩托车、燃料及零配件零售	2157283	1952430	737026	345812
家用电器及电子产品零售	3229209	2251825	977384	932745
五金、家具及室内装修材料零售	469993	309684	160309	58832
货摊、无店铺及其他零售	802234	705447	96787	65386

表10—5　续表2

指　　标	资产总计	负债合计	所有者权益	#实收资本
3、按经营方式分组				
独立门店	7482496	5502632	2512036	1118013
连锁总店（总部）	4236713	3192938	1043775	1095017
连锁门店	466052	343553	122499	72265
其他	2217456	1600847	616608	362494
4、按零售业态分组				
有店铺零售	13652685	9998787	4186071	2571419
食杂店	13908	9652	4256	4953
便利店	2634	2042	593	261
折扣店	6265	5975	290	150
超市	77296	53775	23521	11250
大型超市	1412882	1334367	78515	160260
仓储会员店				
百货店	3205779	1886207	1319573	458817
专业店	5958884	4579469	1911588	1451804
专卖店	2147541	1549814	597726	322557
家居建材商店	105112	84186	20926	28511
购物中心	421261	312132	109129	58869
厂家直销中心	301125	181169	119956	73987
无店铺零售	750032	641184	108848	76371
电视购物	89943	36936	53007	24600
邮购	11927	5875	6051	4700
网上商店	501347	486913	14434	22347
自动售货亭				
电话购物	30632	15998	14634	9843
补充资料：				
批发业：其他有限责任公司	10491803	8337422	2154381	1051585
其中：1、国有控股	5054924	3932937	1121987	427050
2、集体控股	651957	541227	110731	58622
股份有限公司	14343881	9664913	4678968	2415041
其中：1、国有控股	7425317	3806069	3619248	2304220
2、集体控股	342855	323434	19421	9599
零售业：其他有限责任公司	3443558	2579556	864002	631825
其中：1、国有控股	1186924	884263	302662	317629
2、集体控股	131597	87690	43908	35075
股份有限公司	4287461	3324240	1495394	924164
其中：1、国有控股	484277	632238	384211	34577
2、集体控股	441772	298044	143728	43376

表 10—5　续表 3

指　　标	主营业务收入	主营业务成本	管理费用
总　计	89616441	82379149	1500008
一、批发业	69881682	65007186	891017
其中：国有控股	27447227	26089967	351773
1、按登记注册类型分组			
内资企业	67000962	62853691	837934
国有企业	3111076	2755958	48250
集体企业	148919	126213	1879
股份合作企业	27077	15899	968
联营企业			
有限责任公司	26151030	24977192	353317
股份有限公司	19730844	18155227	188787
私营企业	17464855	16581088	230735
其他企业	367161	242115	13998
港、澳、台商投资企业	685576	599925	18922
外商投资企业	2195144	1553569	34162
2、按国民经济行业分组			
农、林、牧产品批发	891223	771551	24546
食品、饮料及烟草制品批发	3639876	3111808	121065
纺织、服装及日用品批发	20300784	18008245	217610
文化、体育用品及器材批发	1197991	1057843	44765
医药及医疗器材批发	1639536	1430629	61263
矿产品、建材及化工产品批发	32150269	31132126	243576
机械、五金及电子产品批发	9042642	8526083	164707
贸易经纪与代理	284714	272830	6500
其他批发	734646	696070	6985
3、按经营方式分组			
独立门店	30316386	27919115	367162
连锁总店（总部）	3602274	3423966	69645
连锁门店	95394	89706	1087
其他	35867628	33574398	453124

表 10—5　续表 4

指　　标	主营业务收入	主营业务成本	管理费用
二、零售业	19734760	17371964	608991
其中：国有控股	4212920	3910758	80027
1、按登记注册类型分类			
内资企业	14642840	12939461	504264
国有企业	494792	470024	9787
集体企业	122138	110417	3265
股份合作企业	13989	9326	671
联营企业	28297	26630	706
有限责任公司	5266716	4634361	153728
股份有限公司	3141991	2841413	155972
私营企业	5116762	4539143	159013
其他企业	458156	308147	21120
港、澳、台商投资企业	1517418	1254619	44271
外商投资企业	3574502	3177884	60457
2、按国民经济行业分组			
综合零售	4351523	3787492	169654
百货零售	1643185	1337806	128320
超级市场零售	2691503	2436384	40924
其他综合零售	16836	13302	411
食品、饮料及烟草制品零售	1269603	928723	51488
纺织、服装及日用品零售	1265372	991886	36701
文化、体育用品及器材零售	786257	670084	30243
医药及医疗器材专门零售	1976907	1787081	46836
汽车、摩托车、燃料及零配件零售	6636249	6236418	104101
家用电器及电子产品零售	2133225	1886412	114102
五金、家具及室内装修材料零售	543118	415606	32488
货摊、无店铺及其他零售	772504	668262	23378

表10—5 续表5

指　　标	主营业务收入	主营业务成本	管理费用
3、按经营方式分组			
独立门店	11833851	10562721	334720
连锁总店（总部）	3784764	3346649	140817
连锁门店	1095393	978644	19296
其他	3020752	2483950	114158
4、按零售业态分组			
有店铺零售	18881844	16653027	580361
食杂店	9915	7832	707
便利店	3786	3350	198
折扣店	14861	12937	1366
超市	141191	119838	8753
大型超市	2581757	2340611	32692
仓储会员店			
百货店	1906403	1511259	136926
专业店	7993099	7153082	235034
专卖店	4748099	4275627	108343
家居建材商店	220836	179434	13791
购物中心	622598	547188	13619
厂家直销中心	639300	501869	28933
无店铺零售	852916	718937	28630
电视购物	279258	231362	3259
邮购	27735	10724	1189
网上商店	406170	361593	17715
自动售货亭			
电话购物	42849	34909	2830
补充资料：			
批发业：其他有限责任公司	23020425	21972891	270643
其中：1、国有控股	12264886	11716329	133140
2、集体控股	1215508	1136206	17148
股份有限公司	19730844	18155227	188787
其中：1、国有控股	8940660	8613380	87708
2、集体控股	337837	320710	5990
零售业：其他有限责任公司	5184539	4562608	149352
其中：1、国有控股	1560254	1428601	40250
2、集体控股	142308	118920	4890
股份有限公司	3141991	2841413	155972
其中：1、国有控股	2045909	1912553	24833
2、集体控股	229339	176244	33895

表10—5　续表6

指　　标	财务费用	营业利润	利润总额	本年应交增值税
总　　计	470204	2618701	2549575	936474
一、批发业	302010	2038189	2031299	513762
其中：国有控股	110157	565137	596512	178337
1、按登记注册类型分组				
内资企业	294360	1967139	1964326	445094
国有企业	-9198	208445	215593	55052
集体企业	1159	17834	18105	301
股份合作企业	20	8578	8504	
联营企业				
有限责任公司	153977	329463	361899	218605
股份有限公司	29078	1181002	1187575	26468
私营企业	117129	135371	95604	139500
其他企业	2195	86447	77046	5168
港、澳、台商投资企业	6728	35623	34452	18854
外商投资企业	922	35427	32521	49815
2、按国民经济行业分组				
农、林、牧产品批发	9113	55941	58616	4693
食品、饮料及烟草制品批发	-1091	282628	285287	108935
纺织、服装及日用品批发	15218	1280705	1285386	114234
文化、体育用品及器材批发	10125	27619	28902	13750
医药及医疗器材批发	22116	39519	43893	22722
矿产品、建材及化工产品批发	123083	292096	287171	166468
机械、五金及电子产品批发	119001	43233	25680	71548
贸易经纪与代理	635	-984	-612	754
其他批发	3810	17432	16976	10658
3、按经营方式分组				
独立门店	97200	1499653	1485720	196616
连锁总店（总部）	-1905	106974	113863	18416
连锁门店	274	979	974	877
其他	206441	430583	430742	297854

表 10—5　续表 7

指　　标	财务费用	营业利润	利润总额	本年应交增值税
二、零售业	168195	580512	518276	422712
其中：国有控股	28854	37534	44060	111558
1、按登记注册类型分类				
内资企业	171427	393603	313819	373121
国有企业	3039	7240	11113	9521
集体企业	712	1387	1671	774
股份合作企业	48	3599	3552	
联营企业	306	328	338	57
有限责任公司	63388	141150	137285	126577
股份有限公司	58812	13822	8020	116656
私营企业	41527	132826	75446	111159
其他企业	3595	93252	76396	8378
港、澳、台商投资企业	2831	66851	74099	18759
外商投资企业	-6062	120058	130358	30831
2、按国民经济行业分组				
综合零售	20521	160541	170567	50313
百货零售	32800	163339	169602	24851
超级市场零售	-12368	-4436	290	25293
其他综合零售	89	1638	674	169
食品、饮料及烟草制品零售	9803	184240	159673	30145
纺织、服装及日用品零售	12051	72224	70544	30537
文化、体育用品及器材零售	-849	30334	25087	10712
医药及医疗器材零售	15523	33675	31878	36867
汽车、摩托车、燃料及零配件零售	55981	73721	39085	201509
家用电器及电子产品零售	42732	-20833	-19971	19492
五金、家具及室内装修材料零售	11766	37821	34204	27704
无店铺及其他零售	667	8788	7210	15434

表10—5 续表8

指　　标	财务费用	营业利润	利润总额	本年应交增值税
3、按经营方式分组				
独立门店	123470	478446	411224	280245
连锁总店（总部）	24145	-46942	-37778	32289
连锁门店	3891	14650	13379	20615
其他	16689	134359	131452	89563
4、按零售业态分组				
有店铺零售额	166175	568924	505978	400995
食杂店	87	384	212	437
便利店	15	3	20	166
折扣店	2	119	119	581
超市	427	2572	-121	991
大型超市	-12332	-13358	-7327	24837
仓储会员店				
百货店	32972	176748	183539	34369
专业店	87056	144477	106048	181341
专卖店	47213	134641	110269	129540
家居建材商店	2723	13240	9295	2975
购物中心	3542	37115	36709	11822
厂家直销中心	4471	72985	67217	13936
无店铺零售	2020	11588	12299	21717
电视购物	-748	7511	8400	6754
邮购	-88	1190	1193	2297
网上商店	377	-6832	-6336	7894
自动售货亭				
电话购物	456	558	639	1101
补充资料：				
批发业：其他有限责任公司	130071	300561	329511	206736
其中：1、国有控股	45461	189707	207463	103383
2、集体控股	13505	29329	34656	6277
股份有限公司	29078	1181452	1187575	26468
其中：1、国有控股	49988	138088	141067	8034
2、集体控股	10702	-3963	401	3
零售业：其他有限责任公司	61686	141616	137580	126586
其中：1、国有控股	18672	18541	19693	19090
2、集体控股	712	8145	7044	6311
股份有限公司	58812	13822	8020	116656
其中：1、国有控股	5136	11991	13310	82871
2、集体控股	6706	23408	15178	5777

表 10—6 限额以上住宿和餐饮业经营情况（2014 年）

计量单位：万元

指 标	营业额	#客房收入	#餐费收入	#商品销售收入
总 计	1704723	335668	1233721	50439
一、住宿业	605989	289877	227275	31492
其中：国有控股	233463	81652	94941	24516
1、按登记注册类型分组				
内资企业	534877	249623	204845	30965
国有企业	79749	32168	40442	710
集体企业	6024	2450	3041	144
股份合作企业				
联营企业	3285	1397	1584	26
有限责任公司	212214	103436	84098	6924
股份有限公司	97778	31202	27607	22070
私营企业	131836	76938	46509	958
其他	3991	2032	1564	132
港、澳、台商投资企业	32978	17558	11966	57
外商投资企业	38134	22697	10464	470
2、按国民经济行业分组				
旅游饭店	520460	230785	206016	29949
一般旅馆	72938	52053	16859	1442
其他住宿服务	12590	7039	4400	101
3、按星级等级分组				
一星	6766	4374	2114	
二星	7266	2856	2299	475
三星	67700	27342	34548	1108
四星	111219	47871	50002	2445
五星	202608	81232	68690	24180
其他	210430	126202	69622	3284
4、按经营方式分组				
独立门店	538469	248742	205641	31248
连锁总店（总部）	13397	7172	6000	26
连锁门店	19844	15949	3266	183
其他	34278	18015	12368	35

表 10—6 续表

指 标	营业额	#客房收入	#餐费收入	#商品销售收入
二、餐饮业	1098735	45790	1006446	18947
其中：国有控股	46006	10159	30389	926
1、按登记注册类型分组				
内资企业	609058	41258	523560	18426
国有企业	27245	4419	19824	609
集体企业				
股份合作企业	19606	10129	9024	
联营企业	1594	280	1235	80
有限责任公司	178168	14145	137540	8029
股份有限公司	38364	19	36305	
私营企业	313846	12266	289701	9405
其他	30234		29931	303
港、澳、台商投资企业	99037	483	97007	15
外商投资企业	390639	4050	385879	506
2、按国民经济行业分组				
正餐服务	590875	45376	502703	17663
快餐服务	427182	19	424854	0
饮料及冷饮服务	10121		8895	1225
其他餐饮服务	70557	395	69994	58
3、按经营方式分组				
独立门店	543997	44250	476447	12422
连锁总店（总部）	426475		425833	420
连锁门店	50368	753	49191	401
其他	77895	787	54976	5704

表 10—7　限额以上住宿和餐饮业法人企业主要财务状况（2014 年）

计量单位：万元

指　标	资产总计	负债合计	所有者权益合计	#实收资本
总　计	1843037	1267168	575869	1118231
一、住宿业	1187377	795783	391594	434925
其中：国有控股	522454	242485	279970	227875
1、按登记注册类型分组				
内资企业	1011231	630634	380597	339770
国有企业	148564	81922	66643	44966
集体企业	9533	7578	1954	4441
股份合作企业				
联营企业	765	1816	-1050	300
有限责任公司	458629	361639	96990	157338
股份有限公司	213325	28658	184667	95770
私营企业	176672	144929	31743	36458
其他企业	3743	4092	-349	497
港、澳、台商投资企业	119170	145699	-26529	65142
外商投资企业	56976	19451	37525	30013
2、按国民经济行业分组				
旅游饭店	1093001	741887	351114	405349
一般饭店	84597	45464	39134	26921
其他住宿服务	9779	8432	1347	2654
3、按星级等级分组				
一星				
二星	11644	7147	4497	3145
三星	93105	86191	6915	32373
四星	205930	97105	108825	113082
五星	386759	227253	159506	175075
其他	489938	378087	111851	111248
4、按经营方式分组				
独立门店	1124902	744648	380254	416209
连锁总店（总部）	20661	20289	372	1100
连锁门店	20679	14988	5691	8583
其他	21135	15858	5277	9033

表10—7 续表1

指　标	资产总计	负债合计	所有者权益合计	#实收资本
二、餐饮业	655660	471385	184275	683307
其中：国有控股	42960	21866	21095	19670
1、按登记注册类型分类				
内资企业	401098	310555	90543	596560
国有企业	15509	11455	4054	2719
集体企业				
股份合作企业				
联营企业	191	89	102	5
有限责任公司	154778	106091	48687	41459
股份有限公司	201	163	38	30
私营企业	223504	189847	33657	551247
其他企业	6916	2910	4006	1100
港、澳、台商投资企业	113293	38951	74342	53745
外商投资企业	141270	121879	19390	33002
2、按国民经济行业分组				
正餐服务	471979	346420	125559	648343
快餐服务	160618	115432	45186	26853
饮料及冷饮服务	3007	1003	2003	5093
其他餐饮服务	20057	8530	11527	3018
3、按经营方式分组				
独立门店	417551	284871	132680	639301
连锁总店（总部）	162039	114788	47251	30711
连锁门店	17174	17025	149	6393
其他	58897	54702	4196	6902

表 10—7　续表 2

指　标	主营业务收入	主营业务成本
总　计	1460844	652445
一、住宿业	479858	175387
其中：国有控股	227538	102162
1、按登记注册类型分组		
内资企业	435062	163384
国有企业	69446	24097
集体企业	6016	2688
股份合作企业		
联营企业	3285	774
有限责任公司	190013	57881
股份有限公司	84245	53828
私营企业	78167	22906
其他企业	3892	1210
港、澳、台商投资企业	22922	7426
外商投资企业	21874	4578
2、按国民经济行业分组		
旅游饭店	406180	151449
一般饭店	61099	19301
其他住宿服务	12579	4637
3、按星级等级分组		
一星		
二星	5764	3153
三星	59572	22367
四星	99632	35050
五星	150109	66851
其他	164781	47966
4、按经营方式分组		
独立门店	440173	164458
连锁总店（总部）	5839	1277
连锁门店	12307	2033
其他	21539	7619

表10—7　续表3

指　标	主营业务收入	主营业务成本
二、餐饮业	980987	477057
其中：国有控股	45562	16414
1、按登记注册类型分类		
内资企业	510586	259021
国有企业	21699	7770
集体企业		
股份合作企业		
联营企业	941	509
有限责任公司	166056	86802
股份有限公司	454	272
私营企业	291389	153437
其他企业	30048	10230
港、澳、台商投资企业	97193	34662
外商投资企业	373207	183375
2、按国民经济行业分组		
正餐服务	493447	250311
快餐服务	410257	192533
饮料及冷饮服务	6665	4170
其他餐饮服务	70618	30044
3、按经营方式分组		
独立门店	457734	218906
连锁总店（总部）	426251	196354
连锁门店	43398	19195
其他	53603	42603

表10—7 续表4

指 标	管理费用	财务费用	营业利润	利润总额
总 计	257683	22564	7116	13926
一、住宿业	148651	15758	-11764	-4738
其中：国有控股	67836	2154	-3544	-85
1、按登记注册类型分组				
内资企业	131599	13958	-9790	-2316
国有企业	19278	66	-3085	-204
集体企业	1227	80	-446	-6
股份合作企业				
联营企业	705	18	144	146
有限责任公司	71243	9071	-10954	-11136
股份有限公司	18702	493	5617	6439
私营企业	19635	4217	-898	2516
其他企业	809	13	-168	-72
港、澳、台商投资企业	9304	1116	-3963	-4033
外商投资企业	7749	684	1990	1611
2、按国民经济行业分组				
旅游饭店	128365	14773	-13230	-6611
一般饭店	17439	959	1297	1936
其他住宿服务	2848	26	169	-63
3、按星级等级分组				
一星				
二星	1595	9	-793	-109
三星	15967	956	-3127	-1515
四星	31759	997	-2731	-1969
五星	40582	3519	5034	5747
其他	58748	10277	-10147	-6892
4、按经营方式分组				
独立门店	137647	13566	-11326	-4191
连锁总店（总部）	1621	1244	-417	-458
连锁门店	3260	300	-256	-262
其他	6124	648	235	172

表10—7　续表5

指　标	管理费用	财务费用	营业利润	利润总额
二、餐饮业	109032	6806	18880	18826
其中：国有控股	11080	5	16	392
1、按登记注册类型分类				
内资企业	69650	5178	-3912	-2666
国有企业	4276	9	703	468
集体企业				
股份合作企业				
联营企业		6	31	31
有限责任公司	22199	1636	1983	2253
股份有限公司	139	0	6	6
私营企业	39909	3340	-9856	-8820
其他企业	3128	188	3222	3237
港、澳、台商投资企业	5865	-813	8324	8005
外商投资企业	33517	2442	14467	13487
2、按国民经济行业分组				
正餐服务	71813	4463	-9039	-9047
快餐服务	33948	2247	21951	22104
饮料及冷饮服务	891	17	-661	-744
其他餐饮服务	2381	79	6628	6514
3、按经营方式分组				
独立门店	63787	4045	-2823	-3332
连锁总店（总部）	37306	2510	24270	23176
连锁门店	3479	278	-2044	-1635
其他	4460	-27	-524	617

表 10—8　亿元以上商品交易市场基本情况（2014 年）

指　标	市场个数（个）	年末摊位总量（个）	年末出租摊位数	#出租率（%）
合　计	44	37450	36286	96.9
一、按经营环境分				
（一）露天式	5	1713	1672	97.6
（二）封闭式	38	35032	33909	96.8
（三）其他	1	705	705	100
二、按经营方式分				
（一）批发	16	22006	20976	95.3
（二）零售	28	15444	15310	99.1
三、按市场类别分				
（一）综合市场	14	13026	12772	98.1
生产资料综合市场				
工业消费品综合市场	3	1964	1964	100
农产品综合市场	7	5844	5818	99.6
其他综合市场	4	5218	4990	95.6
（二）专业市场	30	24424	23514	96.3
生产资料市场	5	9903	9898	99.9
木材市场				
建材市场	4	9203	9198	99.9
金属材料市场	1	700	700	100
农产品市场	8	3647	2869	78.7
粮油市场	2	150	150	100
肉禽蛋市场	1	71	68	95.8
水产品市场	2	2305	1701	73.8
蔬菜市场	2	226	192	85
干鲜果品市场				
食品、饮料及烟酒市场				
纺织、服装、鞋帽市场	2	3986	3986	100
服装市场	1	1904	1904	100
其他纺织服装鞋帽市场	1	2082	2082	100
日用品及文化用品市场	1	86	84	97.7
图书、报刊杂志市场	1	86	84	97.7
其他日用品及文化用品市场				
电器、通讯器材、电子设备市场	1	235	209	88.9
家具、五金及装饰材料市场	9	6199	6143	99.1
家具市场	3	1197	1141	95.3
装饰材料市场	3	1418	1418	100
五金材料市场	1	994	994	100
其他装修市场	2	2590	2590	100
汽车、摩托车及零配件市场	4	368	325	88.3
#汽车市场	4	368	325	88.3

表10—8　续表1

指　标	本年商品成交额（亿元）	#商品零售额（亿元）	营业面积（万平方米）
合　计	1034.51	365.85	263.94
一、按经营环境分			
（一）露天式	49.29	15.23	11.22
（二）封闭式	946.06	334.79	247.22
（三）其他	39.16	15.84	5.50
二、按经营方式分			
（一）批发	776.20	190.68	161.70
（二）零售	258.31	175.17	102.24
三、按市场类别分			
（一）综合市场	433.64	165.03	79.83
生产资料综合市场			
工业消费品综合市场	22.75	12.96	6.27
农产品综合市场	321.46	89.38	53.87
其他综合市场	89.43	62.69	19.70
（二）专业市场	600.87	200.83	184.10
生产资料市场	261.74	39.50	54.83
木材市场			
建材市场	57.04	39.50	24.83
金属材料市场	204.70		30.00
农产品市场	113.78	27.42	35.87
粮油市场	22.42	2.55	1.10
肉禽蛋市场	1.66	0.40	0.15
水产品市场	75.36	16.81	28.50
蔬菜市场	8.97	5.08	4.80
干鲜果品市场			
食品、饮料及烟酒市场			
纺织、服装、鞋帽市场	61.53	28.22	8.20
服装市场	28.22	28.22	0.70
其他纺织服装鞋帽市场	33.32		7.50
日用品及文化用品市场	3.06	1.30	0.50
图书、报刊杂志市场	3.06	1.30	0.50
其他日用品及文化用品市场			
电器、通讯器材、电子设备市场	5.04	3.53	0.39
家具、五金及装饰材料市场	102.84	68.55	77.09
家具市场	18.87	13.75	19.51
装饰材料市场	8.94	5.32	15.43
五金材料市场	9.79	9.79	20.00
其他装修市场	65.25	39.69	22.15
汽车、摩托车及零配件市场	52.88	32.31	7.22
#汽车市场	52.88	32.31	7.22

表10—8 续表2

指 标	年末已出租摊位数（个）	成交额（亿元）
总 计	36286	1034.51
1、粮油、食品、饮料、烟酒类	9054	439.19
（1）粮油、食品类	8446	339.15
其中：粮油类	1511	131.76
肉禽蛋类	1478	15.50
水产品类	1630	92.76
蔬菜类	2891	57.21
干鲜果品类	890	41.40
（2）饮料类	365	44.74
（3）烟酒类	243	55.30
2、服装、鞋帽、针纺织品类	6689	76.34
（1）服装类	4146	55.25
（2）鞋帽类	1042	10.54
（3）针、纺织品类	1501	10.54
3、化妆品类	76	1.09
4、金银珠宝类	33	0.59
5、日用品类	2273	37.71
其中：洗涤用品类		
儿童玩具类	222	3.04
6、五金、电料类	919	23.85
7、体育、娱乐用品类	42	0.51
8、书报杂志类	95	4.06
9、电子出版物和音像制品类	16	0.65
10、家用电器和音像器材类	69	1.48
11、中西药品类		
其中：西药类		
12、文化办公用品类	341	7.09
13、家具类	1656	38.44
14、通讯器材类	2	0.00
15、煤炭及制品类		
16、木材及制品类	755	21.79
17、石油及制品类		
18、化工材料及制品类		
其中：化肥类		
19、金属材料类	719	205.82
20、建筑及装潢材料类	12598	115.88
21、机电产品及设备类	45	0.76
其中：农机类	21	0.37
22、汽车类	325	52.88
23、种子饲料类		
24、棉麻类		
25、其他类	579	6.40

表 10—9 批发和零售业、住宿和餐饮业连锁总店经营情况（2014 年）

计量单位：亿元

指　标	连锁总店（个）	连锁门店（个）	# 直营店	# 加盟店
总　计	48	11688	8753	2935
一、批发和零售业	38	11181	8246	2935
其中：外商及港澳台投资	9	2443	1703	740
按零售业态分				
1、便利店	1	3	3	
2、折扣店				
3、超市	1	3	3	
4、大型超市	5	2139	1492	647
5、仓储会员店				
6、百货店	3	299	77	222
7、专业店	23	5559	3586	1973
其中：加油站	2	3025	3025	
8、专卖店	3	153	60	
9、家居建材店				
10、厂家直销中心				
11、其他				
二、住宿业				
三、餐饮业	10	507	507	
其中：外商及港澳台投资	4	478	478	
按行业分				
正餐	4	13	13	
快餐	5	488	488	
茶馆				
其他餐饮				

表10—9　续表1

指　标	商品购进总额	#接受统一配送商品金额	接受自有配送中心商品金额	接受非自有配送中心商品金额
总　计	2348.48	2303.41	2258.01	20.71
一、批发和零售业	2334.83	2289.75	2247.14	17.95
其中：外商及港澳台投资	539.94	507.89	491.62	9.59
按零售业态分				
1、便利店	0.10	0.10	0.01	0.09
2、折扣店				
3、超市	9.59	9.59		9.59
4、大型超市	442.36	425.02	418.33	
5、仓储会员店				
6、百货店	20.65	3.75	3.75	
7、专业店	381.62	370.8	344.68	8.14
其中：加油站	1477.48	1477.48	1477.48	
8、专卖店	3.02	3.02	2.89	0.13
9、家居建材店				
10、厂家直销中心				
11、其他				
二、住宿业				
三、餐饮业	13.65	13.65	10.87	2.76
其中：外商及港澳台投资	12.71	12.71	10.40	2.31
按行业分				
正餐	0.78	0.78	0.31	0.45
快餐	12.51	12.51	10.20	2.31
茶馆				
其他餐饮				

表10—9 续表2

指 标	商品销售总额	#商品零售额	零售营业面积（万平方米）	餐饮营业面积（万平方米）	年末从业人员数（人）
总 计	2485.21	1293.48	1569.47	19.39	313179
一、批发和零售业	2485.21	1293.48	1569.47		277230
其中：外商及港澳台投资	569.29	463.45	429.79		81472
按零售业态分					
1、便利店	0.13	0.12	0.06		27
2、折扣店					
3、超市	8.37	8.37	0.27		925
4、大型超市	465.37	364.61	376.95		70448
5、仓储会员店					
6、百货店	23.60	16.56	22.38		5843
7、专业店	404.79	187.34	697.60		172040
其中：加油站	1579.75	713.91	470.62		27375
8、专卖店	3.19	2.57	1.59		572
9、家居建材店					
10、厂家直销中心					
11、其他					
二、住宿业					
三、餐饮业				19.39	35949
其中：外商及港澳台投资				16.83	34877
按行业分					
正餐				2.26	719
快餐				17.03	35142
茶馆					
其他餐饮					

表 10—9　续表 3

指　标	营业额	#餐费和商品销售额	餐位数（个）
总　计	39.72	39.70	62430
一、批发和零售业			
其中：外商及港澳台投资			
按零售业态分			
1、便利店			
2、折扣店			
3、超市			
4、大型超市			
5、仓储会员店			
6、百货店			
7、专业店			
其中：加油站			
8、专卖店			
9、家居建材店			
10、厂家直销中心			
11、其他			
二、住宿业			
三、餐饮业	39.72	39.70	62430
其中：外商及港澳台投资	37.69	37.67	55511
按行业分			
正餐	1.63	1.63	5727
快餐	37.44	37.42	56528
茶馆			
其他餐饮			

表10—10　主要年份社会消费品零售总额

计量单位：亿元

年 份	社会消费品零售总额	批发和零售业	住宿和餐饮业	其他行业
1949	0.77			
1952	2.49			
1957	4.33			
1962	5.22			
1965	5.28			
1970	6.13			
1975	8.26			
1978	10.69			
1980	15.84			
1985	34.84			
1990	72.79			
1994	205.33			
1995	261.72			
1997	376.07			
1998	416.69	371.02		
1999	459.32	408.27		
2000	509.39	453.35		
2002	637.23	556.52		
2003	728.99	633.86		
2004	863.85	764.02	89.07	10.76
2005	1006.20	885.72	108.19	12.29
2007	1385.30	1209.36	158.15	17.79
2008	1659.60	1442.56	195.08	21.96
2009	1935.49	1704.08	231.41	—
2010	2288.74	2055.38	212.39	20.97
2011	2697.10	2422.59	247.71	26.8
2012	3103.82	2793.48	287.09	23.24
2013	3689.40	3308.78	380.62	—
2014	4167.19	3785.81	381.38	—

注：2013年为全国第三次经济普查调整后的数据。

主要统计指标解释

社会消费品零售总额　指批发和零售业、住宿和餐饮业以及其他行业直接售给城乡居民和社会集团的消费品零售额。其中，对居民的消费品零售额，是指售予城乡居民用于生活消费的商品金额；对社会集团的消费品零售额，是指售给机关、社会团体、部队、学校、企事业单位、居委会或村委会等，公款购买的用作非生产、非经营使用与公共消费的商品金额。

社会消费品零售总额包括：售给城乡居民作为生活消费用的商品和修建房屋用的建筑材料的金额，以及售给来华的外国人、华侨、港澳台同胞的消费品金额；售给社会集团用作非生产、非经营使用与公共消费的商品金额。

不包括：

（1）农民之间相互买卖的商品；

（2）城市居民间或居民委托信托商店卖出的商品；

（3）售给农业、工业、建筑业等行业用于生产的商品；

（4）售予从事批发和零售业务的单位或个体户用于转卖的商品；

（5）售予从事餐饮业务的单位或个体户用于转卖或加工后转卖的商品；

（6）售予从事住宿或其他居民服务业的单位或个体户用于经营或转卖的商品；

（7）售予城乡居民已确知是用于生产、经营的商品；

（8）售予各类农业生产者的生产资料类商品；

（9）售予企业单位生产上专用的劳动保护用品；

（10）售予城乡居民的商品房。

商品购进总额　指从本企业以外的单位和个人购进（包括从国外直接进口）作为转卖或加工后转卖的商品金额（含增值税）。本指标反映批发和零售业从国内外市场上购进商品的总价。

商品销售额　指对本单位以外的单位和个人出售的商品金额（包括售给本单位消费用的商品，含增值税），本指标反映批发和零售业在国内市场上销售商品以及出口商品的总量。

商品批发额　指商品零售额以外的一切商品销售额。包括售给生产经营单位用于生产或经营用的商品销售额；售给批发零售贸易业、餐饮业用于转卖或加工后转卖的商品销售额；直接向国（境）外出口和委托外贸部门代理出口的商品销售额。

商品零售额　指售给城乡居民用于生活消费、售给社会集团用公款购买用作非生产、非经营使用的商品销售额。

期末商品库存额 对于批发和零售业法人企业和个体经营户，是指取得所有权的全部商品金额（含增值税）；对于批发和零售业产业活动单位，是指期末实际在库且归属法人具有所有权的全部商品金额（含增值税）。这个指标反映批发和零售业的商品库存情况，以及对市场商品供应的保证程度。

亿元以上商品交易市场 指年成交额在亿元及以上的商品交易市场。商品交易市场是指经有关部门和组织批准设立，有固定场所、设施，有经营管理部门和监管人员，若干市场经营者入内，常年或实际开业三个月以上，集中、公开、独立地进行生活消费品、生产资料等现货商品交易以及提供相关服务的交易场所，包括各类消费品市场、生产资料市场等。

商品成交额 指市场所有摊位业主商品交易额之和。

消费品零售额 指市场所有摊位业主商品交易总额之和中直接售予城乡居民用于生活消费和社会集团用于公共消费的商品金额。

营业面积 指市场营业用场地、仓库等营业用建筑面积，不包括为市场经营服务的办公室和附设的旅馆、招待所、餐馆、停车场等的面积。

连锁总店（总部） 负责连锁企业资源（商号、商誉、经营模式、服务标准、管理模式等等）的开发、配置、控制或使用等功能的企业核心管理机构。

连锁经营分店 指连锁经营的核心企业或单位（总店）所属各分散经营的门店，也称为成员店。

门店数 指该连锁企业所拥有的全部连锁门店数量，包括总店（如果总公司有门店的话）和全部直营分店、加盟分店数。总店作为一个直营店处理。控股店按直营店统计。直营店和加盟店之和应等于门店总数。

直营连锁 也叫正规连锁。连锁门店均由总部全资或控股开设，在总部的直接领导下统一经营。

加盟连锁 加盟连锁包括特许连锁和自由连锁。

统一配送商品购进额 指企业统一购进商品后，配送到门店（包括加盟店）的商品金额（按购进价计算）。非自有配送中心配送比重指由第三方物流配送的商品购进额。直营店和加盟店的配送商品购进额，是指由总部统一配送或接受统一配送的商品购进额，而不是直营店和加盟店对外的配送商品购进额。

自有配送中心配送商品购进额 指连锁总部从自有配送中心购进商品的金额。

非自有配送中心配送商品购进额 指连锁总部从第三方物流配送中心购进商品的金额。

配送中心 是连锁企业的物流机构，承担着各门店所需商品的进货、库存、分货、加工、集配、运输、送货等任务。配送中心主要为本连锁企业服务，也可面向社会。如本企业没有配送中心而是利用本企业以外的物流中心配送，可不填自有配送中心数、配送中心面积和运输车辆，但应填统一配送商品购进额。

营业额 指住宿和餐饮业法人企业、产业活动单位在经营活动中因提供服务或销售商品等取得的收入。包括：客房收入、餐费收入、商品销售额（含增值税）和其他收入。

客房收入 指住宿和餐饮业法人企业、产业活动单位在经营活动中因提供住宿服务取得的客房收入。

餐费收入　指住宿和餐饮业法人企业、产业活动单位因为顾客提供就餐服务取得的收入。包括：经烹饪、调制加工后出售的各种食品，如主食、炒菜、凉拌菜等的收入。

商品销售额　指住宿和餐饮业法人企业、产业活动单位伴随服务而出售商品所取得的销售总额（含增值税）。

年末餐饮营业面积　指住宿和餐饮业法人企业、产业活动单位对外提供就餐服务的门店建筑面积和从事食品加工、烹饪、调制的厨房面积，不包括办公用房和仓库等面积。该指标按年末实有面积统计。

批发和零售业、住宿和餐饮业统计限额标准

行业类别	统计指标名称	计量单位	限额以上企业
批发业	年主营业务收入	万元	2000及以上
零售业	年主营业务收入	万元	500及以上
住宿业	年主营业务收入	万元	200及以上
餐饮业	年主营业务收入	万元	200及以上

（十一）对外经济贸易和旅游业

CHAPTER 11 FOREIGN TRADE AND ECONOMIC COOPERATION, TOURISM

表 11—1　利用外资

指　标	2014年	2013年	2014年为上年%
新签外商投资项目（个）	504	533	94.6
合资经营	129	131	98.5
合作经营	2	1	200.0
外商独资	370	400	92.5
外商股份制	3	1	300.0
新签合同外资（万美元）	492047	535916	91.8
合资经营	111225	103214	107.8
合作经营	1550	1560	99.4
外商独资	377703	431026	87.6
外商股份制	1568	115	1363.5
实际使用外资（万美元）	329074	403262	81.6
第一产业	630	288	218.8
第二产业	92125	143479	64.2
第三产业	236320	259500	91.1

注：本表数据由市投资促进委员会提供。

表 11—2　对外劳务和承包工程情况

指　标	2014年	2013年	2014年为上年%
一、新签合同金额（万美元）	394003	325255	121.1
二、完成营业额（万美元）	269666	234962	114.8
三、期末在外人员（人）	14453	11863	121.8

注：本表数据由市商务局提供。

表 11—3　涉外税收

计量单位：万元

指　标	2014年	2013年	2014年为上年%
合　计	26939846	26719870	100.8
流转税	13262578	13140578	100.9
企业所得税	6234939	5907281	105.5
个人所得税	191934	154271	124.4
车船使用牌照税	226	302	74.8
城市房地产税	31932	38974	81.9
其他各税	351478	397751	88.4
海关代征	6866759	7080713	97.0

注：本表数据由市国税局和地税局提供。

表 11—4　海关统计进出口贸易（2014 年）

计量单位：万美元

指　标	2014年	2014年为上年%
一、进出口总值（经营单位口径）	5722077	102.6
1、出口	3262768	101.1
# 三资企业	1142413	117.6
高新技术产品	783954	125.0
2、进口	2459309	104.7
# 三资企业	1255545	106.3
高新技术产品	902279	110.0
二、进出口总值（境内目的地、货源地）	5612192	109.0
1、出口（境内货源地）	2259323	114.7
# 三资企业	1146264	117.9
2、进口（境内目的地）	3352870	105.5
# 三资企业	1179480	111.8
三、进出口总值（口岸口径）	3202248	108.50
1、出口	1747607	118.80
# 新生圩	1323154	110.30
2、进口	1454641	98.20
# 新生圩	914943	93.60

表 11—5　进出口商品贸易方式总值表（按经营单位）（2014 年）

计量单位：万美元

贸易方式	进出口		出口		进口	
	数值	增长%	数值	增长%	数值	增长%
总　值	5722077	2.6	3262768	1.1	2459309	4.7
一般贸易	3637067	2.8	2136213	0.4	1500855	6.3
国家间、国际组织无偿援助和赠送的物资	1813	251.5	1813	251.5		
捐赠物资						
补偿贸易						
来料加工装配贸易	182511	-20.3	71236	-29.2	111275	-13.4
进料加工贸易	1507318	4.5	932123	3.9	575195	5.6
寄售代销贸易						
边境小额贸易						
加工贸易进口设备	9	-45.9	0	—	9	-45.9
对外承包工程出口货物	72329	23.3	72329	23.3	0	
租赁贸易	5024	2711.5	8	-61.1	5016	3094.8
外商投资企业作为投资进口的设备、物品	19901	-2.0	0	—	19901	-2
出料加工贸易						
易货贸易						
免税外汇商品						
保税监管场所进出境货物	252153	6.1	28983	28.7	223170	3.8
海关特殊监管区域物流货物	29569	-20.8	18054	-2.0	11515	-39.2
海关特殊监管区域进口设备	5968	0.8	0	—	5968	0.8
其他	8415	45.5	2010	16.9	6405	57.6

表 11—6　进口商品贸易方式企业性质总值表（按经营单位）（2014 年）

计量单位：万美元

贸易方式	合计		国有企业		外商投资企业		集体企业		私营企业	
	数值	增长%	数值	增长%	数值	增长%	数值	增长%	数值	增长%
总　值	2459309	4.7	971138	4.5	1255545	6.3	1494	-53.1	231106	12.2
一般贸易	1500855	6.3	886941	2.6	472995	14.9	1148	3.1	139770	4.0
国家间、国际组织无偿援助和赠送的物资										
捐赠物资										
补偿贸易										
来料加工装配贸易	111275	-13.4	6201	-50.2	103541	-9.7	0		1524	18.5
进料加工贸易	575195	5.6	36709	15.9	514710	11.4	346	-83.3	23430	15.7
寄售代销贸易										
边境小额贸易										
加工贸易进口设备	9	-45.9			9	-45.9				
对外承包工程出口货物										
租赁贸易	5016	3094.8	36	15.1	4980	3855.6				
外商投资企业作为投资进口的设备、物品	19901	-2.0			19901	-2.0				
出料加工贸易										
易货贸易										
免税外汇商品										
保税监管场所进出境货物	223170	3.8	31893	119.8	127887	-19.6			63390	53
海关特殊监管区域物流货物	11515	-39.2	8316	36.6	1009	-78			2190	-73.5
海关特殊监管区域进口设备	5968	0.8			5968	0.8				
其他	6405	57.6	1043	53.8	4554	51.4		-94.1	793	112.1

表11—7 出口商品贸易方式企业性质总值表（按经营单位）（2014年）

计量单位：万美元

贸易方式	合计		国有企业		外商投资企业		集体企业		私营企业	
	数值	增长%	数值	增长%	数值	增长%	数值	增长%	数值	增长%
总 值	3262768	1.1	1173605	9.2	1142413	17.6	11158	68.8	934245	-20.3
一般贸易	2136213	0.4	966606	15.3	328888	5.6	6589	171.3	832795	-14.4
国家间、国际组织无偿援助和赠送的物资	1813	251.5	1176	391.5					637	130.3
捐赠物资										
补偿贸易										
来料加工装配贸易	71236	-29.2	8434	-38.3	59846	-29.1			2956	17.2
进料加工贸易	932123	3.9	114233	-28.8	749042	31.3	4569	9.2	64278	-60.5
寄售代销贸易										
边境小额贸易										
加工贸易进口设备										
对外承包工程出口货物	72329	23.3	72133	34					196	-95.9
租赁贸易	8	-61.1			5	-77.8			4	—
外商投资企业作为投资进口的设备、物品										
出料加工贸易										
易货贸易										
免税外汇商品										
保税监管场所进出境货物	28983	28.7	4530	55	742	-6.3			23711	26.1
海关特殊监管区域物流货物	18054	-2.0	6395	26.1	2353	-27.4			9306	-7.9
海关特殊监管区域进口设备										—
其他	2010	16.9	99	22.4	1536	-1.7			362	381.3

表 11—8 进出口商品国别（地区）总值表（按经营单位）（2014 年）

计量单位：万美元

进口原产国（地区）或出口最终目的国（地区）	进出口		出 口		进 口	
	数值	增长%	数值	增长%	数值	增长%
总 值	5722077	2.6	3262768	1.1	2459309	4.7
亚洲	2894471	1.9	1291976	-5.1	1602494	8.5
# 香港	155800	-39.8	153522	-39.9	2277	-27.2
印度	141605	-1.6	122756	3.5	18849	-25.3
印度尼西亚	99463	-3.1	68056	-3.5	31407	-2.2
日本	559448	3.8	186952	2.6	372496	4.4
澳门	1609	202.0	1609	222.3	0	-99.7
马来西亚	90852	-14.8	54770	-29.3	36082	23.8
巴基斯坦	21589	2.9	20280	6.7	1309	-33.7
菲律宾	74920	98.7	39324	36.9	35596	295.7
新加坡	69420	-34.4	44718	-41.8	24701	-14.9
韩国	795173	6.5	150011	4.0	645163	7.1
泰国	98627	10.7	52764	3.7	45862	19.9
台湾省	278876	13.1	49313	19.7	229563	11.7
非洲	233772	-10.9	182763	-1.0	51010	-34.4
欧洲	1270908	8.2	834164	12.0	436744	1.6
# 比利时	48055	1.1	30473	1.4	17582	0.7
丹麦	14753	28.6	11020	19.9	3734	63.4
英国	128469	12.1	108134	13.2	20335	6.3
德国	326010	-5.2	141066	-2.3	184944	-7.4
法国	92528	3.7	66859	3.1	25669	5.3
意大利	91182	5.9	51514	5.1	39667	7.0
荷兰	96742	8.1	78159	8.9	18583	4.6
西班牙	74582	29.1	60682	23.5	13900	61.7
芬兰	16916	6.9	8918	2.1	7998	12.8
挪威	7471	-16.6	3890	-25.7	3581	-3.8

表11—8 续表

进口原产国（地区）或出口最终目的国（地区）	进出口		出口		进口	
	数值	增长%	数值	增长%	数值	增长%
瑞典	45980	-17.0	20171	-2.2	25809	-25.8
瑞士	17170	18.4	5260	8.0	11910	23.6
白俄罗斯	1730	-3.3	1434	19.4	296	-49.6
俄罗斯联邦	80071	38.3	68221	34.4	11851	65.5
乌克兰	14469	-11.4	12125	-18.6	2344	64.5
捷克共和国	22640	40.8	11426	48.4	11214	33.9
拉丁美洲	288740	-7.9	239224	-10.9	49516	10.3
北美洲	838005	6.5	640160	10.6	197845	-5.0
# 加拿大	102259	-15.5	67597	-11.2	34662	-22.9
美国	735744	10.5	572561	13.9	163183	-0.1
大洋洲	196054	-1.5	74481	-15.6	121573	9.7
# 澳大利亚	139459	4.0	60023	2.8	79437	5.0
新西兰	31436	4.1	8036	13.0	23400	1.4
亚太经合组织	3640742	3.0	1779927	-1.7	1860815	7.9
东南亚国家联盟	556997	4.0	372440	-4.6	184557	26.7
欧洲联盟	1145375	7.0	740247	11.5	405129	-0.5

注：1.东南亚国家联盟包括：文莱、印度尼西亚、马来西亚、菲律宾、新加坡、泰国、越南、缅甸、老挝、柬埔寨。

2.欧洲联盟包括：比利时、丹麦、英国、德国、法国、爱尔兰、意大利、卢森堡、荷兰、希腊、葡萄牙、西班牙、奥地利、芬兰、瑞典、塞浦路斯、捷克、爱沙尼亚、匈牙利、拉脱维亚、立陶宛、马耳他、波兰、斯洛伐克、斯洛文尼亚、保加利亚、罗马尼亚。

3.亚太经济合作组织包括：文莱、中国香港、印度尼西亚、日本、马来西亚、菲律宾、新加坡、韩国、泰国、中国、中国台北、智利、墨西哥、加拿大、美国、澳大利亚、新西兰、巴布亚新几内亚、俄罗斯、秘鲁、越南。

表 11—9　南京与国外缔结友好关系的城市

国　别	城　市	缔结日期
日　　本	名古屋市	1978 年 12 月 21 日
美　　国	圣路易斯市	1979 年 11 月 2 日
意 大 利	佛罗伦萨市	1980 年 2 月 22 日
荷　　兰	埃因侯温市	1985 年 10 月 9 日
德　　国	莱比锡市	1988 年 5 月 21 日
墨 西 哥	墨西卡利市	1991 年 10 月 14 日
塞浦路斯	利马索尔市	1992 年 9 月 23 日
韩　　国	大田市	1994 年 11 月 15 日
加 拿 大	伦敦市	1997 年 5 月 7 日
澳大利亚	珀斯市	1998 年 5 月 18 日
南　　非	布隆方丹市	2000 年 3 月 22 日
哥伦比亚	巴兰基亚市	2001 年 6 月 4 日
马来西亚	马六甲市	2008 年 10 月 31 日
文　　莱	斯里巴加湾市	2011 年 11 月 21 日

注：本表资料由市外办提供。

表 11—10　旅游经济主要指标

指　　标	2014年	2013年	2014年为上年%
全市接待国内外旅游者（万人次）	9475.93	8725.87	108.6
国内旅游者	9419.31	8674.01	108.6
入境旅游者	56.62	51.86	109.2
全市因私出境旅游者（万人次）	67.26	54.20	124.02
国际旅游创汇收入（亿美元）	5.53	4.01	119.7
全市旅游总收入（亿元）	1520.83	1360.67	111.8
全市拥有星级宾馆饭店（家）	102	107	95.3
全市拥有旅行社（家）	576	557	103.4
# 从事国际旅游业务	35	33	106.1
全市拥有旅游 A 级景区（个）	53	53	100
# 5A 级旅游景区	2	2	100
4A 级旅游景区	16	13	123.1

注：本表数据由市旅游委员会提供。

表 11—11　接待入境旅游人数

计量单位：人次

指　　标	2014年	2013年	2014年为上年%
接待入境旅游人数	566202	518568	109.2
（一）外国人	415635	381587	108.9
# 日本	33226	33356	99.6
新加坡	12961	12031	107.7
印度尼西亚	8007	8341	96.0
马来西亚	15802	17543	90.1
韩国	79655	73932	107.7
美国	54277	47842	113.4
加拿大	16925	14220	119.0
英国	13833	12658	109.3
德国	23356	19515	119.7
澳大利亚	16050	14784	108.6
（二）香港同胞	45023	40408	111.4
（三）澳门同胞	1832	1854	98.8
（四）台湾同胞	103712	94719	109.5
平均每天来宁人数	1551	1420	109.2

注：本表数据由市旅游委员会提供。2013年按国家及省旅游局入境旅游统计最新指标与口径对外发布和使用入境旅游数据。

表 11—12　部分年份对外贸易主要指标

单位：亿美元

年 份	进出口总额（经营单位）	出口	# 三资企业出口	进口
1990	3.64	1.58	0.11	2.06
1995	51.74	38.06	2.52	13.68
2000	91.02	53.69	9.20	37.33
2003	147.12	76.65	19.57	70.47
2004	206.39	104.60	36.96	101.79
2005	270.90	142.45	60.30	128.45
2006	315.35	173.65	77.22	141.70
2007	362.00	206.46	86.26	155.53
2008	405.92	235.97	88.22	169.95
2009	337.45	184.59	64.81	152.86
2010	456.01	248.85	83.51	207.16
2011	573.44	308.65	107.67	264.79
2012	552.35	319.01	109.62	233.34
2013	557.57	322.66	97.18	234.91
2014	572.21	326.28	114.24	245.93

表 11—13　部分年份开放型经济主要指标

单位：亿美元

年 份	实际使用外资	注册合同外资	投资总额	对外承包劳务完成营业额
1990	0.70	0.37	—	0.16
1995	4.15	12.3	—	0.65
2000	8.13	20.79	38.55	1.37
2003	22.10	40.09	73.02	4.16
2004	25.66	45.15	77.11	4.60
2005	20.09	25.58	82.53	4.83
2006	17.02	30.82	69.78	6.07
2007	20.61	37.85	80.16	7.44
2008	23.72	44.60	56.74	10.26
2009	23.92	45.59	74.42	11.57
2010	28.16	47.78	95.35	13.09
2011	35.66	61.66	103.15	15.76
2012	41.30	61.15	164.88	11.42
2013	40.33	53.59	88.92	11.73
2014	32.91	49.20	108.58	26.97

表 11—14　部分年份旅游经济主要指标

单位：万人次

年　份	国内旅游人数	入境旅游人数				
			外国人	香港同胞	澳门同胞	台湾同胞
1990	—	26.33	7.29	—	18.79	—
1995	654	23.17	12.77	0.20	5.66	4.54
2000	1501	41.90	22.69	8.26	0.44	10.51
2003	2206	51.51	31.11	9.44	0.36	10.60
2004	2800	71.97	47.17	11.26	0.44	13.10
2005	3220	87.63	51.41	15.09	0.41	20.72
2006	3800	100.92	64.66	15.97	0.60	19.69
2007	4489	116.12	76.33	16.73	0.77	22.28
2008	4960	119.52	77.85	17.23	0.86	23.58
2009	5520	113.45	74.40	15.55	1.07	22.44
2010	6366	130.88	86.80	17.10	1.10	25.88
2011	7181	150.64	99.91	19.74	1.26	19.74
2012	7950	162.71	107.73	21.36	1.36	32.27
2013	8674	51.86	38.16	4.04	0.19	9.47
2014	9419	56.62	41.56	4.51	0.18	10.37

注：本表数据由市旅游委员会提供。2013年按国家及省旅游局入境旅游统计最新指标与口径对外发布和使用入境旅游数据。

表11—14　续表

年　份	旅游总收入（亿元）		
		国内旅游收入（亿元）	国际旅游收入（亿美元）
1990	0.31	—	0.31
1995	62.36	53.89	1.02
2000	155.99	137.66	2.21
2003	244.00	217.60	3.18
2004	320.00	277.90	5.08
2005	379.00	333.00	5.76
2006	462.80	408.08	6.77
2007	585.45	530.51	8.08
2008	714.30	654.00	8.73
2009	822.16	765.00	8.37
2010	951.61	885.95	9.81
2011	1106.23	1028.00	12.00
2012	1272.78	1169.01	13.62
2013	1360.67	1336.22	4.01
2014	1520.83	1470.00	5.53

主要统计指标解释

进出口总额 海关进出口总额指实际进出我国国境的货物总金额。包括对外贸易实际进出口货物，来料加工装配进出口货物，国家间、联合国及国际组织无偿援助物资和赠送品，华侨、港澳台同胞和外籍华人捐赠品，租赁期满归承租人所有的租赁货物，进料加工进出口货物，边境地方贸易及边境地区小额贸易进出口货物（边民互市贸易除外），中外合资企业、中外合作经营企业、外商独资经营企业进出口货物和公用物品，到、离岸价格在规定限额以上的进出口货样和广告品（无商业价值、无使用价值和免费提供出口的除外），从保税仓库提取在中国境内销售的进口货物，以及其他进出口货物。进出口总额用以观察一个国家在对外贸易方面的总规模。我国规定出口货物按离岸价格统计，进口货物按到岸价格统计。

商品经营单位所在地进、出口额 指所在地海关注册登记的有进出口经营权的企业实际进、出口额。

商品目的地进口额和商品货源地出口额 目的地进口额指进口货物的消费、使用或最终抵运地的实际进口额，货源地出口额是指出口货物的产地或原始发货地的实际出口额。

利用外资 指我国各级政府、部门、企业和其他经济组织通过对外借款、吸收外商直接投资以及用其他方式筹措的境外现汇、设备、技术等。

对外借款 是我国利用外资的重要部分。指通过对外正式签订借款协议，从境外筹措的资金，包括外国政府贷款、国际金融组织贷款、外国银行商业贷款、出口信贷以及对外发行债券等。1996 年及以前还包括对外发行股票。

外商直接投资 指外国企业和经济组织或个人（包括华侨、港澳台胞以及我国在境外注册的企业）按我国有关政策、法规，用现汇、实物、技术等在我国境内开办外商独资企业、与我国境内的企业或经济组织共同举办中外合资经营企业、合作经营企业或合作开发资源的投资（包括外商投资收益的再投资）。

外商其他投资 指除对外借款和外商直接投资以外的各种利用外资的形式。包括企业在境内外股票市场公开发行的以外币计价的股票（目前主要是在香港证券市场发行的H股和在境内证券市场发行的B股）发行价总额，国际租赁进口设备的应付款，补偿贸易中外商提供的进口设备、技术、物料的价款，加工装配贸易中外商提供的进口设备、物料的价款。

对外承包工程 指各对外承包公司以招标议标承包方式承揽的下列业务：（1）承包国外工程建设项目，（2）承包我国对外经援项目，（3）承包我国驻外机构的工程建设项目，（4）承包我国境内利用外资进行建设的工程项目，（5）与外国承包公司合营或联合承包工程项目时我国公司分包部分，（6）对外承包兼营的房屋开发业务。对外承包工程的营业额是以货币表现的本期内完成的对外承包工程的工作量，包括以前年度签订的合同和本年度新签订的合同在报告期内完成的工作量。

对外劳务合作 指以收取工资的形式向业主或承包商提供技术和劳动服务的活动。我国对外承包公司在境外开办的合营企业，中国公司同时又提供劳务的，其劳务部分也纳入劳务合作统计。劳务合作营业额按报告期内向雇主提交的结算数（包括工资、加班费和奖金等）统计。

旅游者人数 包括入境国际旅游者人数、出境居民人数和国内旅游者人数。

（1）入境国际旅游者人数：指来中国参观、访问、旅行、探亲、访友、休养、考察、参加会议和从事经济、科技、文化、教育、宗教等活动的外国人、华侨、港澳同胞和台湾同胞的人数。不包括外国在我国的常驻机构，如使领馆、通讯社、企业办事处的工作人员；来我国常住的外国专家、留学生以及在岸逗留不过夜人员。

（2）出境居民人数：指大陆居民因公务活动或私人事务短期出境的人数。公务活动出境居民人数包括在国际交通工具上的中国服务员工，因私出境居民人数不包括在国际交通工具上的中国服务员工。

（3）国内旅游者人数：指我国大陆居民和在我国常住 1 年以上的外国人、华侨、港澳台同胞离开常住地在境内其他地方的旅游设施内至少停留一夜，最长不超过 6 个月的人数。

国际旅游（外汇）收入 指入境旅游的外国人、华侨、港澳同胞和台湾同胞在中国大陆旅游过程中发生的一切旅游支出，对于国家来说就是国际旅游（外汇）收入。

（十二）财政、金融和保险

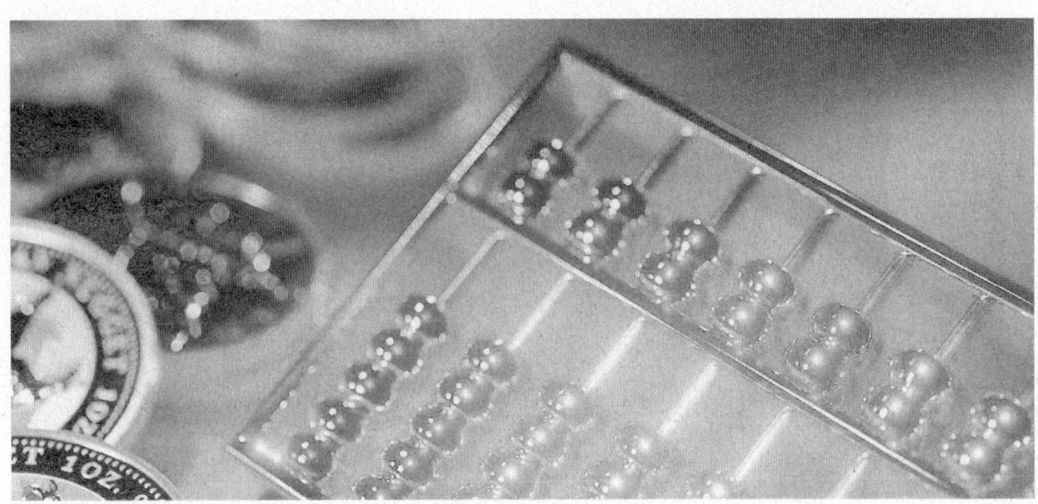

CHAPTER 12
FINANCE, BANKING AND INSURANCE

表 12—1　财政收入

计量单位：亿元

指　　标	2014年	2013年	2014年为上年%
全市财政收入	1771.85	1591.59	111.3
1、公共财政预算收入	903.49	831.31	108.7
增值税 25%	152.56	126.00	121.1
营业税	211.51	195.82	108.0
企业所得税 40%	107.78	100.38	107.4
个人所得税 40%	51.29	46.28	110.8
城市维护建设税	63.30	57.11	110.8
其他各项收入	317.05	305.72	103.7
2、上划中央收入	868.36	760.28	114.2
增值税 75%	347.44	300.57	115.6
国内消费税	282.31	239.72	117.8
企业所得税 60%	161.67	150.57	107.4
个人所得税 60%	76.94	69.42	110.8
附：公共财政预算收入构成（%）	100	100	—
增值税 25%	16.9	15.2	—
营业税	23.4	23.6	—
企业所得税 40%	11.9	12.1	—
个人所得税 40%	5.7	5.6	—
城市维护建设税	7.0	6.9	—
其他各项收入	35.1	36.8	—

注：本表由市财政局提供，各项相关指标发展速度为剔除出口货物退税等不可比因素后的同口径比较数，采用2013年年度决算数据。

表 12—2　公共财政预算支出

计量单位：亿元

指　标	2014年	2013年	2014年为上年%
公共财政预算支出	921.20	850.91	108.3
# 一般公共服务	84.62	84.77	99.8
公共安全	60.86	56.84	107.1
教育	136.88	125.89	108.7
科学技术	44.72	40.12	111.5
文化体育与传媒	30.84	27.80	110.9
社会保障和就业	94.78	82.88	114.4
医疗卫生	60.23	48.52	124.1
环境保护	32.37	30.18	107.3
城乡社区事务	179.13	174.39	102.7
农林水事务	58.03	57.73	100.5
交通运输	40.31	29.15	138.3
工业商业金融等事务	64.37	56.66	113.6
其他支出	34.06	35.98	94.7

注：预算支出及部分分项指标发展速度为同口径比较数据，采用2013年年度决算数据。

表12—3　金融机构存、贷款余额

计量单位：亿元

指　标	2014年	2013年
一、金融机构存款余额	20733.39	18417.90
1、单位存款	13792.64	12083.41
# 活期存款	4734.35	3991.00
定期存款	4121.44	3714.51
2、个人存款	5501.16	5264.64
# 储蓄存款	5135.67	4955.76
3、财政性存款	479.72	251.29
4、临时性存款	108.43	86.02
5、委托存款	166.02	96.45
6、其它存款	685.42	636.10
二、金融机构贷款余额	16448.55	14538.65
1、境内贷款	16328.58	14406.28
①、短期贷款	5099.46	4844.91
②、中长期贷款	10432.58	8932.85
③、融资租赁	259.39	173.20
④、票据融资	524.71	447.10
⑤、各项垫款	12.44	8.21
2、境外贷款	119.97	132.37

注：本表由人行南京营业部提供。

表 12—4 全市保险业务情况（2014 年）

指 标	保费收入（万元）	同比增长%	赔款及给付（万元）	同比增长%
全 市	2483201.23	24.6	918036.88	20.9
一、财产险公司小计	994366.08	17.2	521230.16	6.5
企业财产险	84988.52	8.2	27869.54	-6.4
工程险	20984.87	19.7	7875.97	75.7
商业车辆险	577253.54	22.6	300665.67	8.4
交强险	161014.25	14.7	121494.27	2.5
运输险	17960.58	2.3	9079.02	47.4
信用险	2890.13	-7.7	297.56	75.5
船舶险	20883.91	-3.1	10486.73	-49.3
其他险	108390.28	9.3	43461.4	34.8
二、人寿险公司小计	1488835.15	37.2	396806.72	52.9
营销业务	533261.81	11.9	78861.01	-12.8
团险业务	128554.40	52.1	64428.28	22.5
银邮代理	676280.25	60.4	246469.43	122.4
其他业务	150738.69	74.2	7048.01	24.4

注：本表数据由江苏省保监局提供。

表 12—5　主要年份财政收支

计量单位：万元

年　份	财政收入	#一般公共预算收入	财政支出
1949	732	—	165
1952	4073	—	3559
1957	5502	—	5878
1962	16503	—	3551
1965	23546	—	5247
1970	48300	—	10327
1975	69217	—	10584
1978	108538	—	17797
1979	176356	—	23414
1980	149578	—	22990
1985	247696	—	47576
1990	361775	—	98078
1995	651692	294266	362207
1998	1082397	507798	596533
1999	1284921	664299	732078
2000	1645808	925667	1012913
2004	4036509	2378586	2589814
2005	5101688	2110746	3154413
2007	6285266	3301883	—
2008	7423992	3865600	—
2009	9011450	4345080	—
2010	10752531	5188008	—
2011	12987688	6350018	—
2012	14272500	7330000	—
2013	15915868	8313076	—
2014	17718514	9034889	

主要统计指标解释

财政收入 指国家财政参与社会产品分配所取得的收入，是实现国家职能的财力保证。财政收入所包括的内容几经变化，目前主要包括：:

（1）各项税收：包括增值税、营业税、消费税、土地增值税、城市维护建设税、资源税、城市土地使用税、印花税、个人所得税、企业所得税、关税、农牧业税和耕地占用税等。

（2）专项收入：包括征收排污费收入、征收城市水资源费收入、教育费附加收入等。

（3）其他收入：包括基本建设贷款归还收入、基本建设收入、捐赠收入等。

（4）国有企业亏损补贴：这项为负收入，冲减财政收入。

财政支出 国家财政将筹集起来的资金进行分配使用，以满足经济建设和各项事业的需要，主要包括：:基本建设支出、企业挖潜改造资金、地质勘探费用、科技三项费用、支援农村生产支出、农林水利气象等部门的事业费用、工业交通商业等部门的事业费、文教科学卫生事业费、抚恤和社会福利救济费、国防支出、行政管理费和价格补贴支出等。

中央财政收入和地方财政收入 指按财政体制划分的中央本级收入和地方本级收入。1994 年分税制财政体制以后，属于中央财政的收入包括关税、海关代征消费税和增值税，消费税，中央企业所得税，地方银行和外资银行及非银行金融企业所得税，铁道、银行总行、保险总公司等集中缴纳的营业税、所得税、利润和城市维护建设税，增值税的 75% 部分，证券交易税（印花税）50% 部分和海洋石油资源税。属于地方财政的收入包括营业税，地方企业所得税，个人所得税，城镇土地使用税，固定资产投资方向调节税，城镇维护建设税，房产税，车船使用税，印花税，屠宰税，农牧业税，农业特产税，耕地占用税，契税，增值税 25% 部分，证券交易税（印花税）50% 部分和除海洋石油资源税以外的其他资源税。

存款 指企业、机关、团体或居民根据资金必须收回的原则，把货币资金存入银行或其他信用机构保管并取得一定利息的一种信用活动形式。根据存款对象的不同可划分为企业存款、财政存款、机关团体存款、基本建设存款、城镇储蓄存款、农村存款等科目。它是银行信贷资金的主要来源。

贷款 指银行或其他信用机构根据资金必须归还的原则，按一定利率，为企业、个人等提供资金的一种信用活动形式。我国银行贷款分为流动资金贷款、固定资产贷款、城乡个体工商户贷款以及农业贷款等科目。

保险公司 在中国境内的、经过保险监督部门批准设立，并依法登记注册的各类商业保险公司。

保险金额 指保险人承担赔偿或者给付保险金责任的最高限额。

保费 指投保人为取得保险人在约定范围内所承担赔偿责任而支付给保险人的费用。

赔款指保险人根据保险合同的规定，向被保险人支付的赔偿保险责任损失的金额。

给付包括死伤医疗给付和满期给付。死伤医疗给付是指保险人根据人寿保险及长期健康保险合同的规定，因被保险人在保险期内发生保险责任范围内的保险事故支付给被保险人（或受益人）的金额。满期给付是指被保险人生存期满，保险人按人寿保险合同规定支付给被保险人的满期保险金额。

（十三）科技和教育

CHAPTER 13 SCIENCE AND TECHNOLOGY, EDUCATION

2015' NANJING STATISTICAL YEARBOOK 2015' NANJING STATISTICAL YEARBOOK 2015' NANJING STATISTICAL YEARBOOK 2015' NANJING STATISTICAL YEARBOOK

表 13—1　规模以上工业企业高新技术产业基本情况（2014 年）

计量单位：千元

指　标	工业总产值	主营业务收入	出口交货值	利润总额
合　计	581207429	587236200	147647966	35500022
1、航天航空制造业	2171092	2704917	719122	273253
2、计算机及办公室设备制造业	2280691	2358654	91235	169949
3、电子及通信设备制造业	229932406	231514170	129141399	15127341
4、医药制造业	25713424	26460329	975574	4114545
5、专用科学仪器设备制造业	8783985	8937094	1629939	878777
6、电气机械及设备制造业	136450710	135302402	6134465	12701989
7、新材料产业	173694240	176911120	8479360	2308447
8、新能源	2180881	3047514	476872	-74279

表 13—2　规模以上工业企业科技活动

指　标	2014年	2013年
一、企业数及开展科技活动数		
规模以上工业企业数（个）	2748	2783
有 R&D（研究与试验发展）活动企业数（个）	897	837
企业办科技机构数（个）	1205	1173
二、科技活动人员		
科技活动人员总计（人）	82791	79799
总计中：大学本科及以上学历人员	39831	37112
总计中：研究与试验发展活动人员	58591	55537
总计中：企业办科技机构中人员	51610	50723
# 博士、硕士毕业以上学历人员	9372	8444
三、科技 R&D 活动项目及经费		
本年 R&D 项目数（项）	6295	5557
# 限额以上 R&D 项目数	5087	4409

表 13—2　续表

指　标	2014年	2013年
本年 R&D 活动经费内部支出合计（千元）	14161497	12864673
#大中型工业企业	11389455	10783169
#小微型工业企业	2772042	2081504
本年 R&D 活动经费外部支出合计（千元）	1609919	928836
本年新产品开发经费支出	1461048	16207352
四、其他技术活动经费支出		
技术改造经费支出（千元）	9184209	10750647
技术引进经费支出（千元）	984409	1278280
消化吸收经费支出（千元）	93285	403143
购买国内技术经费支出（千元）	253496	266192
五、科技活动产出		
专利申请数（件）	12270	7439
#发明专利申请数	4875	3484
新产品销售收入合计（千元）	186265752	209984895
#新产品出口销售收入	24934775	19794556
新产品产值（千元）	184269404	204949975

表13—3 规模以上工业企业研究与试验发展内部支出

计量单位：万元

指标	2014年	2013年
总计	1416149.7	1286467.3
一、按企业规模分组		
大中型企业	1138945.5	1078316.9
大型企业	742146.1	712274.5
中型企业	396799.4	366042.4
小微型企业	277204.2	208150.4
二、按隶属关系分组		
中央	303778.4	326931.2
地方	1112371.3	959536.1
三、按登记注册类型分组		
内资企业	1099107.2	999887.6
国有企业	46663.2	48603.7
集体企业	1875.7	3181.3
股份合作企业	33.1	0
联营企业	467.3	477.7
国有联营企业	270.6	294.3

注：本表根据科技年报数据编制。

表13—3　续表1

指　标	2014年	2013年
集体联营企业		
国有与集体联营企业	196.7	183.4
其他联营企业		
有限责任公司	480435.3	473739.1
国有独资公司	49232.3	65776.6
其他有限责任公司	431203.1	407962.5
股份有限公司	298577.1	258129.3
私营企业	270399	215482
私营独资企业	7459.1	5809.2
私营合伙企业	574.7	604.1
私营有限责任公司	213600.7	172688.5
私营股份有限公司	48764.5	36380.2
其他企业	656.5	274.5
港、澳、台商投资企业	84473	96650.8
合资经营企业（港或澳、台资）	44303.2	41498.9
合作经营企业（港或澳、台资）	497.9	233.6
港、澳、台商独资经营企业	39411.6	53811.3

表 13—3　续表 2

指　标	2014年	2013年
港、澳、台商投资股份有限公司	260.3	384.5
其他港澳台投资企业	0	722.5
外商投资企业	232569.5	189928.9
中外合资经营企业	147664.8	113119.1
中外合作经营企业	1546.2	1196.9
外资企业	82514.3	74904.4
外商投资股份有限公司	844.2	708.5
四、按国民经济行业分组		
采矿业	2105.9	1465.6
石油和天然气开采业		
黑色金属矿采选业	846.7	192.7
有色金属矿采选业	1133.1	1157.4
非金属矿采选业	126.1	115.5
制造业	1393696.3	1272395.8
农副食品加工业	5367.1	22722.9
食品制造业	6752.7	5481.7
酒、饮料和精制茶制造业	1583.3	803
烟草制品业		
纺织业	8239.6	10907.7

表13—3　续表3

指　标	2014年	2013年
纺织服装、服饰业	35521	22436.4
皮革、毛皮、羽毛及其制品和制鞋业	1217.8	1221.4
木材加工及木、竹、藤、棕、草制品业	254.1	48.8
家具制造业	3377.9	806.6
造纸及纸制品业		
印刷业和记录媒介的复制	5325.2	3904.8
文教、工美、体育和娱乐用品制造业	11263	9487.3
石油加工、炼焦及核燃料加工业	3855.3	10229.7
化学原料及化学制品制造业	311155.6	274882
医药制造业	71801.6	63101.4
化学纤维制造业	10597.5	10596
橡胶和塑料制品业	16596.1	14494.6
非金属矿物制品业	20557.2	28507
黑色金属冶炼及压延加工业	136254.5	132125.6
有色金属冶炼及压延加工业	20218	12926.7
金属制品业	27772.1	18864.8
通用设备制造业	68368	63129.1

表13—3 续表4

指　标	2014年	2013年
专用设备制造业	64141.1	45922.8
汽车制造业	98293.4	67345.2
铁路、船舶、航空航天和其他运输设备制造业	55003.8	87428.8
电气机械及器材制造业	155705.4	147904.6
计算机、通信和其他电子设备制造业	166286.7	143444.2
仪器仪表制造业	87032.5	73178.3
其他制造业	390.9	0
废弃资源综合利用业	426.1	105.2
金属制品、机械和设备修理业	338.8	389.2
电力、热力、燃气及水的生产和供应业	20347.5	12605.9
电力、热力的生产和供应业	18126.8	10056.9
燃气生产和供应业	451.7	1386.3
水的生产和供应业	1769	1162.7
五、按企业控股情况分组		
国有控股	581636.8	552159.1
集体控股	25909.5	26098.9
私人控股	387989.9	316807.5
港澳台商控股	65793.6	73994.3
外商控股	174553.7	147760.3
其他	180266.2	169647.2

表 13—4　研究与开发机构概况

计量单位：个

指　标	2014年	2013年
合　计	1889	1838
县以上独立研究与开发机构	134	140
非独立研究与开发机构	1755	1698
# 规模以上工业企业技术开发机构	1205	1173
# 高等院校研究与开发机构	550	525

注：本表由科技年报数据加工编制，市科委协助提供。

表 13—5　科技活动人员及 R&D 人员按活动机构分类情况

计量单位：人

指　标	2014年	2013年
科技活动人员数	210501	206781
独立研究与开发机构	23979	20917
高等院校	49893	47031
规模以上工业	82791	79799
其他	53838	59034
R&D 人员数	116734	111756
独立研究与开发机构	16811	13876
高等院校	28849	26125
规模以上工业企业	58591	55537
其他	12483	16218

注：当年独立研究与开发机构的统计数据不包括军工的研究机构；本表由科技年报数据加工编制，市科委协助提供。

表 13—6　独立研究与开发机构 R&D 活动情况

指　标	2014年	2013年
R&D 经费总支出（万元）	610900	446868
内部支出	595503	443054
基础研究	45383	38343
应用研究	159832	97186
试验发展	390288	307525
外部支出	15397	3814
R&D 折合全时人员（人年）	15231	12424

注：当年独立研究与开发机构的统计数据不包括军工的研究机构；本表由市科委提供。

表 13—7　独立研究与开发机构经费情况

计量单位：万元

指　标	2014年	2013年
经费收入	1990687	1480144
科技活动收入	962493	862197
政府资金	463858	423842
# 财政补助收入	275473	264486
非政府资金	498635	438355
# 技术性收入	360244	257355
其他资金	138391	181000
生产经营收入	649649	320116
其他收入	378545	297831
经费支出	1803808	1257350

注：当年独立研究与开发机构的统计数据不包括军工的研究机构；本表由市科委提供。

表 13—8　专利申请量与授权量

计量单位：件

指　标	2014年	2013年
申请量合计	56108	55094
发明	28050	22482
实用新型	16857	15043
外观设计	11201	17569
授权量合计	22844	19484
发明	5265	4729
实用新型	11863	10505
外观设计	5716	4250

注：本表由市科委提供。

表 13—9　商标注册情况（2014 年）

计量单位：件

指　标	2014年
新申请注册商标	1470
有效注册商标总量累计	80000
马德里国际注册商标	75
马德里国际注册商标累计	251
申报中国驰名商标	11
中国驰名商标总量累计	88
申报省著名商标	75
申报市著名商标	130

注：本表由市工商局提供，到2014年末，全市拥有省著名商标459件，市著名商标832件。

表 13—10　技术合同成交情况（2014 年）

指　标	合同数（项）	合同金额（万元）	
			#技术交易额
合　计	16866	1801376	1700547
技术开发	9229	1259753	1179249
技术转让	424	95382	94155
技术咨询	4675	71964	68812
技术服务	2538	374277	358330

注：本表由市科委提供。

表 13—11　各类教育事业基本情况

一、学校数

计量单位：所

指　标	2014年	2013年
全　市	1470	1253
普通高等教育	59	61
#普通高校	53	53
成人高校	6	8
中等职业学校	57	58
#普通中专	24	24
成人中专	6	7
技工学校	27	27
普通中学	223	218
小学	345	339
特殊教育	12	13
幼儿园	774	564

二、在校学生数

计量单位：人

指　标	2014年	2013年
在校学生总数	1858239	1831825
高等教育	988735	982755
# 研究生培养机构	103000	99540
普通高校	702295	707910
成人高校	183440	175305
中等职业学校	118661	126565
# 普通中专	53615	56254
成人中专	19700	24492
技工学校	45346	45819
普通中学	222777	224256
小学	339335	321365
特殊教育	1327	1373
幼儿园	187404	175511

注：本表技工学校数据由人社部门提供，其余数据由市教育局提供。

三、毕业生数

计量单位：人

指　标	2014年	2013年
毕业生总数	534667	526044
高等教育	309437	303507
# 研究生培养机构	28000	27514
普通高校	211095	208576
成人高校	70342	67417
中等职业学校	43736	40338
# 普通中专	18233	17084
成人中专	11039	6959
技工学校	14464	16295
普通中学	74583	77771
# 初中	46328	47875
高中	28255	29896
小学	47989	48204
特殊教育	227	230
幼儿园	58695	55994
小学毕业生升学率（%）	100	99.64
初中毕业生升学率（%）	100	99.76

注：本表技工学校数据由人社部门提供，其余数据由市教育局提供。

四、招生数

计量单位：人

指　标	2014年	2013年
招生总数	588264	564787
高等教育	331099	320571
# 研究生培养机构	33400	32584
普通高校	217533	218890
成人高校	80166	69097
中等职业学校	43066	43453
# 普通中专	18033	18497
成人中专	6318	6946
技工学校	18715	18010
普通中学	73456	73457
# 初中	48313	25428
高中	25143	48029
小学	65060	61721
特殊教育	199	232
幼儿园	75384	65353

注：本表技工学校数据由人社部门提供，其余数据由市教育局提供。

五、专任教师数

计量单位：人

指　标	2014年	2013年
专任教师总数	111483	115556
高等教育	47749	53087
# 普通高校	47191	52531
成人高校	558	556
中等职业学校	6359	7248
# 普通中专	3553	3544
成人中专	553	561
技工学校	2253	2582
普通中学	22414	22361
小学	21823	20761
特殊教育	463	452
幼儿园	12675	11647

注：本表技工学校数据由人社部门提供，其余数据由市教育局提供。2014年普通高校专任教师数统计口径改变。

表 13—12　教育系统各级各类学校教学设施情况（2014 年）

指　标	普通高校	中等职业学校	普通中学		普通小学	特殊学校
			高中	初中		
占地面积（平方米）	55166488	3927917	3964006	5573868	5838759	110867
#运动场地面积	3832721	446953	957363	1688642	2091483	29787
校均面积（平方米）	1040877	130930.5	73407.52	32981.47	16923.93	8528.23
教学及辅助用房面积（平方米）	10283058	749301	1122474	1245531	1634080	37983
# 教室	3263459	332925	598420	781588	1270110	32992
实验室	3846848	297402	194258	223497	95906	2088
图书室	1223135	53072	112590	79830	81606	1748
微机室	—	—	60013	62511	63010	1155
语音室	—	—	15032	8145	10015	—
体育室	—	—	—	—	—	—
生均教室面积（平方米）	4.05	4.5	7.7	5.4	3.7	24.9
图书资料	—	—	—	—	—	—
# 一般图书（万册）	6909.5	268.47	402.51	517.07	829.64	—
电子图书（GB）	—	27560.35	40975.2	20641.6	18272.89	—
教学用计算机（台）	302140	28617	27631	32339	49514	—
每百名学生拥有教学用计算机（台）	37.5	39.03	35.67	22.26	14.6	—
平均每一专任教师负担学生数（人）	16.9	16.2	9.8	10	15.5	2.9

注：本表数据由市教育局提供。

表 13—13　主要年份学校在校学生数

计量单位：万人

年　份	普通高等学校	普通中学	小　学
1949	0.35	1.82	12.06
1952	0.84	3.68	23.34
1957	2.35	6.98	31.46
1962	3.52	8.92	35.63
1965	2.98	11.29	48.00
1970	2.43	18.26	54.10
1975	1.87	25.23	60.19
1978	2.72	23.14	39.17
1979	3.51	21.8	39.84
1980	4.02	27.41	50.5
1985	6.04	23.86	41.85
1990	7.51	23.01	42.08
1995	10.37	23.57	41.72
1997	12.05	22.04	46.75
1998	13.24	21.80	48.11
1999	16.28	22.29	47.88
2000	21.69	25.38	45.41
2005	56.11	32.26	30.51
2007	67.79	28.53	29.07
2008	72.50	27.27	28.56
2009	77.34	26.11	28.32
2010	79.34	24.86	28.83
2011	80.85	23.78	30.07
2012	81.53	23.07	30.71
2013	80.74	22.43	32.14
2014	80.53	22.28	33.93

注：高等学校在校学生数含普通高等学校、科研院所有在学研究生。

主要统计指标解释

科技活动 指在自然科学、农业科学、医药科学、工程与技术科学、人文与社会科学领域（简称科学技术领域）中，与科技知识的产生、发展、传播和应用密切相关的有组织的活动。可分为研究与试验发展（R&D）、研究与试验发展成果应用及相关的科技服务三类活动。

企业办科技机构数 指企业自办、或与外单位合办，管理上同生产系统相对独立、或者单独核算的专门科技活动机构，如企业开办的技术中心、研究院所、开发中心、开发部、实验室、中试车间、试验基地等。企业办科技机构经过资源整合，被国家或省级有关部门认定为国家级或省级技术中心的，可按一个机构填报。企业科技管理职能科室（如科研处、技术科等）一般不统计在内；若科研处、技术科等同时挂有科技机构牌子，视其报告年度内主要工作任务而定，主要任务是从事科技活动的可以统计，否则不统计。本指标不含企业在中国境外设立的科技机构数。

科技活动人员 指直接从事或参与科技活动的人员，包括参加科技项目人员、从事科技活动管理和为科技活动提供直接服务的人员（包括工人）。科技活动人员不包括全年累计从事科技活动时间不足制度工作时间 10% 的人员，也不包括为科技活动提供间接服务的保卫、医疗保健、司机、食堂人员、茶炉工、水暖工、清洁工等人员。

研究与试验发展人员 指科技活动人员中从事基础研究、应用研究和试验发展三类活动的人员。包括直接参加上述三类项目活动的人员及这三类项目的管理和直接服务人员。上述三类项目的管理和直接服务人员，可按研究与试验发展（R&D）项目人员占全部科技项目人员的比重进行推算。

科技项目 指为系统地解决产品和工艺等方面的科学技术问题而确定的研究开发性工作。科技项目一般应按照企业制订的科技开发计划或签订的项目协议书确定，具体包括企业在报告年度当年立项并开展研制工作、以前年份立项仍继续进行研制的科技项目，以及当年完成和年内研制工作已告失败的科技项目，但不包括委托外单位进行研制的科技项目以及列入当年计划但未实施的项目。

科技活动经费筹集总额 指在报告年度从各种渠道筹集到的计划用于科技活动的经费，包括企业资金、金融机构贷款、政府资金、国外资金、其他资金等。

政府资金 指从各级政府部门获得的计划用于科技活动的经费，包括科学事业费、科技三项费、科研基建费、科学基金、教育等部门事业费中计划用于科技活动的经费以及政府部门预算外资金中计划用于科技活动的经费等。

企业资金 指从自有资金中提取或接受其他企业委托的、科研院所和高校等事业单位接受企业委托获得的，计划用于科研和技术开发的经费。不包括来自政府、金融机构及国外的计划用于科技活动的资金。

科技活动经费支出总额 指在报告年度实际支出的全部科技活动费用，包括列入技术开发的经费支出以及技措技改等资金实际用于科技活动的支出。不包括生产性支出和归还贷款支出。科技活动经费支出总额分为企业内部开展科技活动的经费支出和委托外单位开展科技活动的经费支出。

技术改造经费支出 指企业在报告年度进行技术改造而发生的费用支出。技术改造指企业在坚持科技进步的前提下，将科技成果应用于生产的各个领域（产品、设备、工艺等），用先进技术改造落后技术，用先进工艺代替落后工艺、设备，实现以内涵为主的扩大再生产，从而提高产品质量、促进产品更新换代、节约能源、降低消耗，全面提高综合经济效益。

技术引进经费支出 指在报告年度用于购买国外技术的费用支出，包括产品设计、工艺流程、图纸、配方、专利等技术资料的费用支出，以及购买关键设备、仪器、样机和样件等的费用支出。

消化吸收经费支出 指企业在报告年度对国外引进项目进行消化吸收所支付的经费。包括：人员培训费、测绘费、参加消化吸收人员的工资、工装、工艺开发费、必备的配套设备费、翻版费等。引进技术的消化吸收指对引进技术的掌握、应用、复制而开展的工作，以及在此基础上的创新。通过消化吸收国外技术，达到掌握引进技术，提高自我创新能力的目的。消化吸收经费支出中属于研究与试验发展的经费支出，除包含在本项外，还要计入企业研究与试验发展经费支出中。

购买国内技术经费支出 指企业在报告年度购买国内其他单位科技成果的经费支出。包括购买产品设计、工艺流程、图纸、配方、专利、技术诀窍及关键设备的费用支出。

专利申请数 指在报告年度内向专利行政部门提出专利申请并被受理的件数。

新产品产值 指年度本企业生产的新产品的产值。新产品是指采用新技术原理、新设计构思研制、生产的全新产品，或在结构、材质、工艺等某一方面比原有产品有明显改进，从而显著提高了产品性能或扩大了使用功能的产品。若产品只在外观、颜色、图案、包装上有改变，或仅在技术上有较小的变化，不作为新产品进行统计。本报表中的新产品指标既包括经政府有关部门认定并在有效期内的新产品，也包括企业自行研制开发，未经政府有关部门认定，从投产之日起一年之内的新产品。

新产品销售收入 指年度本企业销售新产品实现的销售收入。

新产品出口收入 指年度本企业将新产品出售给外贸部门和直接出售给外商所实现的销售收入。

年末生产经营用设备原值 指年末拥有的直接服务于企业生产、经营过程的各种机器设备的原价。

微电子控制设备原价 年末拥有的、利用微电子技术（包括电子计算机、集成电路等）对生产过程进行控制、观察测量、测试等生产机器设备的原价。

普通高等学校 指按照国家规定的设置标准和审批程序批准举办，通过国家统一招生考试，招收高中毕业生为主要培养对象，实施高等学历教育的全日制大学、独立设置的学院和高等专科学校、高等职业学校和其他机构。

成人高等学校 指按照国家规定的设置标准和审批程序举办的，通过全国成人高等教育统一招生考试，招收具有高中毕业或同等学历的人员为主要培养对象，利用脱产、业余或函授等多种形式对其实施高等学历教育的学校。包括广播电视大学、职工高等学校、农民高等学校、管理干部学院、教育学院、独立函授学院、其他机构。

初中毕业生升学率 计算初中毕业生升学率所用分子数为高级中学招生数，包括：普通高中招生数、职业高中招生数、技工学校招生数、普通中专招收初中毕业生数、普通中专举办的成人中专招收应届初中毕业生数及成人中专招收应届初中毕业生数，分母是初中毕业生人数。

（十四）文化、体育和卫生

CHAPTER 14
CULTURE, SPORTS AND PUBLIC HEALTH

表 14—1　文化机构从业人员综合情况（2014 年）

指　标	总计		文化部门		其他部门	
	机构数（个）	从业人员数（人）	机构数（个）	从业人员数（人）	机构数（个）	从业人员数（人）
艺术业	25	1714	20	1649	5	65
图书馆业	15	814	15	814		
群众文化业	114	656	114	656		
艺术教育业	3	289	3	289		
文艺科研	1	26	1	26		
文物业	86	2474	57	1788	29	686
其他文化及相关产业	64	3123	46	1876	18	1247

注：本表不包括广播、电影、电视、新闻出版和档案机构，因汇总数与分行业汇总数有部分交叉，总计与各行业分类均为有效数据，引用时请注意，本表数据由市文广新局提供。

表 14—2　群众艺术馆、文化馆（站）（2014 年）

指　标	合　计	文化馆	文化站	#乡镇文化站
个数（个）	114	14	100	18
举办展览（场次）	824	201	623	85
组织文化活动次数（次）	8543	1471	7072	198
举办训练班（班次）	2390	894	1496	112
藏书（千册）	1826.12	5.10	1821.02	293.15

注：本表数据由市文广新局提供，不包括部、省在宁单位，文化站包括街道办站。

表14—3 艺术团体（2014年）

指　标	剧团数（个）	职工数（人）	国内演出（场次）	#在农村演出	国内观众人次（千人次）
全　市	44	2122	10659	3139	4771
话剧、儿童剧、滑稽剧类	1	62	73	13	60
歌舞、音乐类	3	110	470	13	446
乐团					
京剧类	1	48	185	15	120
曲艺					
杂技、魔术、马戏类	1	130	492	19	497
综合性艺术表演团体	1	1093	6123	2402	1470
其他	31	575	2973	547	1864

注：本表数据由市文广新局提供。

表14—4 文化市场经营机构基本情况（2014年）

指　标	机构数（个）	从业人员（人）	经营活动情况（千元）			其他（千元）	
			营业收入	营业成本	主营业务利润	从业人员劳动报酬	税金
娱乐场所	754	7397	857450	64762	209550	175620	37880
互联网上网服务营业场所（网吧）	1099	4727	499270	31612	182670	102830	14970
非公有制艺术表演团体	31	575	26680	19940	7280	11770	1290
其他	143	2200	521020	533562	-12542	195230	27203

注：本表数据由市文广新局提供。

表 14—5　公共图书馆综合情况（2014 年）

指　标	合计	省级	市级	区县级
机构数（个）	15	1	1	13
从业人员（人）	814	522	119	173
总藏量（千册）	15671.80	10483.77	2057.39	3130.65
# 图书	12262.63	7573.82	1852.96	2835.86
报刊	1128.02	844.83	104.31	178.88
视听文献 、微缩制品	417.58	332.37	48.26	36.94
其他	177.26	132.76	1.55	42.95
在藏品中 : 开架书刊	3826.76	950.00	1055.241	1821.52
本年新购藏量（千册）	487.11	243.09	77.418	166.61
公用房屋建筑面积（平方米）	183706	96852	25165	61689
# 书库	20679	10251	1884	8544
阅览室	33632	17998	8395	7239
阅览室座席数（个）	8439	2352	1415	4672
总流通人次（千人次）	7501.41	2963.02	2120.51	2417.87
# 书刊文献外借人次	3261.66	956.38	849.33	1455.96
书刊文献外借册次（千册次）	5628.43	1815.98	1358.92	2453.53
累计发放有效借书证数（千个）	715.346	410.73	213.90	90.708
为读者举办各种活动	—	—	—	—
# 组织次数（次）	1195	632	112	451
参加人次（千人次）	729.41	555.23	40.03	134.147
计算机（台）	2059	1155	314	590
# 电子阅览室终端数	866	352	98	416

注：本表数据由市文广新局提供。

表 14—6　博物馆综合情况（2014 年）

指　标	总计	综合性	艺术类	历史类	自然科技类	其他
机构数（个）	54	6	8	31	6	3
省级	3	1	1	1	0	0
市级	28	1	3	17	6	1
区县级	23	4	4	13	0	2
从业人员（人）	1915	793	141	902	48	31
# 高级职称	143	15	72	44	12	0
中级职称	225	12	129	60	22	2
文物藏品（件）	794840	540173	14767	200119	38417	1364
# 一级品	1713	1409	2	302	0	0
参观人次（千人次）	28639.46	3276.22	2336.22	22411.12	526.20	89.70
# 青少年	7178.22	934.35	334.73	5588.70	298.80	21.65
本年收入（千元）	487792	234027	15213	228819	7963	1770
# 财政拨款	369214	215792	8407	138927	4668	1420
事业收入	16945	14201	137	107	2500	
门票收入	114427	2581	137	108664	3045	
本年支出（千元）	463079	245287	13482	194577	7963	1770
# 基本支出	175011	71937	9432	84834	7038	1770
项目支出	251443	173350	4050	73218	825	
公用建筑面积（平方米）	440069	151129	16580	246428	22302	3630
# 展览用房	228960	77040	9925	125165	14450	2380
文物库房	28741	18455	1020	8240	1026	0

注：本表数据由市文广新局提供。

表 14—7　文物保护管理机构综合情况（2014 年）

指　标	机构数（个）	从业人员（人）	文物藏品（件）	#一级藏品	展览（个）	参观人次（千人次）
总 计	86	2474	1129576	1713	322	28760
文物保护管理机构	12	45	103	0	2	117
博物馆	54	1915	794840	1713	318	28639.46
艺术类	8	141	14767	2	48	2336.22
综合性	6	793	540173	1409	66	3276.22
历史类	31	902	200119	302	183	22411.12
自然科技类	6	48	38417	0	11	526.2
其他	3	31	1364	0	10	89.7
文物商店	2	77	334633	0	0	0
文物科研、考古机构	1	10	0	0	2	2.8

注：本表数据由市文广新局提供。

表 14—8　图书、杂志、报纸出版情况（2014 年）

指　标	图书	杂志	报纸
种数（种）	28109	302	58
总印数（万册 / 份）	55055.29	11332.67	178240.6
总印张数（万印张）	385707.74	47330.68	896105.2

注：本表数据由市文广新局提供。

表 14—9　艺术表演场所综合情况（2014 年）

指　标	2014年	2013年
机构数（个）	12	12
省级	3	3
市级	6	6
区县级	3	3
从业人员（人）	155	164
座席数（个）	11049	12265
演（映）出场次（场）	2101	2689
#艺术演出场次	631	573
观众人次（千人次）	803	899
#艺术演出观众人次	455	518.04
事业收入（千元）	20800	18287
#艺术演出分成收入	13038	13030
年末固定资产原值（千元）	279933	265739
建筑面积（平方米）	77872	80872
#演（映）业务用房	46229	48807

注：本表数据由市文广新局提供。

表 14—10　广播、电视播出情况（2014 年）

指 标	节目套数（套）			全年公共节目播出时间（小时）	全年制作节目时间（小时）
	合计	公共节目	付费节目		
广播电台	24	24		163947	140094
省级广播电台	11	11		83454	73646
市级广播电台	6	6		48295	48295
区县级广播电台	7	7		32198	18153
电视台	27	24	3	162508	37303
省级电视台	12	9	3	78840	15589
市级电视台	8	8	0	57335	14749
区县级电视台	7	7	0	26333	6965

注：本表数据由市文广新局提供。

表 14—11　广播、电视覆盖情况（2014 年）

指 标	广播综合覆盖		电视综合覆盖		有线电视节目交易		
	覆盖人口数（万人）	覆盖率（%）	覆盖人口数（万人）	覆盖率（%）	总用户数（万户）	#数字电视（万户）	入户率（%）
全　市	643.09	100	643.09	100	295.5	268.82	123.29
市级覆盖	242.76	100	242.76	100	110.79	110.57	114.12
区级覆盖	400.33	100	400.33	100	184.71	158.25	120.45

注：本表数据由市文广新局提供，计算各级覆盖率的人口数为上年底的户籍人口数。有线电视中户数与其中数字电视用户数均已包括69.5万户IPTV用户。

表 14—12　举办区级以上运动会情况

指　标	体育系统	
	2014年举办次数（次）	2013年举办次数（次）
举办运动会次数	469	199
综合运动会	20	8
单项比赛	449	191
举办全民健身活动次数	1699	452
其中：1000 人以上的活动	60	46

注：本表由市体育局提供。

表 14—13　运动员、教练员、裁判员基本情况（2014 年）

计量单位：人

指　　标	运动员	专职教练员	裁判员
合　　计	129	213	703
国际级（健将）	3	0	
国家级（运动健将）	26	4	
一级（高级）	24	77	
二级（中级）	0	63	703
三级（初级）	0	47	
少年级	76	22	

注：本表由市体育局提供，表中数据运动员为市属、不含省。

表 14—14　社区健身设施建设情况

指　　标	2014年	2013年
建设数（个）	4400	3977
器材数（件）	48233	44003
面积（万平方米）	183.58	175.12
投资金额（万元）	10740.12	9683.12

注：本表由市体育局提供，表中数据均为截止2014年末累计完成数；本表数据含新农村体育健身工程建设点。

表 14—15　分场地类型体育场地状况（2014 年）

指　标	场地数量（个）	用地面积（平方万米）	建筑面积（平方万米）	场地面积（平方万米）
总 计	11652	4130.31	275.81	2384.75
体育场（地）馆	10982	4054.40	270.62	2322.67
#登山步道	23	192.73	0.05	79.12
城市健身步道	184	828.97	0.08	361.44
全民健身路径	3069	56.11	0.16	14.00
其他	670	75.91	5.18	62.09

注：本表数据由市体育局提供，体育场（地）馆为国家第六次体育场馆普查制定标准。

表 14—16 新华书店图书销售数量

计量单位：万册

指　标	2014年	2013年
总　计	2255.64	2966.09
哲学、社会科学	41.84	123.11
文化、教育	397.79	890.17
文学、艺术	78.41	90.24
自然科学、技术	18.58	32.38
少儿读物	69.86	70.88
大中专教材	335.97	326.30
课本	855.49	916.72
教辅	442.45	443.99
其他出版物	7.82	5.28
非图书商品	7.43	65.27

注：本表由新华书店集团提供，数据不含原老五县；非图书商品仅为音响制品和古旧图书。

表 14—17　医疗卫生事业基本情况

指　标	2014年	2013年
全市卫生机构数（个）	2383	2315
# 医院	186	186
社区卫生服务中心（站）	638	635
疾病控制中心、卫生防疫站	17	18
妇幼保健院（所、站）	14	13
全市实有床位数（张）	43688	41760
# 医院、	38683	36701
社区卫生服务中心（站）	3502	3473
全市卫生机构卫生人员数（人）	75351	70616
# 卫生技术人员	62068	58032
# 执业医师	20415	19636
执业助理医师	1187	1026
注册护士	27363	25413
药剂人员	3575	3334
检验人员	3622	3487
其他卫生技术人员	5906	5136
# 医院卫生人员	54987	51621
社区卫生服务中心卫生人员	9429	8821

注：本表数据由市卫生局提供，下同。

表 14—18　各类医院基本情况（2014 年）

指　标	机构数（个）	实有床位数（张）	卫生人员数（人）		
				#卫生技术人员	#执业（助理）医师
全　市	186	38683	54987	45964	14390
综合医院	110	22338	32531	27682	8682
中医院	19	5033	6593	5768	1861
中西医结合医院	3	1131	2010	1657	570
专科医院	50	9881	13734	10763	3247
护理院	4	300	119	94	30

表 14—19　医疗机构病床使用情况（2014 年）

指　标	平均开放床位数（张）	病床周转次数（次）	病床使用率（%）	出院者平均住院日（日）
医院	42563	28.6	86.1	10.4
# 综合医院	21783	32.4	88.7	10
中医院	4938	28.7	90.5	11.3
中西结合医院	1057	34.3	98.1	10.4
专科医院	9715	27.4	96.8	10.8
社区卫生服务中心（站）	3347	13.8	46.3	12.2
卫生院	461	18.5	47.3	9.6
专科疾病防治院（所、站）	162	2.8	45.1	55.1

注：本表数据由市卫生局提供。

表 14—20 主要年份卫生机构、卫生技术人员、医院床位数

年 份	卫生机构（个）	卫生技术人员数（人）	# 医生	医院床位数（张）
1949	59			5300
1952	206	3900	1500	1616
1957	512	7300	2900	2961
1962	852	12400	4400	7360
1965	897	11300	4900	7431
1970	846	10500	4000	8996
1975	1132	17300	6900	10812
1978	1320	21300	7800	12231
1979	1424	23000	8200	12361
1980	1418	24000	9100	11989
1985	1486	30127	12556	13969
1990	1610	34476	15726	17407
1995	1501	36376	16384	19019
1997	1301	35957	15840	17599
1998	1285	35705	15543	17521
1999	1318	35773	16078	17789
2000	1269	35270	15239	18140
2005	1612	34000	14292	19344
2007	2241	40897	15705	21031
2008	1770	42337	16060	22865
2009	1764	56100	16593	24738
2010	2211	60044	17007	25894
2011	2268	50041	17265	29322
2012	2305	53967	19101	37775
2013	2315	58032	20662	41760
2014	2383	62068	21602	42563

注：本表数据来源于市卫生局，从2002年起“医生”数为“执业医师、执业助理医师”数。

主要统计指标解释

文化事业机构 指从事专业文化工作和为专业文化工作服务的独立建制的单位，不包括这些单位另外举办独立核算的其他机构和各部门的业余文化组织。

执业（助理）医师和注册护士 指领取医师执业证书和注册护士证书的人员。

艺术表演团体 指从事戏曲、音乐、舞蹈、杂技等专业艺术表演，有独立帐户的单位，不包括半工半艺、半农半艺和民间职业剧团。

等级运动员人数 指经考核正式批准授予等级运动员称号的人数。运动员等级分为国际级运动健将、运动健将、一级运动员、二级运动员、三级运动员、少年级运动员。

等级裁判员人数 指经考核正式批准授予等级裁判员称号的人数。裁判员等级分为国际裁判、国家级裁判、一级裁判、二级裁判、三级裁判。

卫生机构 指从卫生行政部门取得《医疗机构执业许可证》，或从民政、工商行政、机构编制管理部门取得法人单位登记证书，为社会提供医疗保障、疾病控制、卫生监督服务或从事医学科研和教育等工作的单位。

卫生技术人员 指卫生事业机构支付工资的全部职工中现任职务为卫生技术工作的专业人员，包括执业医师、执业助理医师、注册护士、药剂人员、检验人员和其他卫生技术人员。

有线电视入户率 指能接收到有线广播电视台、有线电视站（系统内和系统外）和共享天线系统播放的有线电视节目的家庭户数与总户数的比例。计算公式：

$$\text{有线电视入户率} = \frac{\text{年末有线电视总用户数}}{\text{年末总户数}} \times 100\%$$

（十五）司法、社会福利与其他社会活动

CHAPTER 15
JUDICATURE, SOCIAL WELFARE AND OTHERS

表 15—1　律师、公证、基层司法基本情况

指　标	2014年	2013年
律师工作		
律师事务所（个）	263	250
取得律师执业资格（人）	2909	2811
担任常年法律顾问（家）	5740	6758
民事诉讼代理（件）	18842	29168
行政诉讼代理（件）	352	293
非诉讼法律事务（件）	10457	8727
刑事辩护及代理（件）	3381	7669
公证工作		
公证处（个）	14	14
办结公证总数（件）	192270	214122
国内公证	104025	127893
涉外公证	88245	83272
基层司法工作		
法律服务所（个）	69	69
法律工作人员（人）	348	295
司法所工作人员（人）	744	749
年末人民调解委员会（个）	1952	2158
年末调解人员（人）	11142	14523
调解纠纷总数（件）	64209	74766
法律援助工作		
法律援助机构数（不含律师行）（个）	12	13
得到法律援助机构援助的妇女数（人）	3092	4009
得到法律援助机构援助的未成年人数（人）	429	973
基层法院建立少年法庭数（个）	8	8
# 审理案件数（件）	5866	213

注：本表数据由市司法局、市法院提供。2013年基层法院少年法庭审理案件数仅为审理刑事案件数。2013年律师工作所含数据以此公布数据为准。

表 15—2　民政事业费支出情况

计量单位：万元

指　标	2014年	2013年
总　计	363907.5	335217.9
抚恤费	28722.5	24547.8
安置	123508.7	112741.6
城镇居民最低生活保障费	99193.7	33088.8
农村及其他城镇社会救济	—	49105.7
社会福利	50894.9	46791.4
民政管理事务	47472.9	35824.5
自然灾害生活救助	334.0	394.3
地方离退休人员经费	4058.3	3890.5
其他款项用于民政支出	9722.5	21290.1

注：本表数据由市民政局提供。2014年城镇居民最低生活保障费包含农村数。

表 15—3　收养性社会福利单位情况（2014 年）

计量单位：人

指　标	机构数（个）	从业人员（人）	年末床位数（张）	年末在院总人数（人）	#女性	康复和医疗门诊人次（人次数）
合计	247	4653	40590	15608	5899	64272
社会福利院	11	516	6572	2246	1020	16356
儿童福利院	2	236	859	853	319	3867
社会福利医院	1	418	1442	1289	360	2836
城镇老年福利机构	210	3231	25504	9344	3615	41085
农村老年福利机构	23	252	6213	1876	585	128

注：本表数据由市民政局提供。

表 15—4 工会组织基本情况

指　标	2014年	2013年
基层工会数（个）	14049	13183
其中：企业合计	10864	10041
内资企业	10127	9301
港澳台商投资企业	224	223
外商投资企业	513	517
事业单位	1265	1219
机关	614	624
个体经济组织	349	283
工会会员数（人）	2287892	2180875
专职工会工作人员（人）	1022	1810
兼职工会工作人员（人）	61318	62343
联合工会涵盖单位数（个）	43039	38039
联合工会会员人数（人）	680762	614124
职代会职工代表人数（人）	1745913	209303
#女性	58954	72544
建立董事会单位数（个）	1504	2232
职工董事人数（人）	540	692
#女性	160	280

注：本表数据由市总工会提供。

主要统计指标解释

民政事业费支出 指报告期内本辖区各项民政事业费实际支出的总数额。包括抚恤事业费、军队移交地方安置的离退休人员费用、社会救济福利事业费、救灾支出以及其它民政事业费。

城镇居民最低生活保障人数 指在报告期末家庭平均收入在当地规定的最低生活保障线以下的城镇居民数。包括“三无”对象、失业人员和在职、下岗、退休人员等。

农村居民最低生活保障人数 指报告期末在建立农村最低生活保障制度的地区，得到当地政府或集体给予最低生活保障的农业人口数。

农村传统救济人数 指未开展最低生活保障制度的农村地区，仍沿用传统救济制度救济贫困人口数。

社会福利企业 指以集中安置有一定劳动能力的残疾人就业为目的（残疾职工占生产人员10%以上）、带有社会福利性质的特殊企业的总称。

律师 指受聘参加法律顾问处工作，担任法律顾问、刑（民）事代理人、刑事辩护人，办理非诉讼事件、解答法律询问，代写法律事务文书等主要从事律师业务的专职法律工作者和兼职律师。

公证人员 指在国家公证机关依法办理公证事务的司法人员，包括公证员、助理公证员和在公证处工作的其他人员。

办理公证文书 指公证处在一定时期内办结的公证文书件数。公证文书按司法部规定或批准的格式制作，包括国内公证和涉外公证两部分。国内公证分为经济合同公证和民事法律关系公证两大类。

调解人员 指在人民调解委员会担负调解民间一般民事纠纷和轻微违法行为引起纠纷的工作人员，包括调解委员会的委员和调解小组的调解员。

调解民间纠纷 指调解委员会依照法律规定，根据自愿原则，用说服教育的方法调解民间发生的有关民事权利和义务的争执，促成当事双方达到协议和谅解，解决纠纷。包括婚姻家庭纠纷，财产权益纠纷等，不包括法院受理调解的民事案件数。

（十六）城市建设与环境保护

CHAPTER 16 URBAN CONSTRUCTION AND ENVIRONMENTAL PROTECTION

表 16—1　城市公共交通

指　标	2000年	2005年	2010年	2011年	2012年	2013年	2014年
运营车辆（辆）	3538	5158	6662	7023	7049	7426	9091
# 地铁		84	366	450	480	480	746
标准运营车辆（标台）	3592	5914	8695	9078	9386	9769	12245
# 地铁		210	915	1125	1200	1200	1790
运营线路网长度（公里）	1061	2656	3548.6	3904.7	7669.6	8225	9335.7
# 地铁		22	81.6	81.6	81.6	81.6	186.9
公交客运总量（万人次）	134705	96920	126887	139986.1	149571.2	151650.1	106224.1
# 地铁		357	21460	34370.1	40060.2	45216	50317.4
出租汽车（辆）	8597	9055	10593	10644	10643	11612	14136
运营船数（艘）	21	9	19	19	19	13	15
轮渡客运总量（万人次）	1797	1344	1201	1022.4	1004.4	630.1	509

注：本表由市交通局提供，从2012年开始市交通局调整了营运线路网长度口径。

表 16—2　城市煤气、液化石油气、天然气

指　标	2000年	2005年	2010年	2012年	2013年	2014年
液化石油气供气总量（吨）	107196	145509	146475.68	114672.94	119147.43	109277.98
# 家庭用量	80272	81903	76408.93	62231.29	74242.37	64487.68
用气人口（万人）	158.76	295.86	236.97	219.32	221.50	195.00
天然气供气总量（万立方米）	—	14173.00	57890.70	82413.19	86127.66	95176.71
# 家庭用量	—	3886.00	15544.95	22007.10	24491.56	26195.62
用气人口（万人）	—	132.00	253.30	345.95	373.50	409.70

表 16—3 城市设施水平

指 标	2000年	2005年	2010年	2012年	2013年	2014年
城市人口密度（人 / 平方公里）	2966	1084	1600	1417	1419	1440
人均日生活用水量（升）	493.96	318.06	314.80	298.50	281.81	295.96
用水普及率（%）	100.00	92.06	100	100	99.98	99.98
每万人拥有公共交通车辆（标台）	14.04	11.52	17.57	14.72	—	—
气化率（%）	99.59	90.35	99.50	99.65	99.22	99.35
人均拥有道路面积（平方米）	8.54	14.47	19.35	20.14	21.28	22.17
建成区排水管道密度（公里 / 平方公里）	6.80	6.59	8.00	9.16	10.37	10.77
污水处理率（%）	63.63	81.21	88.82	94.60	94.22	95.32
人均公园绿地面积（平方米）	—	—	13.69	13.94	14.55	14.98
建成区绿化覆盖率（%）	40.96	44.94	44.38	44.02	44.06	44.14
生活垃圾粪便无害处理率（%）	85.76	87.46	78.74	90.42	90.83	92.10

表 16—4 城市供水和节约用水

指 标	2000年	2005年	2010年	2012年	2013年	2014年
综合生产能力（万立方米 / 日）	536.00	589.80	645.80	633.80	641.40	615.18
供水总量（万立方米）	135052	118875.0	112326	121401	126656.16	122404.08
# 工业用量	81821	53208.3	40876	44083	47345.06	40914.76
生活用量	52197	54868.72	56862	61806	36635.63	38215.93
用水人口（万人）	289.51	472.62	494.87	567.27	599.54	608.53
节约用水量（万立方米）	1185	2513	4730	—	2074	3466
生产用水重复利用量（万立方米）	119350	107934	183717	198131	266781	181735

表 16—5　市政工程设施

指　标	2000年	2005年	2010年	2012年	2013年	2014年
道路长度（公里）	1802	6132	5599	6615	7142	7424.16
道路面积（万平方米）	2185	7427	9576	11424	12761	13494.72
路灯盏数（盏）	45914	172280	241712	264031	346408	443467
排水管道长度（公里）	1370	3380	4948	5982.38	7398.40	7910.25
桥梁数（座）	464	1359	1498	1733	1899	2003
污水年排放量（万吨）	121199	120628	80490	89638	93155	94134
污水日处理能力（万吨）	226.77	384.82	428.60	437.30	458.80	463.4
污水年处理量（万吨）	77122	97964	71493	84802	87767	89733
污水处理厂（座）	3	10	17	19	24	23
防洪堤长度（公里）	497	1454	1636	1673	—	—

注：本表由市住房和城乡建设委员会提供，下表同。

表 16—6　城市园林绿化

指　标	2000年	2005年	2010年	2012年	2013年	2014年
绿化覆盖面积（公顷）	11118	75226	84848	89850	93503	95554
#建成区	8250	23037	27456	28756	31425	32416
园林绿地面积（公顷）	10587	71020	77087	82597	86117	88069
公园绿地面积（公顷）	—	—	6773	7908	8725	9115
公园个数（个）	40	59	62	83	110	120
公园面积（公顷）	1725	2605	2790	5941	6548	6861
风景名胜区游人量（万人次）	—	—	1592	5272	5934	1823.9

表 16—7 城市环境质量

指 标	2000年	2005年	2010年	2012年	2013年	2014年
集中式饮用水水源地水质达标率（%）	98.81	100	100	100	100	100
地表水功能区水质达标率（%）	86.11	97.2	100	100	100	50*
可吸入颗粒物浓度年均值（毫克 / 立方米）	—	0.109	0.114	0.102	0.137	0.123
二氧化硫浓度年均值（毫克 / 立方米）	0.029	0.052	0.036	0.033	0.037	0.025
二氧化氮浓度年均值（毫克 / 立方米）	—	0.054	0.046	0.051	0.055	0.054
环境空气质量良好以上天数（天）	293	304	302	317	202*	190
区域互不干涉噪声平均值（dB（A））	54.4	54	54.7	56.5	54	53.8
交通干线噪声平均值（dB（A））	69.2	69.4	68.5	68.4	68	67.2

注：*1、从2013年起，按国家环保部新颁布的空气质量标准（空气质量指数AQI）要求，来认定良好以上天数；
　　2、2014年地表水功能区水质达标率按全项评价，与往年不可比。

表 16—8 城市环境卫生

指 标	2000年	2005年	2010年	2012年	2013年	2014年
全年生活垃圾清运量（万吨）	99.24	169.00	184.78	224.54	250.40	260.8
粪便清运量（万吨）	126.4	193.90	10.64	12.11	15.73	17.76
环卫机械车辆总数（辆）	579	777	1134	1126	1327	1526
公厕数量（座）	937	1559	1151	1166	1262	1258

表 16—9　工业污染排放与治理

指　标	2000年	2005年	2010年	2012年	2013年	2014年
废水排放量（亿吨）	6.49	4.7	3.38	2.33	2.53	2.16
废水中化学需氧量排放量（万吨）	3.61	3.03	2.02	2.24	2.15	2.16
重复用水率（%）	58.2	72.31	88.1	74.8	70.36	80.47
废气排放量（亿标立方米）	2155	3754	5738.23	6827.51	7930.21	8172.39
二氧化硫排放量（万吨）	13.23	14.91	11.55	12.17	11.24	10.39
烟尘排放量（万吨）	5.15	4.76	3.38	4.37	6.53	9.62（含粉尘）
二氧化硫去除量（万吨）	7.76	31.56	60.66	8.54	39.71	40.37
烟尘去除量（万吨）	137.98	283.78	300.88	568.3	535.36	631.56（含粉尘）
工业固体废物产生量（万吨）	652.24	1159.1	1656.5	1648.47	1734.71	1795.65
#危险废物	14.49	21.3	22.53	32.52	37.7	45.81
工业固体废物综合利用量（万吨）	530.95	1051.6	1471.36	1146.62	1568.52	1628.45
#危险废物	13.49	17.37	10.2	19.95	22.59	26.19
工业固体废物综合利用率（%）	79.1	87.43	88.82	69.56	90.41	90.69
工业固体废物处置量（万吨）	23.04	17.88	37.86	373.88	36.74	62.74
#危险废物	1.00	3.11	12.51	11.45	15.75	18.76
重点污染治理项目数（个）	299	135	77	286	156	58
污染治理项目完成投资额（万元）	32331	20593	31637	264293	120993	90187

注：本表由市环保局提供。从2011年起，烟尘排放量及去除量中均包括粉尘排放量及去除量。

主要统计指标解释

供水综合生产能力　指按供水设施取水、净化、送水、出厂输水干管等环节实际测定计算的综合生产能力。

供水总量　指报告期供水企业（单位）供出的全部水量。包括有效供水量和漏损水量。

生活用水量　指居民日常生活与公共福利设施的用水量，包括居民、饮食店、旅馆、医院、理发店、浴池、洗衣店、游泳池、商店、学校、机关、部队等单位的用水量。

城市人口用水普及率　指城市用水人口数与城市人口总数之比。

计算公式为：　用水普及率＝城市用水人口数／城市人口总数 *100%

燃气供应总量　指报告期燃气企业（单位）向用户供应的燃气数量。包括销售量和损失量。

燃气普及率　指报告期末使用燃气的城市人口数与城市人口总数的比率。

计算公式：燃气普及率＝用气人口数／城市人口总数 *100%

道路长度　指道路长度和与道路相通的桥梁、隧道的长度，按车行道中心线计算。

排水管道长度　指所有排水总管、干管、支管、检查井及连接井进出口等长度之和。计算时应按单管计算，即在同一条街道上如有两条或两条以上并排的排水管道时，应按每条排水管道的长度相加计算。

污水处理能力　指污水处理厂（或处理装置）每昼夜处理污水量的设计能力。

运营车数　指报告期末公交企业（单位）用于运营业务的全部车辆数。以企业（单位）固定资产台帐中已投入运营的车辆数为准；新购、新制和调入 的运营车辆，自投入之日起开始计算；调出、报废和调作他用的运营车辆，自上级主管机关批准之日起不再计入。

园林绿地面积　指报告期末用作园林和绿化的各种绿地面积。包括公共绿地、居住区绿地、单位附属绿地、防护绿地、生产绿地、道路绿地和风景林地面积。不包括：

1、屋顶绿化、垂直绿化、阳台绿化和室内绿化。

2、以物质生产为主的林地、耕地、牧草地、果园和竹园等。

3、城市总体规划中不列入绿地的水域。

公园绿地　指向公众开放的、以游憩为主要功能，有一定的游憩设施和服务设施，同时兼有健全生态、美化景观、防灾减灾等综合作用的绿化用地。

工业废水排放量　指经过企业厂区所有排放口排到企业外部的工业废水量。包括生产废水、外排的直接冷却水、超标排放的矿井地下水和与工业废水混排的厂区生活污水，不包括外排的间接冷却水（清污不分流的间接冷却水应计算在内）。

工业废水排放达标量 指各项指标都达到国家或地方排放标准的外排工业废水量，包括未经处理外排达标和经过处理后外排达标两部分。

工业废水处理量 指报告期内各种水治理设施实际处理的工业废水量，包括处理后外排和处理后回用的工业废水量和虽经处理但未达到国家或地方排放标准的废水量。如车间和厂排放口均有治理设施，并对同一废水分级处理时，不应重复计算工业废水处理量。

工业废气排放量 指企业厂区内燃料燃烧和生产工艺过程中产生的各种排入空气的含有污染物的气体总量，按标准状态〔273K，101325Pa〕计算。

工业二氧化硫排放量 指企业在燃料燃烧和生产工艺过程中排入大气的二氧化硫数量。

工业烟尘排放量 指企业厂区内燃料燃烧产生的烟气中夹带的颗粒物数量。

工业粉尘排放量 指企业在生产工艺过程中排放的颗粒物重量，如钢铁企业的耐火材料粉尘、焦化企业的筛焦系统粉尘、烧结机的粉尘、石灰窑的粉尘、建材企业的水泥粉尘等。不包括电厂排入大气的烟尘。

工业固体废物产生量 指企业在生产过程中产生的固体状、半固体状和高浓度液体状废弃物的总量，包括危险废物、冶炼废渣、粉煤灰、炉渣、煤矸石、尾矿、放射性废物和其他废物等；不包括矿山开采的剥离废石和掘进废石（煤矸石和呈酸性或碱性的废石除外）。酸性或碱性废石指采掘的废石其流经水、雨淋水的 pH 值小于 4 或 pH 值大于 10.5 者。

工业固体废物处置量 指将固体废物焚烧或者最终置于符合环境保护规定要求的场所，并不再回取的工业固体废物量（包括当年处置往年的工业固体废物累计贮存量）。处置方法有填埋（其中危险废物应安全填埋）、焚烧、专业贮存场（库）封场处理、深层灌注、回填矿井等。

工业固体废物排放量 指将所产生的固体废物排到固体废物污染防治设施、场所以外的数量，不包括矿山开采的剥离废石和掘进废石（煤矸石和呈酸性或碱性的废石除外）。

（十七）分区社会经济

CHAPTER 17
SOCIAL ECONOMY BY DISTRICT AND COUNTY

表 17—1　分区户籍人口及构成（2014 年末）

计量单位：人

地　区	总人口	按性别分		性别比例（以女性为100）
		男	女	
全　市	6487209	3250391	3236818	100.42
玄　武	495259	251676	243583	103.32
秦　淮	706048	349474	356574	98.01
建　邺	287735	143027	144708	98.84
鼓　楼	935336	468590	466746	100.40
浦　口	626615	313428	313187	100.08
栖　霞	443807	222238	221569	100.30
雨花台	251732	129744	121988	106.36
江　宁	972785	479476	493309	97.20
六　合	902543	452675	449868	100.62
溧　水	427050	215762	211288	102.12
高　淳	438299	224301	213998	104.81

注：本表户籍资料根据市公安局提供的数据编制。

表17—2 分区年末户数（2014年末）

计量单位：户

地　区	2014年	比上年增加
全　市	2216019	35639
玄　武	145300	1313
秦　淮	260321	-436
建　邺	103007	3631
鼓　楼	311046	2567
浦　口	209643	6795
栖　霞	151378	3764
雨花台	90214	3283
江　宁	345255	8552
六　合	294464	2590
溧　水	152082	2142
高　淳	153309	1438

注：本表户籍资料根据市公安局提供的数据编制。

表 17—3　分区年末常住人口

计量单位：万人

地　区	2014年	2013年	2014年为上年%
全　市	821.61	818.78	100.4
玄　武	66.14	66.05	100.1
秦　淮	103.58	103.48	100.1
建　邺	45.19	44.68	101.1
鼓　楼	129.32	129.22	100.1
浦　口	73.38	72.87	100.7
栖　霞	66.80	66.41	100.6
雨花台	41.95	41.58	100.9
江　宁	118.32	117.86	100.4
六　合	92.74	92.64	100.1
溧　水	42.05	41.95	100.2
高　淳	42.14	42.04	100.2

注：本表根据全市人口抽样调查数据推算。

表 17—4　分区人口出生与死亡（2014 年）

计量单位：人、‰

地　区	出生		死亡		自然增长	
	人数	出生率	人数	死亡率	人数	增长率
全　市	71302	11.04	37704	5.84	33598	5.20
玄　武	4122	8.27	2283	4.58	1839	3.69
秦　淮	6337	8.95	4661	6.58	1676	2.37
建　邺	3627	12.86	1421	5.04	2206	7.82
鼓　楼	7697	8.21	5204	5.55	2493	2.66
浦　口	8671	14.01	3297	5.33	5374	8.68
栖　霞	5044	11.46	2304	5.23	2740	6.23
雨花台	3348	13.52	1291	5.21	2057	8.31
江　宁	13072	13.55	5307	5.50	7765	8.05
六　合	9351	10.39	5928	6.59	3423	3.80
溧　水	5251	12.35	2859	6.72	2392	5.63
高　淳	4782	10.95	3149	7.21	1633	3.74

注：本表户籍资料根据市公安局提供的数据编制。

表 17—5　分区计划生育情况（2014 年）

计量单位：人

地　区	出生人数				计划内生育
		一孩	二孩	三孩及三孩以上	
全　市	53159	46036	7031	92	53042
玄　武	3223	3007	215	1	3221
秦　淮	6543	5984	551	8	6529
建　邺	2387	2143	237	7	2386
鼓　楼	5283	4755	526	2	5279
浦　口	7624	6816	796	12	7619
栖　霞	3240	2991	247	2	3228
雨花台	2951	2626	322	3	2944
江　宁	9281	7828	1421	32	9234
六　合	6735	5763	957	15	6713
溧　水	2893	2118	771	4	2890
高　淳	2999	2005	988	6	2999

注：本表数据由市人口和计划生育委员会提供。

表17—6 分区婚姻登记情况（2014年）

地 区	内地居民登记结婚对数（对）	内地居民再婚人数（对）	内地居民准予登记离婚对数（对）
全 市	86410	12773	33507
玄 武	8757	1345	2966
秦 淮	8286	1714	4304
建 邺	4647	1081	2629
鼓 楼	13048	2620	5798
浦 口	8589	1154	3924
栖 霞	5520	842	2317
雨花台	3942	657	1615
江 宁	11953	1767	4288
六 合	12141	855	3282
溧 水	5063	256	1292
高 淳	4464	482	1092

注：本表数据由市民政局提供。

表 17—7　分区地区生产总值（在地口径）（2014 年）

计量单位：亿元

地　区	地区生产总值			
		第一产业增加值	第二产业增加值	第三产业增加值
玄　武	626.29		39.76	586.53
秦　淮	718.20		65.78	652.42
建　邺	480.60	0.11	234.18	246.31
鼓　楼	1103.55		94.47	1009.08
浦　口	705.64	34.86	362.30	308.48
栖　霞	1165.77	7.81	792.59	365.37
雨花台	468.73	1.06	137.80	329.87
江　宁	1491.49	51.43	788.69	651.37
六　合	892.69	51.81	537.86	303.02
溧　水	543.65	33.03	278.84	231.78
高　淳	497.22	33.55	246.26	217.41

表17—8 分区地区生产总值（评价口径）（2014年）

计量单位：亿元

地 区	地区生产总值	第一产业增加值	第二产业增加值	#工业增加值	第三产业增加值
玄 武	482.51		25.94	11.16	456.57
秦 淮	567.21		65.63	53.60	501.58
建 邺	253.72	0.11	50.80	2.48	202.81
鼓 楼	906.95		83.18	38.10	823.77
浦 口	635.95	36.97	323.35	285.06	275.63
栖 霞	772.71	7.01	500.53	454.65	265.17
雨花台	364.36	1.06	78.66	51.22	284.64
江 宁	1405.58	53.21	778.80	659.59	573.57
六 合	710.78	53.51	404.78	351.24	252.49
溧 水	515.57	35.56	278.85	235.39	201.16
高 淳	475.61	35.60	246.67	190.32	193.34

表 17—9　分区地区生产总值发展速度（评价口径）（2014 年）

计量单位：%

地　区	地区生产总值	第一产业增加值	第二产业增加值	#工业增加值	第三产业增加值
玄　武	110.3		92.1	100.1	111.5
秦　淮	110.4		100.1	103.3	111.8
建　邺	110.6	50.0	107.4	66.1	111.6
鼓　楼	110.5		101.9	103.7	111.7
浦　口	110.9	103.8	111.4	110.0	111.2
栖　霞	110.4	105.4	109.9	109.0	111.8
雨花台	110.4	88.4	107.5	106.0	112.0
江　宁	110.9	104.0	111.2	111.3	111.4
六　合	110.3	103.8	110.5	110.0	111.4
溧　水	110.7	104.5	110.8	111.2	111.6
高　淳	110.7	104.9	110.9	109.4	111.6

注：本表发展速度按可比价计算。

表17—10 分区私营和个体从业人员（2014年）

计量单位：人

地　区	私营企业从业人员	个体从业人员
全　市	1980457	741439
玄　武	127057	45774
秦　淮	235508	108611
建　邺	106021	40366
鼓　楼	199638	84952
浦　口	129437	78363
栖　霞	162779	58413
雨花台	82116	52490
江　宁	276972	138354
六　合	197313	75962
溧　水	123241	32427
高　淳	157825	25727

注：本表数据来自市工商局。

表 17—11　分区公共财政预算收入（2014 年）

计量单位：亿元

地　区	2014年	2014年为上年%
全　市	903.49	108.7
玄　武	43.97	106.0
秦　淮	60.54	110.3
建　邺	70.39	112.5
鼓　楼	80.05	107.3
浦　口	83.09	110.2
栖　霞	77.20	115.3
雨花台	51.95	118.1
江　宁	166.82	113.0
六　合	64.99	106.2
溧　水	41.07	118.5
高　淳	29.37	120.3

注：本表数据由市财政局提供，公共财政预算收入增幅为剔除国有资本经营收入后同口径数据。

表17—12　分区城镇居民人均可支配收入（2014年）

计量单位：元

地　区	2014年	2014年为上年%
玄　武	47376	108.7
秦　淮	43306	108.7
建　邺	41481	108.8
鼓　楼	46597	108.9
浦　口	40289	108.9
栖　霞	41179	108.8
雨花台	41039	108.9
江　宁	41331	108.8
六　合	39363	108.9
溧　水	37659	109.0
高　淳	38530	108.7

注：城乡居民收入调查一体化改革后，统计口径有所调整，本表中绝对数及增幅均为新口径数据。

表17—13　农村经济概况（2014年）

指　标	全　市	其中		
		浦口	栖霞	雨花台
一、基本情况				
镇数（个）	17			
村民委员会数（个）	287	31	30	
总人口（万人）	648.72	62.66	44.38	25.17
#乡村人口（万人）	203.52	22.92	7.72	2.47
乡村总户数（万户）	64.67	7.14	2.81	1.00
年末乡村从业人员（万人）	119.21	11.94	5.00	1.68
#农林牧渔业从业人员（万人）	25.71	2.12	1.44	0.15
工业从业人数（万人）	36.37	4.08	1.87	0.69
二、农业				
1. 生产条件				
有效灌溉面积（千公顷）	216.89	26.00	6.60	0.40
旱涝保收面积（千公顷）	204.22	23.19	7.05	
受灾面积（千公顷）	0.1135			
绝收面积（千公顷）	0.005			
农业机械总动力（万千瓦）	221.00	24.89	5.66	0.73
#排灌机械动力（万千瓦）	66.92	6.74	2.15	0.52
机耕地面积（千公顷）	220.74	20.88	9.27	0.74
化肥施用量（折纯量）（吨）	77308	4035	5202	1799
农药使用量（吨）	1809	34	245	29
地膜使用量（吨）	2640	274	310	19
农村用电量（万千瓦小时）	318094	29038	8674	13513

注：本表受灾面积和绝收面积数据来源于市民政局。

表17—13 续表1

指　标	江宁	六合	溧水	高淳
一、基本情况				
镇数（个）		1	8	8
村民委员会数（个）	72	55	39	60
总人口（万人）	97.28	90.25	42.71	43.83
#乡村人口（万人）	49.12	50.41	32.24	36.93
乡村总户数（万户）	16.14	14.54	10.94	11.49
年末乡村从业人员（万人）	30.02	29.62	18.48	21.74
#农林牧渔业从业人员（万人）	6.06	6.48	3.96	5.25
工业从业人数（万人）	11.21	7.64	5.71	5.09
二、农业				
1. 生产条件				
有效灌溉面积（千公顷）	51.84	59.30	36.85	35.90
旱涝保收面积（千公顷）	48.02	56.00	35.61	34.35
受灾面积（千公顷）		0.0135	0.1	
绝收面积（千公顷）			0.005	
农业机械总动力（万千瓦）	50.22	56.11	31.36	52.03
#排灌机械动力（万千瓦）	21.79	8.45	16.97	10.29
机耕地面积（千公顷）	38.32	65.87	55.86	29.80
化肥施用量（折纯量）（吨）	10626	28542	10820	16199
农药使用量（吨）	439	324	379	353
地膜使用量（吨）	597	541	417	479
农村用电量（万千瓦小时）	108015	55043	68346	35279

表17—13 续表2

指 标	全 市	其中		
		浦 口	栖 霞	雨花台
2、农作物总播种面积（千公顷）	320.62	37.18	13.19	0.46
粮食	157.11	16.75	5.71	0.14
小麦	45.38	4.95	2.47	
稻谷	93.52	9.12	1.99	0.14
玉米	8.55	1	0.88	
大豆	4.36	0.81	0.3	
油菜籽	42.87	4.22	0.53	0.06
棉花	2.73	0.25		
苎麻	0.45			
糖料	0.25	0.03		
蔬菜（含菜用瓜）	86.85	12.61	6.69	0.26
3、农林牧渔业产品产量（吨）				
粮食	1147183	116440	36102	992
小麦	237914	25159	12414	
稻谷	811768	77463	17243	992
玉米	54278	6399	5322	
大豆	11600	2293	707	
油菜籽	106118	11035	1262	110
棉花	4175	419		
苎麻	1130			
糖料	10514	540		
蔬菜（含菜用瓜）	3086456	493571	141983	5440
茶叶	1874	172	3	30
园林水果	157721	27989	430	120
猪牛羊肉总产量	71172	15908	382	957
# 猪肉产量	66481	15367	350	956
牛奶产量	81398	12451	3361	101
水产品产量	228800	42948	4856	1636

表17—13 续表3

指 标	江宁	六合	溧水	高淳
2、农作物总播种面积（千公顷）	64.53	99.6	58.14	47.48
粮食	30.49	48.78	34.64	20.6
小麦	7.18	15.18	11.19	4.41
稻谷	20.99	25.95	20.62	14.71
玉米	0.47	4.87	0.81	0.52
大豆	0.72	1.2	0.79	0.54
油菜籽	8.72	11.9	7.19	10.25
棉花	1.01	0.54	0.51	0.42
苎麻	0.04	0.01	0.4	
糖料	0.09		0.11	0.02
蔬菜（含菜用瓜）	17.65	32.01	11.72	5.87
3、农林牧渔业产品产量（吨）				
粮食	237565	345510	249919	160655
小麦	36185	82200	58802	23154
稻谷	188847	219976	177214	130033
玉米	3224	30684	4968	3681
大豆	1921	3139	2094	1446
油菜籽	19713	29297	17795	26906
棉花	1496	776	783	701
苎麻	126	37	967	
糖料	4364		4711	899
蔬菜（含菜用瓜）	597884	1132042	441020	273876
茶叶	608	75	535	450
园林水果	20610	32083	41688	16536
猪牛羊肉总产量	10680	24235	9924	9071
#猪肉产量	10154	21973	9008	8658
牛奶产量	44368	16350	0	0
水产品产量	55095	45820	30740	47293

表 17—13　续表 4

指　标	全 市	其 中		
		浦口	栖霞	雨花台
4、农林牧渔及服务业总产值（现价）（万元）	3846279	650065	121141	16557
农业	2184996	342549	99342	2556
林业	198412	52719	931	11460
牧业	482330	107505	8726	1578
渔业	798629	111597	8402	963
农林牧渔服务业	181912	35695	3740	0
农林牧渔及服务业增加值（现价）（万元）	2246071	369663	70076	9348
三、农村居民人均收入和支出情况				
（一）农村居民人均可支配收入（元）	17661	17874	18914	18879
1、工资性收入	12868	10117	13280	16940
2、经营净收入	2869	5192	2977	116
3、财产净收入	874	1103	1817	338
4、转移净收入	1051	1462	840	1485
（二）农村居民人均消费支出（元）	12818	13416	16073	12704

表 17—13 续表 5

指 标	江宁	六合	溧水	高淳
4.、农林牧渔及服务业总产值（现价）(万元）	902062	902896	604286	640655
农业	535387	582891	364402	255861
林业	29756	40600	34023	28923
牧业	101230	122778	69085	64870
渔业	205358	125747	92726	253785
农林牧渔服务业	30331	30880	44050	37216
农林牧渔及服务业增加值（现价）(万元）	532129	535067	355605	370879
三、农民人均收入和支出情况				
（一）农村居民人均可支配收入（元）	18108	17233	17233	17692
1、工资性收入	13093	14072	9472	9243
2、经营净收入	2771	1292	4998	6508
3、财产净收入	794	435	1453	761
4、转移净收入	1450	1434	1310	1181
（二）农村居民人均消费支出（元）	14495	13202	12065	12981

表17—14　分区规模以上工业企业主要经济指标（2014年）

计量单位：千元

地　区	企业单位数（个）	#亏损企业	工业总产值
全　市	2748	404	1319967148
玄　武	13	3	3781457
秦　淮	45	9	18463665
建　邺	8	1	678828
鼓　楼	32	7	13698610
浦　口	352	22	130017805
栖　霞	232	71	241310365
雨花台	87	23	14430626
江　宁	677	155	287988637
六　合	504	78	162923120
溧　水	460	27	90090572
高　淳	325	7	80275988

表17—14 续表1

指 标	资产总计	流动资产	固定资产原价	累计折旧	负债	流动负债
全 市	1015553540	543207751	541607106	223367399	583463793	490106093
玄 武	5317472	1846078	3400628	931189	2725530	2563008
秦 淮	25902844	13615652	7179434	2103647	14485731	11295446
建 邺	1148782	691091	425172	165876	711673	597601
鼓 楼	26009114	20003215	5112923	2176287	17205116	15475917
浦 口	105485726	66784302	43423219	17663629	57930386	52660487
栖 霞	151373577	78882645	81162231	31423972	89225880	67706794
雨花台	19691018	13658065	8582672	4184433	12373204	11837337
江 宁	229592432	157845461	74643954	29346088	132079857	119246852
六 合	135957608	53122766	109150057	42219711	75179812	55923692
溧 水	52608819	26031205	25906997	9001646	29348235	27207647
高 淳	39078980	19056696	21205462	8296250	22175219	19365496

表 17—14 续表 2

地 区	主营业务收入	主营业务税金及附加	利税总额	盈亏相抵后利润总额	从业人员平均人数（人）
全 市	1300383823	35380828	172487195	87939388	806400
玄 武	3323836	13082	446972	332693	3516
秦 淮	18959760	59382	1962868	774050	15104
建 邺	689168	2781	27508	7056	1513
鼓 楼	14695351	89856	773828	159584	15001
浦 口	129165236	640230	18159826	12148250	77760
栖 霞	244801223	467044	20423734	16726728	110617
雨花台	14813832	75544	1499636	907388	17779
江 宁	245015216	5033322	43250270	29273722	209746
六 合	157756301	724974	13406875	7725902	123671
溧 水	89978022	726077	14930439	10066514	74886
高 淳	81911096	286566	9500664	5937548	86850

表17—15　分区全社会固定资产投资（2014年）

计量单位：亿元

地　区	全社会固定资产投资	# 工业投资	#房地产开发投资
全　市	5460.03	2152.36	1125.49
玄　武	111.59	1.68	58.13
秦　淮	200.34	14.31	71.57
建　邺	372.59	5.11	177.70
鼓　楼	254.46	4.08	114.40
浦　口	808.35	372.74	135.57
栖　霞	460.17	210.11	140.04
雨花台	237.11	10.95	101.58
江　宁	900.10	475.00	136.00
六　合	725.58	440.27	97.5
溧　水	460.41	319.58	47.34
高　淳	395.06	230.27	38.51

表 17—16　分区社会消费品零售总额（2014 年）

计量单位：亿元

地　区	2014年	2014年为上年%
全　市	4167.19	113.0
玄　武	390.72	113.2
秦　淮	759.86	113.2
建　邺	158.15	114.1
鼓　楼	715.54	113.3
浦　口	237.99	114.4
栖　霞	196.30	114.3
雨花台	297.00	114.4
江　宁	379.58	114.3
六　合	309.29	114.1
溧　水	155.96	114.2
高　淳	154.79	114.2

表 17—17　分区出口总额（按经营单位口径）（2014 年）

计量单位：万美元

地　区	2014年	2014年为上年%
全　市	3262768	101.1
玄　武	276785	136.6
秦　淮	640998	100.6
建　邺	60358	100.4
鼓　楼	362587	105.1
浦　口	131148	85.5
栖　霞	556936	86.2
雨花台	218891	95.8
江　宁	663365	103.3
六　合	99353	67.6
溧　水	50531	181.7
高　淳	46007	123.0

注：本表数据由市商务局提供。

表 17—18　分区新批三资企业数（2014 年）

计量单位：个

地　区	2014年	2014年为上年%
全　市	504	94.6
玄　武	32	168.4
秦　淮	39	114.7
建　邺	43	110.3
鼓　楼	31	73.8
浦　口	49	74.2
栖　霞	55	78.6
雨花台	37	154.2
江　宁	125	81.2
六　合	43	172.0
溧　水	23	62.2
高　淳	23	100.0

注：本表数据由市投资促进委员会提供。

表 17—19　分区实际使用外资（2014 年）

计量单位：万美元

地　区	2014年	2014年为上年%
全　市	329074	81.6
玄　武	17153	112.7
秦　淮	6223	24.1
建　邺	25146	33.5
鼓　楼	49226	292.4
浦　口	27224	65.6
栖　霞	50771	51.5
雨花台	16504	101.7
江　宁	71787	84.5
六　合	38490	95.7
溧　水	14521	80.4
高　淳	12051	108.8

注：本表数据由市投资促进委员会提供。

表 17—20 分区对外承包劳务实际完成营业额（2014 年）

计量单位：万美元

地　区	2014年	2014年为上年%
玄　武	8437	166.2
秦　淮	10078	57.9
建　邺	13015	100.4
鼓　楼	121879	108.3
浦　口	27466	247.9
栖　霞	24290	107.2
雨花台	2319	109.0
江　宁	51170	112.1
六　合	7653	68.1
溧　水	3001	113.3
高　淳	358	—

注：本表数据由市商务局提供。

表 17—21　中小学、幼儿园分区学校数（2014 年）

计量单位：所

地　区	普通中学		小　学	幼儿园
	完中及高中	初　中		
全　市	54	169	345	774
玄　武	5	10	22	39
秦　淮	7	10	40	68
建　邺	4	8	16	40
鼓　楼	8	15	45	83
浦　口	3	22	39	82
栖　霞	4	14	32	68
雨花台	4	7	16	46
江　宁	7	28	31	130
六　合	5	29	50	81
溧　水	3	15	25	77
高　淳	4	11	29	60

注：本表数据由市教育局提供。

表 17—22　中小学、幼儿园分区在校学生数（2014 年）

计量单位：人

地　区	普通中学		小学	幼儿园
	完中及高中	初中		
全　市	77468	145309	339335	187404
玄　武	8188	13165	22001	11281
秦　淮	8481	14083	33979	17546
建　邺	4132	8019	15829	10857
鼓　楼	12731	19883	50830	23109
浦　口	4934	12861	33197	18784
栖　霞	3398	9242	25807	17467
雨花台	3835	8722	17760	13439
江　宁	11662	22486	59447	32819
六　合	8599	19225	40939	19435
溧　水	5752	8909	20165	12314
高　淳	5756	8714	19381	10353

注：本表数据由市教育局提供，其中浦口区、六合区数据含小学附设幼儿班。

表 17—23　中小学、幼儿园分区专任教师数（2014 年）

计量单位：人

地　区	普通中学	小学	幼儿园
全　市	22414	21823	12675
玄　武	1749	1423	866
秦　淮	2385	2242	1399
建　邺	1269	1238	843
鼓　楼	3107	3193	1705
浦　口	1853	2141	1261
栖　霞	1531	1746	1166
雨花台	1061	1070	928
江　宁	3625	3711	2184
六　合	2900	2656	1127
溧　水	1559	1123	606
高　淳	1375	1280	590

注：本表数据由市教育局提供。

表 17—24　分区公共文化设施数（2014 年）

计量单位：个

地　区	图书馆	艺术表演场所	群艺馆和文化馆	文化站	博物馆	艺术展览（美术馆）
全　市	15	12	14	100	54	3
玄　武	2	4	3	7	16	1
秦　淮	1	3	1	12	8	2
建　邺	2		1	6	3	
鼓　楼	1	2	1	13	9	
浦　口	1		1	9	1	
栖　霞	1		1	9	1	
雨花台	1		1	6	5	
江　宁	1	1	1	10	6	
六　合	2	1	2	12	3	
溧　水	2	1	1	8	1	
高　淳	1		1	8	1	

注：本表数据由市文广新局提供。

表 17—25　分区卫生机构情况（2014 年）

计量单位：个

地 区	机构数	医 院	疾病预防控制中心（防疫站）	社区卫生服务中心、卫生院	妇幼保健所（站）
全 市	2383	186	17	123	14
玄 武	197	16	2	11	1
秦 淮	279	36	1	14	1
建 邺	93	6	1	7	1
鼓 楼	319	35	5	17	2
浦 口	209	16	1	12	1
栖 霞	185	16	1	10	2
雨花台	89	10	1	6	1
江 宁	407	22	1	23	1
六 合	300	9	2	22	2
溧 水	130	5	1	13	1
高 淳	175	15	1	9	1

注：本表数据由市卫生局提供。

表 17—26　分区卫生机构床位和人员情况（2014 年）

地区	床位数（张）	卫生人员（人）	执业医师和助理医师（人）	注册护士（人）
总　计	43688	75351	21602	27363
玄　武	3188	6469	2011	2081
秦　淮	7598	12830	3755	4938
建　邺	1738	3577	965	1084
鼓　楼	14108	24489	6577	10027
浦　口	2266	3919	1234	1397
栖　霞	1951	3926	1228	1416
雨花台	1165	2071	629	656
江　宁	5226	6976	2084	2096
六　合	3250	5977	1748	1972
溧　水	1481	2371	661	787
高　淳	1717	2746	710	909

注：本表数据由市卫生局提供。

表 17—27　分区参加农村合作医疗情况

计量单位：万人

地 区	参加农村合作医疗的人数	
	2014年	2013年
全　市	175.31	169.85
玄　武	—	—
秦　淮	—	—
建　邺	—	—
鼓　楼	—	—
浦　口	22.44	17.66
栖　霞	3.76	3.89
雨花台	1.75	1.91
江　宁	41.55	40.95
六　合	46.35	46.65
溧　水	25.98	26.01
高　淳	33.48	32.78

注：本表数据由市卫生局提供。2013年数据以此为准。

表 17—28　分区社会福利单位、床位和社区服务设施基本情况（2014 年）

地　区	社会福利收养性单位数（个）	社会福利收养性单位床位数（张）	社区服务设施数（个）
全　市	247	40590	4850
市本级	4	6371	0
玄　武	28	3217	403
秦　淮	47	4472	189
建　邺	14	1613	350
鼓　楼	33	4635	803
浦　口	22	3297	430
栖　霞	18	2472	706
雨花台	15	1879	767
江　宁	18	2070	219
六　合	26	3621	346
溧　水	10	3096	234
高　淳	12	3847	403

注：本表数据由市民政局提供。

（十八）附录

CHAPTER 18 APPENDIX

表 18—1　2014 年度（第十四届）郊区综合实力“二十强镇街”排名

序号	单位名称
01	江宁区东山街道
02	浦口区泰山街道
03	江宁区秣陵街道
04	浦口区江浦街道
05	江宁区汤山街道
06	江宁区禄口街道
07	溧水区永阳镇
08	高淳区淳溪镇
09	六合区雄州街道
10	栖霞区迈皋桥街道
11	江宁区横溪街道
12	栖霞区栖霞街道
13	浦口区沿江街道
14	栖霞区尧化街道
15	栖霞区燕子矶街道
16	江宁区江宁街道
17	江宁区麒麟街道
18	江宁区湖熟街道
19	江宁区淳化街道
20	江宁区谷里街道

表18—2　2014年度（第二十届）郊区综合实力“百强村”排名

序 号	单位名称	序 号	单位名称
001	高淳区古柏镇武家嘴村	026	高淳区椏溪镇桥李社区
002	江宁区东山街道中前社区	027	溧水区洪蓝镇西旺社区
003	江宁区东山街道章村社区	028	六合区葛塘街道中山社区
004	江宁区麒麟街道锁石社区	029	高淳区阳江镇东湖社区
005	江宁区禄口街道彭福社区	030	浦口区沿江街道冯墙社区
006	高淳区淳溪镇西舍社区	031	江宁区东山街道高桥社区
007	江宁区横溪街道西岗社区	032	溧水区晶桥镇芝山村
008	江宁区汤山街道古泉社区	033	高淳区淳溪镇八字角社区
009	江宁区麒麟街道麒麟门社区	034	溧水区和凤镇张家村
010	栖霞区尧化街道尧胜村	035	江宁区麒麟街道麒麟铺社区
011	高淳区东坝镇红松村	036	江宁区横溪街道横溪社区
012	浦口区泰山街道桥北社区	037	江宁区横溪街道西阳社区
013	江宁区汤山街道上峰社区	038	浦口区泰山街道花旗村
014	高淳区淳溪镇宝塔社区	039	浦口区江浦街道团结社区
015	溧水区白马镇石头寨村	040	高淳区东坝镇傅家坛社区
016	六合区雄州街道钱仓社区	041	六合区雄州街道高余社区
017	江宁区横溪街道甘泉湖社区	042	六合区龙袍街道长江社区
018	江宁区禄口街道石埝社区	043	江宁区横溪街道石塘社区
019	江宁区汤山街道高庄社区	044	江宁区麒麟街道建南社区
020	溧水区洪蓝镇傅家边社区	045	浦口区沿江街道京新社区
021	江宁区汤山街道孟墓社区	046	高淳区漆桥镇茅山村
022	江宁区汤山街道作厂社区	047	江宁区湖熟街道湖熟社区
023	江宁区江宁街道南山湖社区	048	高淳区东坝镇和睦涧村
024	江宁区麒麟街道泉水社区	049	江宁区淳化街道青龙社区
025	栖霞区栖霞街道新合村	050	江宁区东山街道泥塘社区

表 18—2　续表

序号	单位名称	序号	单位名称
051	栖霞区栖霞街道石埠桥村	076	高淳区桠溪镇蓝溪社区
052	六合区葛塘街道工农社区	077	江宁区汤山街道汤山社区
053	浦口区永宁街道侯冲社区	078	浦口区顶山街道吉庆社区
054	江宁区汤山街道建设社区	079	江宁区汤山街道鹤龄社区
055	江宁区淳化街道青山社区	080	江宁区麒麟街道东流社区
056	溧水区和凤镇沙塘庵社区	081	江宁区谷里街道周村社区
057	浦口区江浦街道白马社区	082	高淳区固城镇蒋山村
058	六合区雄州街道冶浦社区	083	浦口区沿江街道新化社区
059	高淳区固城镇义保村	084	江宁区淳化街道田园社区
060	浦口区泰山街道天景社区	085	溧水区石湫镇光明社区
061	江宁区淳化街道周郎社区	086	浦口区盘城街道盘城社区
062	溧水区石湫镇明觉寺社区	087	江宁区湖熟街道金桥社区
063	六合区金牛湖街道茉莉花社区	088	高淳区东坝镇沛桥社区
064	江宁区麒麟街道袁家边社区	089	浦口区桥林街道西山社区
065	江宁区秣陵街道东旺社区	090	浦口区江浦街道八里社区
066	浦口区沿江街道复兴社区	091	高淳区砖墙镇四园村
067	高淳区古柏镇双红村	092	江宁区麒麟街道晨光社区
068	江宁区秣陵街道祖堂社区	093	江宁区淳化街道索墅社区
069	浦口区江浦街道华光社区	094	浦口区盘城街道落桥村
070	江宁区谷里街道谷里社区	095	江宁区汤山街道阜庄社区
071	江宁区禄口街道尚洪社区	096	江宁区禄口街道成功社区
072	浦口区盘城街道老幼岗社区	097	浦口区泰山街道大桥社区
073	江宁区湖熟街道和进社区	098	江宁区秣陵街道牛首社区
074	江宁区江宁街道朱门社区	099	浦口区盘城街道永丰社区
075	栖霞区尧化街道王子楼村	100	浦口区盘城街道江北社区

表18—3　2014年大中型工业企业名单

企业名称	规模	企业名称	规模
中国石化股份有限公司金陵分公司	大型	南京南车浦镇城轨车辆有限责任公司	大型
中国石化扬子石油化工有限公司	大型	江苏华瑞国际实业集团有限公司	大型
南京钢铁集团有限公司	大型	南京中联混凝土有限公司	大型
乐金显示（南京）有限公司	大型	江苏奕淳武家嘴船舶重工有限公司	大型
南京夏普电子有限公司	大型	吉宝通讯（南京）有限公司	大型
上海梅山钢铁股份有限公司	大型	金陵药业股份有限公司	大型
扬子石化-巴斯夫有限责任公司	大型	江苏奥赛康药业股份有限公司	大型
江苏中烟工业有限责任公司南京卷烟厂	大型	中国石化集团资产经营管理有限公司扬子石化分公司	大型
南京汽车集团有限公司	大型	南京汽轮电机（集团）有限责任公司	大型
长安马自达汽车有限公司	大型	南京创维电器科技有限公司	大型
红太阳集团有限公司	大型	南京喜之郎食品有限公司	大型
南京中电熊猫液晶显示科技有限公司	大型	南京南瑞继保电气有限公司	大型
南京爱立信熊猫通信有限公司	大型	南京奥托立夫汽车安全系统有限公司	大型
东华汽车实业有限公司	大型	南京锦湖轮胎有限公司	大型
乐金化学（南京）信息电子材料有限公司	大型	南京顶益食品有限公司	大型
统宝光电（南京）有限公司	大型	江苏太古可口可乐饮料有限公司	大型
国电南瑞科技股份有限公司	大型	南京港华燃气有限公司	大型
喜星电子（南京）有限公司	大型	南京奥特佳新能源科技有限公司	大型
熊猫电子集团有限公司	大型	南京德朔实业有限公司	大型
中国石化集团南京化学工业有限公司	大型	金城集团有限公司	大型
瀚斯宝丽显示科技（南京）有限公司	大型	南京造币有限公司	大型
国睿集团有限公司	大型	南京东嘉船舶制造有限公司	大型
南京大吉铁塔制造有限公司	大型	国电南瑞南京控制系统有限公司	大型
南车南京浦镇车辆有限公司	大型	汉佰（南京）纺织品有限公司	大型
华宝通讯（南京）有限公司	大型	南京卫岗乳业有限公司	大型
南京长安汽车有限公司	大型	英华达（南京）科技有限公司	大型
南京乐金熊猫电器有限公司	大型	南京永华船业有限公司	大型
南京南瑞集团公司	大型	中电电气（南京）光伏有限公司	大型
南京高速齿轮制造有限公司	大型	代傲电子控制（南京）有限公司	大型
博西华电器（江苏）有限公司	大型	南京正大天晴制药有限公司	大型
国电南京自动化股份有限公司	大型	南京景鹰制衣有限公司	大型
南京红宝丽股份有限公司	大型	可隆（南京）特种纺织品有限公司	大型
艾欧史密斯（中国）热水器有限公司	大型	南京康尼机电股份有限公司	大型
中国石化集团金陵石油化工有限责任公司	大型	中材科技股份有限公司	大型
南京云海特种金属股份有限公司	大型	南京化纤股份有限公司	大型
长安福特马自达发动机有限公司	大型	博世汽车部件（南京）有限公司	大型
瑞仪光电（南京）有限公司	大型	南京华东电子信息科技股份有限公司	大型
中国长江航运集团金陵船厂	大型	中国水泥厂有限公司	大型

表 18—3　续表 1

企业名称	规模	企业名称	规模
南京阳江龙程船业有限公司	大型	江苏南热发电有限责任公司	中型
南京圣迪奥时装有限公司	大型	南京天嘉服装有限公司	中型
南京京滨化油器有限公司	大型	大唐南京发电厂	中型
南京莱斯康电子有限公司	大型	南京炼油厂有限责任公司	中型
南京昊天制衣有限公司	大型	南京沙塘庵粮油实业有限公司	中型
南京苏美达动力产品有限公司	大型	南京普天通信股份有限公司	中型
南京金箔集团有限责任公司	大型	南京化学工业园热电有限公司	中型
南京金石磊交通工程材料有限公司	大型	南京溧水精诚电工材料有限公司	中型
南京水务集团有限公司	大型	江苏辉伦太阳能科技有限公司	中型
菲尼克斯亚太电气（南京）有限公司	大型	南京创维平面显示科技有限公司	中型
溢泰（南京）环保科技有限公司	大型	德纳（南京）化工有限公司	中型
南京帅丰饲料有限公司	大型	南京徐工汽车制造有限公司	中型
南京乐康工艺品有限公司	大型	西门子数控（南京）有限公司	中型
南京中建化工设备制造有限公司	大型	南京国电南自电网自动化有限公司	中型
伟创力（南京）科技有限公司	大型	兰精（南京）纤维有限公司	中型
南京劳伦斯制衣有限公司	大型	江苏苏博特新材料股份有限公司	中型
南京泉峰汽车精密技术有限公司	大型	南京圣和药业有限公司	中型
南京威孚金宁有限公司	大型	江苏钟山化工有限公司	中型
南京法伯耳纺织有限公司	大型	南京浦镇海泰制动设备有限公司	中型
南京鹏力塑料科技有限公司	大型	南京金浦锦湖化工有限公司	中型
江苏高淳陶瓷股份有限公司	大型	南京天润服装有限公司	中型
南京 LG 新港显示有限公司	中型	南京绿叶思科药业有限公司	中型
东光光电（南京）有限公司	中型	南京天加空调设备有限公司	中型
南京南瑞继保工程技术有限公司	中型	江苏南瑞帕威尔电气有限公司	中型
南京帝斯曼东方化工有限公司	中型	蓝星安迪苏南京有限公司	中型
南京立业电力变压器有限公司	中型	江苏中圣高科技产业有限公司	中型
南京先声东元制药有限公司	中型	南京健友生物化学制药有限公司	中型
仕达利恩（南京）光电有限公司	中型	南京小洋人生物科技发展有限公司	中型
华能南京金陵发电有限公司	中型	南京华润热电有限公司	中型
南京瀚宇彩欣科技有限责任公司	中型	南京龙源环保有限公司	中型
东爵有机硅（南京）有限公司	中型	南京金永泰电器有限公司	中型
南京宝庆首饰总公司	中型	华能国际电力股份有限公司南京电厂	中型
惠生（南京）清洁能源股份有限公司	中型	江苏双龙集团有限公司	中型
南京长江给排水管道有限责任公司	中型	南京华润燃气有限公司	中型
南京延锋江森座椅有限公司	中型	南京西普水泥工程集团有限公司	中型
南京中脉科技发展有限公司	中型	南京威迩德汽车零部件有限公司	中型
塞拉尼斯（南京）多元化工有限公司	中型	江苏华瑞服装有限公司	中型
南京汇众汽车底盘系统有限公司	中型	南京红太阳生物化学有限责任公司	中型

表 18—3 续表 2

企业名称	规模	企业名称	规模
南京扬子石化金浦橡胶有限公司	中型	南京深宁磁电有限公司	中型
阿特拉斯科普柯（南京）建筑矿山设备有限公司	中型	南京协众汽车空调集团有限公司	中型
江苏长龙汽车配件制造有限公司	中型	南京联塑科技实业有限公司	中型
南京金榜麒麟床具有限公司	中型	南京国睿三信机械装备制造有限公司	中型
午和（南京）塑业有限公司	中型	南京麒麟分析仪器有限公司	中型
南京江标集团有限责任公司	中型	大唐南京环保科技有限责任公司	中型
南京卓成电工材料有限公司	中型	中国能源建设集团南京线路器材厂	中型
江苏金陵机械制造总厂	中型	江苏金智科技股份有限公司	中型
艾默生过程控制流量技术有限公司	中型	江苏苏美达制衣有限公司	中型
南京老山药业股份有限公司	中型	南京固柏橡塑制品有限公司	中型
南京三兄羽绒服装有限公司	中型	南京大全电气有限公司	中型
南京金腾橡塑有限公司	中型	南京航塔旅游用品股份有限公司	中型
南京菲时特实业有限公司	中型	南京莱斯信息技术股份有限公司	中型
赛莱默（南京）有限公司	中型	南京多伦科技股份有限公司	中型
南京远望富硒农产品有限公司	中型	南京金露服装有限公司	中型
江苏欧兰特新材料股份有限公司	中型	江苏盛南服装有限公司	中型
九康生物科技发展有限责任公司	中型	扬子江药业集团南京海陵药业有限公司	中型
南京胜捷电机制造有限公司	中型	南京华脉科技有限公司	中型
南京古都电工材料有限公司	中型	南京德维鑫服装有限公司	中型
南京汽车变速箱有限公司	中型	南京淳达科技发展有限公司	中型
南京佳和日化有限公司	中型	南京中联水泥有限公司	中型
江苏宏源电气有限责任公司	中型	南京中电熊猫照明有限公司	中型
小原（南京）机电有限公司	中型	南京江宁水务集团有限公司	中型
南京尼玛克铸铝有限公司	中型	法雷奥汽车自动传动系统（南京）有限公司	中型
南京聚隆科技股份有限公司	中型	高淳县东艺制衣有限公司	中型
南京高宁锻造法兰厂	中型	弓箭玻璃器皿（南京）有限公司	中型
南京联强（集团）设备制造有限公司	中型	南京神柏远东化工有限公司	中型
江苏敖广日化集团股份有限公司	中型	南京鑫鼎服装有限公司	中型
南京消防器材股份有限公司	中型	南京洛普股份有限公司	中型
艾欧史密斯（中国）水系统有限公司	中型	江苏中旗作物保护股份有限公司	中型
江苏开元食品科技有限公司	中型	南京控特电机有限公司	中型
南京惠宇农化有限公司	中型	南京盛宇羽绒制品有限公司	中型
南京承佑树脂有限公司	中型	江苏方天电力技术有限公司	中型
南京中燃城市燃气发展有限公司	中型	南京东润特种橡塑有限公司	中型
南京高精齿轮集团有限公司	中型	南京际华三五 0 三服装有限公司	中型
南京钛白化工有限责任公司	中型	南京金龙客车制造有限公司	中型
南京四方亿能电力自动化有限公司	中型	精博电子（南京）有限公司	中型
江苏龙蟠科技股份有限公司	中型	南京百事可乐饮料有限公司	中型

表 18—3　续表 3

企业名称	规模	企业名称	规模
南京润奇船舶工程有限责任公司	中型	南京威尔化工有限公司	中型
南京美华羽绒制品有限公司羽绒制品厂	中型	南京中超新材料有限公司	中型
南京尊龙化工有限公司	中型	南京音飞储存设备股份有限公司	中型
南京上马工艺品有限公司	中型	南京胜茂纺织品有限公司	中型
璨宇光学（南京）有限公司	中型	南京嘉雅精细化工有限公司	中型
南京星乔威泰克汽车零部件有限公司	中型	南京白敬宇制药有限责任公司	中型
舍弗勒（南京）有限公司	中型	南京高乐玩具有限公司	中型
南京力聚精密锻造有限公司	中型	布雷博（南京）制动系统有限公司	中型
六合县志诚制衣厂	中型	南京荣诚化工有限公司	中型
南京我乐家居制造有限公司	中型	南京际华三五二一特种装备有限公司	中型
南京顶正包材有限公司	中型	南京永弘制衣有限公司	中型
南京金牛机械制造股份有限公司	中型	南京长城服装有限责任公司	中型
南京涵远服装有限公司	中型	高淳县正兴丝织厂	中型
立丰家庭用品（南京）有限公司	中型	南京大东玩具有限公司	中型
南京新一棉纺织印染有限公司	中型	南京日立产机有限公司	中型
南京宝色股份公司	中型	南京忠信交通设施有限公司	中型
金城化学（江苏）有限公司	中型	南京乐盛玩具礼品有限公司	中型
南京金岛服装有限公司	中型	高淳县第二机油泵制造有限公司	中型
江苏隆达机械设备有限公司	中型	南京华晨玩具有限公司	中型
南京恒翔保温材料制造有限公司	中型	南京宇能仪表有限公司	中型
南京栖霞化工有限公司	中型	南京市扬子粮油食品机械有限公司	中型
中铁十五局集团南京混凝土制品有限公司	中型	南京久鼎制冷空调设备有限公司	中型
翰林泰科电子（南京）有限公司	中型	华润雪花啤酒（南京）有限公司	中型
南京兰叶建设集团有限公司	中型	南京新时利制衣有限公司	中型
江苏苏美达家纺实业有限公司	中型	南京汉天服饰有限公司	中型
南京申迪焊接技术有限公司	中型	南京港口机械厂	中型
南京坚泰泡沫塑料包装有限公司	中型	南京创维家用电器有限公司	中型
南京奥特多旅游用品有限公司	中型	南京福斯特牧业科技有限公司	中型
江苏东大集成电路系统工程技术有限公司	中型	江苏长江涂料有限公司	中型
南京市第一精细化工公司精细化工厂	中型	南京太极宠物用品有限公司	中型
南京三业纺织服饰有限公司	中型	南京东亚纺织印染有限公司	中型
艾志工业技术集团有限公司	中型	南京大全变压器有限公司	中型
霍尼韦尔传感控制（中国）有限公司	中型	南京七四二五橡塑有限责任公司	中型
南京锦源铸造有限公司	中型	南京紫江有线电视器件厂	中型
南京电气（集团）有限责任公司	中型	南京斯凯福脚手架有限公司	中型
南京迪威尔高端制造股份有限公司	中型	南京龙腾制衣厂有限公司	中型
南京胜利体育用品实业有限公司	中型	南京国电南自美卓控制系统有限公司	中型
南京键特服饰有限公司	中型	采埃孚转向泵金城（南京）有限公司	中型

表18—3 续表4

企业名称	规模	企业名称	规模
南京桂花鸭（集团）有限公司	中型	南京君觐电子科技有限公司	中型
南京德邦金属装备工程股份有限公司	中型	南京永兴铁路配件有限公司	中型
江南一小野田水泥有限公司	中型	南京美洁轻工机械有限公司	中型
南京搏峰电动工具有限公司	中型	南京梦丽偲纺织品有限公司	中型
南京光明乳品有限公司	中型	江苏久吾高科技股份有限公司	中型
南京博臣农化有限公司	中型	南京金三力橡塑有限公司	中型
南京大桥机器有限公司	中型	南京高精船用设备有限公司	中型
南京南微电机有限公司	中型	江苏无线电厂有限公司	中型
南京中大金陵双层客车制造有限公司	中型	汉桑（南京）科技有限公司	中型
南京双惠服饰有限公司	中型	南京白象食品有限公司	中型
南京宝泰特种材料有限公司	中型	通用磨坊食品（南京）有限公司	中型
南京长安玉华机械有限公司	中型	南京马波斯自动化设备有限公司	中型
南京天翔机电有限公司	中型	南京六和普什机械有限公司	中型
南京天之骄制衣有限公司	中型	南京埃斯顿自动化股份有限公司	中型
光一科技股份有限公司	中型	南京凯莱服装有限公司	中型
南京秦川汽车电器有限公司	中型	南京辉恒服饰有限公司	中型
南京飞燕活塞环股份有限公司	中型	大协西川开阳汽车部件（南京）有限公司	中型
南京创新机油泵制造有限公司	中型	南京海尔曼斯集团有限公司	中型
上美塑胶（南京）有限公司	中型	南京禄秋制衣有限公司	中型
南京慈溪精密铸造有限公司	中型	江苏卡思迪莱服饰有限公司	中型
南京优仁有色金属有限公司	中型	南京拓马制衣有限公司	中型
南京泽蕾金属材料厂	中型	南京苏美达创元制衣有限公司	中型
环宇集团（南京）有限公司	中型	苏斯帕（南京）减震系统有限公司	中型
三韩电子（南京）有限公司	中型	南京佳力图空调机电有限公司	中型
南京大全新能源有限公司	中型	南京银茂铅锌矿业有限公司	中型
南京苏泉工贸有限公司	中型	江苏六维物流设备实业有限公司	中型
南京聪龙制衣有限公司	中型	南京五洲制冷集团有限公司	中型
南京超州机电制造有限公司	中型	南京扬子检修安装有限责任公司	中型
南京华脉健康保健制品厂	中型	金佰利（南京）个人卫生用品有限公司	中型
南京高捷轻工设备有限公司	中型	南京东陶有限公司	中型
南京中盛铁路车辆配件有限公司	中型	美埃（中国）环境净化有限公司	中型
南京迈瑞生物医疗电子有限公司	中型	南京飞腾电子科技有限公司	中型
中国轻工业机械总公司南京轻工业机械厂	中型	南京远古水业股份有限公司	中型
南京科远自动化集团股份有限公司	中型	李尔长安（重庆）汽车系统有限责任公司南京公司	中型
南京百江液化气有限公司	中型	南京恒发服饰有限公司	中型
南京永卓无纺制品有限公司	中型	南京宇盛羽绒制品有限公司	中型
南京华睿川电子科技有限公司	中型	南京磐能电力科技股份有限公司	中型
南京爱德印刷有限公司	中型	江苏苏美达机电产业有限公司	中型

表 18—3 续表 5

企业名称	规模	企业名称	规模
高淳县三联机械有限公司	中型	南京圣诺热管有限公司	中型
南京斯迈柯特种金属装备股份有限公司	中型	南京旭建新型建材股份有限公司	中型
南京华舜轮毂有限公司	中型	南京东泽船舶制造有限公司	中型
蓝深集团股份有限公司	中型	江苏惠浦机械集团有限公司	中型
南京钢铁集团冶山矿业有限公司	中型	南京万里集团有限公司	中型
南京奥特佳长恒铸造有限公司	中型	南京海辰药业股份有限公司	中型
江苏康缘阳光药业有限公司	中型	南京通孚轻纺有限公司	中型
南京奥联汽车电子电器有限公司	中型	江苏雨润肉食品有限公司	中型
南京大地树脂有限公司	中型	南京克莉丝汀食品有限公司	中型
南京小红花礼品有限公司	中型	南京金鑫传动设备有限公司	中型
南京新洲印刷有限公司	中型	南京际华五三零二服饰装具有限责任公司	中型
南京舒服特服饰鞋业有限公司	中型	江苏舒逸纺织有限公司	中型
南京贝奇尔机械有限公司	中型	南京嘉浩科技有限公司	中型
南京昊天君临制衣有限公司	中型	南京富邦神鹰服装有限公司	中型
南京天上龙服饰公司	中型	中国人民解放军第三三 0 四工厂	中型
南京振先轻工机械有限公司	中型	立维腾电子（南京）有限公司	中型
南京六合金牛门窗有限公司	中型	南京普爱射线影像设备有限公司	中型
晓星住电钢帘线（南京）有限公司	中型	南京康尼科技实业有限公司	中型
南京同仁堂药业有限责任公司	中型	南京极目工贸实业有限公司	中型
南京金斯服装有限公司	中型	南京佳盛机电器材制造有限公司	中型
南京群力运动器材有限公司	中型	南京南方联成汽车零部件有限公司	中型
南化集团研究院	中型	南京雷尔伟新技术有限公司	中型
高淳县红叶电光源有限公司	中型	南京特种电机厂有限公司	中型
南京基蛋生物科技有限公司	中型	南京洛普电子工程研究所	中型
南京智达电气有限公司	中型	南京扬子检维修有限责任公司	中型
南京国泰消防设备制造集团有限公司	中型	蒂森克虏伯发动机零部件（中国）有限公司	中型
江苏三和建设有限公司	中型	江苏新蓝天钢结构有限公司	中型
南京足雅鞋业有限公司	中型	南京润超铁路配件有限公司	中型
南京盛溪印刷包装有限公司	中型	南京桃园制衣有限公司	中型
胡连电子（南京）有限公司	中型	南京京晶光电科技有限公司	中型
南京市罗奇泰克电子有限公司	中型	南京驰力汽车传动装置有限公司	中型
南京臣功制药股份有限公司	中型	南京梅山工程技术新产业开发有限公司	中型
南京康正制衣有限责任公司	中型	美国钻采系统（南京）有限公司	中型
丸仁电子（南京）有限公司	中型	南京迪菲诺制衣有限公司	中型
南京扬子塑料化工有限责任公司	中型	高淳县恒惠丝绸有限公司	中型
南京微创医学科技有限公司	中型	南京扬子动力工程有限责任公司	中型
南京奥威服装有限公司	中型	南京华脉光纤技术有限公司	中型
南京一见服饰有限公司	中型	南京联璧制衣有限公司	中型

表 18—3 续表 6

企业名称	规模	企业名称	规模
南京吉姆服饰有限公司	中型	江苏东航食品有限公司	中型
南京东润带业有限公司	中型	南京广龙厨具工程有限公司	中型
南京乐惠轻工装备制造有限公司	中型	永镫科技（南京）有限公司	中型
南京大地水刀有限公司	中型	南京亚狮龙体育用品有限公司	中型
南京元泰服装有限公司	中型	南京亚派科技股份有限公司	中型
南京闽达彩涂板有限公司	中型	南京鸿祺服饰有限公司	中型
南京禾诚石化装备工程有限公司	中型	南京本川电子有限公司	中型
南京陈唱交通器材有限公司	中型	南京冠佳科技有限公司	中型
南京海欣丽宁服饰有限公司	中型	南京市溧水中山铸造有限公司	中型
南京哈恩达斯体育用品有限公司	中型	江苏凤凰新华印务有限公司	中型
南京工艺装备制造有限公司	中型	江苏紫金电子集团有限公司	中型
泰艺电子（南京）有限公司	中型	南京高特齿轮箱制造有限公司	中型
南京起重机械总厂有限公司	中型	南京民光油管有限公司	中型
南京润秋服装有限公司	中型	江苏先特能源装备有限公司	中型
南京奥能锅炉有限公司	中型	江苏三鸿食品有限公司	中型
南京爱沁缘服饰有限公司	中型	江苏金丝服装有限公司	中型
南京昊扬化工装备有取公司	中型	南京东利来光电实业有限责任公司	中型
南京瑞麦食品有限公司	中型	南京特美克光电有限公司	中型
南京制药厂有限公司	中型	洽铭服饰（南京）有限公司	中型
南京二机齿轮机床有限公司	中型	南京压缩机股份有限公司	中型
南京奥特佳祥云冷机有限公司	中型	南京瑞祥服装有限公司	中型
南京森鼎帐篷有限公司	中型	德昌电机（南京）有限公司	中型
江苏龙瑞服饰有限公司	中型	南京秣陵铸造总厂有限公司	中型
南京富木制衣有限公司	中型	南京高新经纬电气有限公司	中型
东洋电子（南京）有限公司	中型	南京康奇乐服装有限公司	中型
南京华鼎电子有限公司	中型	南京帅而康制衣厂	中型
南京江南永新光学有限公司	中型	南京创盛服饰有限公司	中型
南京东翔制衣有限公司	中型	倚天（南京）金属制品有限公司	中型
南京浦镇车辆厂工业公司	中型	南京双峰油泵油嘴有限公司	中型
南京嘉展精密电子有限公司	中型	南京永兴服饰有限公司	中型
南京轴承有限公司	中型	南京钢铁集团江苏冶金机械有限公司	中型
南京第一机床厂有限公司	中型	格满林（南京）实业有限公司	中型
南京海欣丽宁长毛绒有限公司	中型	南京测绘仪器厂	中型
南京龙海服饰有限公司	中型	江苏庞源机械工程有限公司	中型
南京圣可尼服饰实业有限公司	中型	江苏花山集团有限公司	中型
南京长澳制药有限公司	中型	江苏英诺华医疗技术有限公司	中型
南京特能电子有限公司	中型	南京同方制衣有限责任公司	中型

表 18—3　续表 7

企业名称	规模	企业名称	规模
南京艾欧史密斯燃气器具有限公司	中型		
南京云锦研究所股份有限公司	中型		
南京天邦生物科技有限公司	中型		
南京达盈新型材料有限公司	中型		
南京新仑服装有限公司	中型		
南京舜德西服有限公司	中型		
南京群业五金制品有限公司	中型		
南京弘景时装实业有限公司	中型		
江苏龙潭重型机械有限公司	中型		
南京山和轻工有限公司	中型		
南京国泰盛扬服饰有限公司	中型		

中国统计出版社最新图书简目

（仅供参考，以实际出版为准）

统计资料

中国统计年鉴　中国统计摘要　中国发展报告
中国经济普查年鉴2013　国际统计年鉴　金砖国家联合统计手册
中国-东盟国家统计手册　中国区域经济统计年鉴　中国县域统计年鉴
中国城市统计年鉴　中国农村统计年鉴　中国地区经济监测报告
中国贸易外经统计年鉴　中国对外直接投资统计公报　中国商品交易市场统计年鉴
大中型批发零售和住宿餐饮企业统计年鉴　中国零售和餐饮连锁企业统计年鉴　中国住户调查年鉴
中国价格统计年鉴　中国农产品价格调查年鉴　全国农产品成本收益资料汇编
中国环境统计年鉴　中国能源统计年鉴　国外资源、能源和环境统计资料汇编
中国工业统计年鉴　中国建筑业统计年鉴　中国房地产统计年鉴
中国城市建设统计年鉴　中国城乡建设统计年鉴　中国第三产业统计年鉴
中国证券期货统计年鉴　中国科技统计年鉴　中国高技术产业统计年鉴
工业企业科技活动资料　中国劳动统计年鉴　中国人口和就业统计年鉴
中国人才资源统计报告　中国社会统计年鉴　中国文化及相关产业统计年鉴
文化及相关产业统计概览　中国教育经费统计年鉴　中国民政统计年鉴
中国民族统计年鉴　中国工会统计年鉴　中国残疾人事业统计年鉴
中国妇女儿童状况统计资料（英）　中国乡镇街道行政区域简册

省级综合统计年鉴系列

北京 天津 河北 山西 内蒙古 辽宁 吉林 黑龙江 上海 江苏 浙江 安徽 福建 江西 山东 河南 湖北 湖南 广东 广西 海南 重庆 四川 贵州 云南 西藏 陕西 甘肃 青海 宁夏 新疆 新疆生产建设兵团

市(县)级综合统计年鉴系列

天津滨海新区 石家庄 唐山 邯郸 保定 沧州 邢台 廊坊 承德 衡水 秦皇岛 张家口 太原 大同 阳泉 长治 晋城 朔州 晋中 运城 忻州 临汾 呼和浩特 呼和浩特新城区 鄂尔多斯 包头 沈阳 大连 长春 四平 哈尔滨 齐齐哈尔 黑龙江垦区 上海浦东新区 南京 无锡 徐州 常州 苏州 南通 连云港 淮安 盐城 扬州 镇江 泰州 宿迁 江阴 丹阳 杭州 宁波 温州 嘉兴 绍兴 金华 衢州 舟山 台州 丽水 合肥 安庆 马鞍山 福州 厦门 宁德 南昌 九江 上饶 新余 抚州 济南 青岛 枣庄 滕州 郑州 洛阳 平顶山 三门峡 南阳 商丘 济源 武汉 十堰 荆州 宜昌 荆门 咸宁 长沙 广州 深圳 惠州 东莞 南宁 柳州 桂林 来宾 海口 三亚 成都 贵阳 昆明 西安 兰州 庆阳 银川 乌鲁木齐 兵团一师 兵团十师

调查年鉴系列

天津 山西 内蒙古 辽宁 吉林 上海　福建 河南 湖北 湖南 广西 重庆　四川 云南 甘肃 宁夏 新疆

“十二五”规划教材

统计学（经济管理类专业本科适用，单薇 等）　抽样调查理论与方法（冯士雍 等）
贝叶斯统计（茆诗松 等）　统计学（黄良文 等）　试验设计（茆诗松 等）
统计学：从数据到结论（吴喜之）　医学统计学（于浩）　统计学（经济、管理类专业基础教材，张小斐）
概率论与数理统计三十三讲（魏振军）　概率论与数理统计三十三：学习指导与习题解答（魏振军）
非参数统计（吴喜之 等）　统计学：经济与管理中的数据分析（李慧云 等）
卫生管理统计学（新编医学院校基础课教材，尚磊）　医院统计学（新编医学院校基础课教材，徐天和 等）
社会统计学（蒋萍 等）　现代金融投资统计分析（李腊生 等）
国民经济核算初级教程（经济类、统计类、管理类专业适用，蒋萍 等）

重点图书

图解中国经济2015　新编英汉汉英统计大词典　中华医学统计百科全书
挑大学选专业2016—考研择校指南　挑大学选专业2015—高考志愿填报指南